KB103924

유럽,
가지 않을
이유가 없었다

유럽, 가지 않을 이유가 없었다

— 휠체어로 누빈 7개 나라 25개 도시

초판 1쇄 발행 ┃ 2016년 7월 25일
초판 2쇄 발행 ┃ 2017년 6월 20일

지은이 홍서윤
책임편집 손성실
편집 조성우
마케팅 이동준
디자인 권월화
일러스트 Design oxo 이혜원
용지 월드페이퍼
제작 성광인쇄(주)
펴낸곳 생각비행
등록일 2010년 3월 29일 ┃ 등록번호 제2010-000092호
주소 서울시 마포구 월드컵북로 132, 402호
전화 02) 3141-0485
팩스 02) 3141-0486
이메일 ideas0419@hanmail.net
블로그 www.ideas0419.com

ⓒ 홍서윤
ISBN 978-89-94502-89-2 03920

책값은 뒤표지에 적혀 있습니다.
잘못된 책은 구입하신 서점에서 바꾸어드립니다.

이 책 내용의 전부 또는 일부를 재사용하려면
반드시 지은이와 출판사 양쪽의 동의를 받아야 합니다.

유럽, 가지 않을 이유가 없었다

홍서윤 지음

생각비행

여행은 틀을 벗어나게 하는 힘이 있다

2014년 3월, 겨울을 뚫고 나온 새싹과 꽃으로 가득하던 어느 날이었다. 매일 아침 여덟 시면 나는 차에 시동을 걸었다. 언제나 같은 시간, 같은 길을 따라 여의도 출근 행렬에 뒤섞였다. 오후에는 아침 출근길을 거슬러 관악산 언저리로 돌아왔다. 그해 봄 나는 KBS 1TV 정오 뉴스의 〈생활뉴스〉 장애인 앵커로, 그리고 관악산에 운둔하는 석사 나부랭이로 두 가지 색의 옷을 갈아입으며 반복되는 일상을 보내고 있었다. 반복되는 일상이 싫지는 않았다. 새로운 일을 경험해보는 것, 그리고 좋아하는 공부를 이어서 하고 있다는 것에 불만은 없었다. 하지만 내 일상은 좀처럼 행복하지 않았다. 배부른 얘기처럼 들릴지도 모르나 그땐 그랬다. 똑같은 일상을 반복하며 20대의 마지막을 보내야 했던 게 못마땅했다.

봄의 캠퍼스에는 벚나무마다 꽃망울을 터뜨리려 몸부림치는 꽃봉오리가 가득했다. 새로운 봄을 알리는 신호처럼 벚꽃이 하나둘 피어났다. 그리고 그해 봄, 나 역시 새롭고 재미난 무언가를 찾고 싶어졌다. 나의 마지막 20대를 보내기 위해서.

제네바 통신원

새로운 무언가를 찾겠다고 마음먹었지만 이상과 현실의 괴리는 좀처럼 좁혀지지 않았다. 마음 한편이 뻥 뚫린 것 같은 기분으로 그냥 살던 대로, 조금 허한 대로 하루하루를 보내던 어느 날이었다. 페이스북에 질투 나게 부러운 사진 한 장이 올라왔다. 강렬하게 내리쬐는 햇살 아래 꽃과 나무 사이에서 함박웃음을 짓고 있는 지인의 사진이었다. 그녀는 몇 달 전 UN 사무국 인턴에 합격해 스위스 제네바로 떠났다. 새로운 환경에 적응하느라 몇 달간 연락이 뜸했던 그녀가 행복한 표정이 담긴 사진한 장으로 안부를 전해왔다.

계속해서 그녀의 사진을 보았다. 그 한 장의 사진에 새로운 도전, 새로운 환경, 일상의 여유로움이 고스란히 녹아 있었다. 그리고 내 심장을 찌릿찌릿 자극하기 시작했다. 나는 홀린 듯이 그녀에게 메시지를 보냈다. 나도 스위스에 가고 싶다고 말이다.

스위스는 우리나라와 일곱 시간이 차이 난다. 어두운 밤이 되어서야 한낮에 보낸 메시지의 답장이 왔다.

— 언니! 와요! 여기 진짜 다 잘돼 있어. 아무것도 신경 안 써도 돼. 꼭

와. 언니가 오면 정말 좋아할 거야.

그녀의 짧은 답장에 막연한 기대감과 두려움, 긴장과 설렘이 교차했다. 이후에도 나는 그녀에게 수없이 질문했다. 버스는 어떠한지, 여행지는 어떻게 다녀야 하는지, 지겨울 만큼 많은 질문을 해댔지만 그녀는 한결같이 친절했다. 스위스의 모습이 머릿속에 그려질 만큼 아주 자세히 이야기해주었다.

나는 그녀에게 '제네바 통신원'이라는 별명을 지어주었다. 그녀도 별명이 마음에 들었던 모양이다. 이후에도 그녀는 통신원답게 제네바 소식을 전해왔고, 나는 지루해져만 가는 일상 속에서 그 소식을 듣고 상상하는 것만으로도 즐거웠다. 그녀는 항상 마지막에 이렇게 얘기했다.

― 꼭 와. 언니가 오면 정말 좋아할 거야.

고민 끝에 나는 취리히행 비행기 표를 예매했다.

마이 루씨

스위스로 떠나기 석 달 전쯤 루씨에게 메시지를 보냈다. 당시 루씨는 커다란 배낭 하나 메고 지구 반대편 남아메리카를 여행 중이었다.

― 나 스위스 간다.

― 언제?

― 추석 때쯤.

― 나도 스위스 갈래! 스위스 어디 가?

― 친구가 있어서 제네바랑 유명한 곳은 다 여행하려고.

— 나도 나도. 그때쯤 아마 이탈리아에 있을 텐데, 나도 데려가! 그럼 취리히에서 만나자. 뿅!

마이 루씨. 루씨와 나는 사촌지간이다. 촌수가 무의미할 만큼 우린 친자매처럼 가깝다. 열 살 때 사고를 당하고 학교도 제대로 출석하지 못하던 때가 있었다. 집과 병원이 외출의 전부였던 때, 방학이면 언제나 루씨가 찾아왔다. 기차를 타고 버스를 타고 와서 짧게는 2주, 길게는 방학 내내 나와 함께 보냈다. 그때 루씨는 언니이자 나의 유일한 친구였다.

그리고 나이를 먹어가는 지금 나와 루씨는 서로 많은 것을 공유하고 이해할 수 있게 되었다. 미래에 대한 걱정, 친구에게조차 하지 못하는 이야기들, 삶의 가치관을 나누는 이야기까지 서슴없이 할 수 있게 되었다. 물론 이성 문제도 포함이다. 그만큼 루씨는 내게 소중한 사람이다. 우리는 2014년 9월 스위스에서 다시 만나기로 했다.

2014년 9월 6일

취리히로 떠나는 날 아침. 여행의 설렘이 물씬 풍기는 산뜻한 복장이 아니라 다시 숙면에 빠질 것처럼 편안한 트레이닝복 차림에 얇은 카디건을 어깨에 두른 채 떠날 준비를 했다. 장시간 비행을 위한 완벽한 복장이었다. 보라색 짐 가방을 들고 집을 나서려는데 휴대폰 벨소리가 요란하게 울렸다. 전화를 받자마자 쩌렁쩌렁한 목소리가 들렸다.

"야, 나 다 왔어. 빨리 나와."

10년 지기 베짱이다.

"나 가방이 무거운데, 네가 와서 가져가면 안 되냐?"

10년 지기끼리 할 수 있는 당연한 부탁이었다.

"아 진짜. 참 손 많이 가."

녀석은 시큰둥하게 내뱉곤 전화를 끊어버렸다. 언제나 투덜거리지만 말하지 않아도 내게 무엇이 필요한지 너무도 잘 아는 친구다. 가방 손잡이를 끌고 복도를 빠져나가는 베짱이를 따라가 녀석의 차에 올랐다.

"고맙지? 나 같은 친구가 또 어디 있냐? 짐도 들어줘, 이 아침에 공항까지 태워다줘~"

"아이고, 예, 예. 감사할 따름입죠. 황송합니다요. 잘 알았으니까 앞에 똑바로 보고 가기나 하서."

베짱이 녀석과는 처음부터 이랬다. 질풍노도의 시기에 서로 마주치기만 해도 으르렁거렸다. 그렇게 투닥거리다 친해져버렸고, 10년 동안 서로를 응원하고 위로해주며 우정을 쌓아갔다.

출국장 앞에서 베짱이 녀석이 내 어깨를 두드리며 인사를 건넸다.

"잘 갔다 와라. 내 선물 까먹으면 안 돼. 올 때 연락하고. 데리러 올게."

출국장에 들어와 탑승 게이트 앞에 앉아 스위스에서 보낼 일정을 꼼꼼히 다시 확인했다. 탑승 시간이 얼마 남지 않자 정말로 스위스에 간다는 것이 실감났다. 혼자서 열두 시간이나 비행기를 타는 일도 처음이었다. 장시간 비행이 조금 걱정되기는 했지만 무탈하기만을 바랐다. 시간이 조금씩 흐를 때마다 설렜던 어제와 달리 조금씩 두려워지기 시작했지만 더더욱 마음을 굳게 먹으려 애썼다. 단단한 알을 깨부수고 나오는

병아리처럼, 이 막연한 두려움을 깨부수고 나와야겠다고 생각했다.

이번 기회가 아니라면, 그리고 이번에 제대로 해보지 않는다면 다음 번에는 더 큰 용기가 필요할지도 모른다. 그리고 더 큰 두려움과 마주할 지도 모른다. 돌이켜보면 이렇게 혼자서 비행기를 타게 되기까지 너무도 오랜 시간이 걸렸다. 혼자서 집 밖으로 나가는 것조차 무서웠던 때도 있었고, 혼자서 어딘가 가야 한다는 것 자체가 두려웠던 때도 있었다. 그런데 이제 혼자서 할 수 있게 되었다. 여전히 스멀스멀 올라오는 두려움을 누르고 크게 한숨 쉬며 다짐했다.

'할 수 있어, 홍서윤!'

때마침 항공사 직원이 나를 불렀다.

"홍서윤 고객님, 먼저 탑승하시죠."

나는 고개를 번쩍 들었다. 직원의 안내에 따라 남보다 조금 먼저 비행기에 올라 자리에 앉은 다음 취리히에 먼저 도착해 있을 루씨에게 메시지를 보냈다.

— 저녁 9시쯤 취리히 공항 도착 예정.

1분도 되지 않아 답장이 왔다.

— 오케이. 봇짐 메고 마중 나감. 날 보고 창피해해선 안 된다.

웃음이 새어나왔다. 대체 어떤 몰골이길래.

— 크크. 알겠어. 이따 봐.

사람들이 하나둘 비행기에 탑승하기 시작했고, 얼마 뒤 비행기 문이 닫혔다. 그리고 내가 탄 취리히행 비행기가 하늘로 날아올랐다.

CONTENTS

진한 여운이 남는 곳
프랑스

사랑을 싹트게 만드는 곳
네덜란드

다 함께 즐기는 축제
다시 독일로

에필로그

세상과 사람을 만나는 곳
덴마크/스웨덴

SWITZERLAND

내 삶의 판도를 흔들어놓은 곳
스위스

취리히로 가는 사람들

인천에서 취리히까지는 비행기로 열두 시간쯤 걸린다. 기내 안 좁은 의자는 그 시간 동안 오롯이 자신만의 공간이다. 웅크리고 잠자는 사람도 있었고 독서등 불빛에 책 보는 사람, 영화 보는 사람도 있었다. 내 왼쪽자리에는 편안한 등산복 차림의 남자가 있었고, 오른편에는 또래로 보이는 여자가 안대를 낀 채 자고 있었다. 고개를 돌려 통로 옆 사람들을 조용히 관찰했다. 맨 왼쪽 창밖 풍경이 잘 보이는 자리에는 한 쌍의 중년 부부가 있었고, 바로 뒤에는 아들로 보이는 아이가 연신 얼굴을 들이밀며 무어라 계속 중얼거리고 있었다.

남편의 손에는 두꺼운 노트가 들려 있었다. 어떤 내용이 담겨 있는지 잘 보이지는 않았지만, 지도처럼 보이는 그림과 노란색 사인펜으로 표시해둔 흔적이 나를 궁금하게 했다. 나는 허리를 곧게 세우고 노트에 적힌 글자를 유심히 살펴보았다. '인터라켄 Interlaken'이라는 글자가 보였다. 이어 남자가 페이지를 넘기자 익숙한 글자가 눈에 들어왔다. '루체른 Luzern'. 스위스의 유명 관광지다. 나는 호기심을 참지 못하고 대뜸 남자에게 질문을 던졌다.

"여행 가세요?"

난데없는 질문에 부부는 동시에 고개를 돌려 나를 처다봤다. 좀 이상한 사람이라 생각했을지도 모르겠다.

"아... 네."

통로에 앉아 있던 부인이 대답했다.

"어디로 가세요? 근데 그 노트는 뭐예요? 직접 만드신 건가요?"

"아, 이거요? 저희는 가족끼리 자동차로 여행할 계획이에요. 석 달간 여행할 거라서 준비한 건데, 여행 갈 장소랑 어떻게 가는지 지도를 쫙 뽑아서 붙였어요. 숙소랑 맛집, 관광지까지 다 담겨 있고요."

남자는 기다렸다는 듯이 노트를 한 장 한 장 넘기며 자신감 넘치는 목소리로 설명하기 시작했다. 무려 100장에 달했다. 손수 정보를 수집하고 정리해 만든 정성이 대단해 보였다. 그의 열정에 존경심마저 생길 지경이었다. 고작 A4 용지 몇 장에 여행 일정을 뽑아온 나는 피라미에 불과했다.

"아가씨는 어디로 가세요?"

부인이 내게 물었다.

"저는 취리히에서 제네바까지 쭉 가로질러 여행해요. 루체른, 인터라켄, 베른Bern은 당연히 갈 거고요."

번데기 앞에서 주름 잡기는 틀렸다. 나는 간략하게 내 여행 계획을 이야기했다.

"아까 보니까 휠체어를 타셨던데... 혼자서요?"

내 이야기를 듣던 부인이 머리를 갸우뚱하며 물었다.

"아뇨. 도착하면 같이 다닐 일행이 있어요. 지금 취리히로 오고 있어요."

"대단하네요. 혼자서 이 먼 길을 갈 생각을 하다니... 놀랐어요."

부인이 활짝 웃으며 말했다.

"아하하, 저도 처음이라서... 썩 나쁘지는 않은데요?"

나는 그녀에게 멋쩍은 웃음을 보이며 말했다.

'대단하다'라는 그녀의 말을 이해할 것만도 같았다. 대한민국에서 20년 가까이 장애인으로 살면서 '장애인'이라는 수식어가 함축하는 의미를 너무도 잘 알고 있기 때문이다. 사회는 점점 변하고 있지만 사람들의 무의식 속에 장애인은 수동적이고 도움이 필요한 환자라는 이미지가 여전히 강하게 자리 잡고 있다. 그렇다고 '대단하다'라고 말한 그녀를 탓하고 싶지도, 그런 생각을 하는 사람들을 탓하고 싶지도 않다. 그저 이런 사람도 있고 저런 사람도 있다고 생각해주면 좋겠다고 바랄 뿐이다.

"아가씨, 인터라켄 가요?"

내 왼편에서 숨죽이며 대화를 듣고 있던 남자가 말을 걸어왔다.

"인터라켄. 참 좋죠."

그는 잠시 지난 추억을 회상하는 듯했다. 유럽의 지붕이라 불리는 융프라우Jungfrau가 있는 곳이 바로 인터라켄이다. 스위스 여행객이라면 꼭 한번 가보는 곳인데, 나 역시 첫 여행지로 인터라켄과 융프라우를 선택했다. 그의 말에 기대감이 더 커졌다.

"산에 올라가면 엄청 추운데, 그래도 기차를 타고 가는 그 길이 정말 예뻐요."

"오, 정말요? 여행 가시나요?"

"아니요. 바젤로 출장 가요."

바젤Basel이라. 나는 바젤이 스위스 북부에 있다는 것 말고는 아는 게 없었다.

"미술 작품 같은 걸 좋아한다면 바젤도 가보세요."

그는 마치 스위스 전문가 같았다.

"전시회 정말 좋아하는데 아쉽게도 이번엔 못 갈 것 같아요. 다음에 오게 되면 그땐 꼭 가봐야겠어요."

"그래요. 인터라켄 말고 또 어디어디 가요?"

나는 휴대폰 속 지도를 내밀며 취리히에서 제네바 사이 내가 가려는 목적지를 하나하나 짚어주었다.

"여행자다운 코스네요."

재미있다는 듯 그가 웃으며 말했다.

"그렇죠, 뭐. 휠체어가 잘 다닐 수 있는 곳 중심으로 짰어요."

"일행이 있는 줄 알았는데, 혼자 왔다는 얘기를 듣고는 조금 놀랐어요. 참 대단하네요."

그 역시 내게 '대단하다'고 말했다. 한 번도 대단하다고 생각하지 않았던 일이 대단해져버렸다. 그냥 남들처럼 똑같이 평범하게 비행기를 타고 유럽 여행을 하고 싶었던 게 전부였다. 그런데 자꾸만 대단하다고들 한다. 장애인 혼자서 장거리 비행, 장거리 여행을 하는 일이 대단해야만 하는 것일까? 그냥 평범한 사람들의 평범한 생활처럼 평범한 일이 될 수는 없는 걸까?

"잠시 후 우리 비행기는 목적지인 취리히 국제공항에 착륙하겠습니다. 승객 여러분들께서는 테이블과 좌석 등받이를 제자리로 해주시고 좌석 벨트를 착용하시기 바랍니다."

어두웠던 기내에 불이 환하게 들어왔다. 잠들었던 나는 손으로 헝클어진 머리를 빗으며 눈을 떴다. 비행기는 점점 고도를 낮추어 땅으로 향했다. 초록색 나무로 가득한 취리히 시내가 보였다. 열두 시간을 날아온 취리히는 이제 곧 해가 저물 것처럼 하늘이 조금씩 붉은 빛으로 물들기 시작했다. 비행기는 순식간에 공항에 도착했고 나는 직원의 안내를 받아 출국장까지 이동했다.

루씨는 나보다 세 시간이나 앞서 취리히에 도착했다. 한참 기다렸을 루씨 생각에 미안한 마음이 들었다. 나는 부랴부랴 보라색 짐 가방을 찾아 들고는 빠른 속도로 출국장 문을 향해 달려갔다. 출국장 문이 열리자 루씨가 눈에 딱 띄었다. 나를 보자마자 루씨는 휴대폰을 들이밀며 찰칵 찰칵 사진을 찍어댔다. 장시간 비행으로 헝클어진 머리에 볼품없는 차림새라 나는 한 손으로 얼굴을 가렸다.

"어머, 홍서윤 씨! 여기 좀 봐주세요!"

몇 달 만에 만나는 동생에게 루씨는 짓궂게도 장난을 쳤다. 나 역시 그에 질세라 맞장구를 치며 부끄러운 척 한 손으로 얼굴을 가리고 카메라를 피해 달아났다. 루씨는 또 다른 루씨를 등에 매달고 있는 것마냥 거대한 배낭을 메고 있었다. 그리고 한 손으로 내 가방을 뺏어든 다음 다른 한 손에 쥔 휴대폰으로 연신 나를 찍어댔다.

"크크. 여기 좀 봐주세요, 홍서윤 씨!"

연예 정보 프로그램 VJ 흉내를 내는 그녀의 화려한 환영 인사에 그만 웃음이 터져버렸다.

"웰컴!"

루씨는 방물장수 배낭을 멘 채 나를 꼭 끌어안으며 격렬한 환영 인사를 해주었다. 불과 몇 달밖에 되지 않았지만 우린 서로가 무척 반가웠다. 곧이어 취리히 국제공항 역Flughafen Zürich Bahnhof으로 걸음을 옮겼다. 루씨는 스페인, 이탈리아, 프랑스 파리 여행을 마치고 나를 만나기 위해 이곳 취리히로 왔다. 역으로 이동하면서 루씨는 그동안 자신이 어떤 여행을 했는지 하나하나 이야기해주었다. 적은 예산으로 많은 것을 구경하고 싶어서 발바닥에 불이 나도록 걸어 다녔던 이야기, 숙소를 찾지 못해 공원 벤치에 침낭을 깔아놓고 노숙했던 이야기, 파리 민박집에서 재미있는 주인을 만났던 이야기 등등을 쉴 새 없이 늘어놓았다.

취리히 공항에서
재회한 루씨

　취리히행 비행기에서 만난 사람들처럼 모두가 각자의 이유와 목적을
가지고 스위스로 여행을 떠난다. 루씨도 그랬다. 그녀에게 스위스 여행
의 이유는 단순했다. 가난했던 대학 시절 비싼 물가 때문에 포기했던 스
위스 배낭여행의 한을 풀기 위해서, 그리고 나와 함께하기 위해서다. 나
역시 나만의 이유와 목적을 가지고 스위스 여행을 선택했다. 바로 새로
움을 경험해보고 싶어서다. 그리고 그 새로운 도전이 가능하도록 손을

내밀어준 제네바 통신원을 만나러 가는 것도 작은 이유다. 하지만 이제
와 돌이켜보니 취리히로 가는 비행기를 탄 그 순간부터 스위스 여행은
내 삶의 판도를 흔들어놓은 여행이었다.

스위스 신고식

취리히 국제공항 역에서 밤기차를 타고 스위스의 수도 베른을 거쳐 인 터라켄으로 가야 했다. 예약한 숙소는 인터라켄 동역Interlaken Ost 근처에 있는 유명한 호스텔이었다. 루씨와 나는 플랫폼에서 취리히의 밤바람을 느꼈다. 9월 취리히의 밤은 선선했다. 춥지도 덥지도 않은 공기에 낯설 지만 상쾌한 기분이 들었다.

차창 밖은 암흑천지였다. 은하철도 999를 타고 안드로메다로 가는 느 낌이랄까. 서울에서 흔히 보는 반짝이는 야경도 없었다. 이따금 나타나 는 희미한 불빛 몇 개가 전부일 뿐 기차는 칠흑 같은 어둠 속을 달렸다.

한 시간이 좀 넘어 베른 역Bern Bahnhof에 도착했다. 예상과 달리 베른 역은 수십 개의 플랫폼에 쉴 새 없이 드나드는 기차와 쏟아져 나오는 사람들로 북새통이었다. 우리는 예약해둔 인터라켄행 기차를 타야만 했다. 환승 시간은 고작 7분. 하지만 몰려드는 사람들 때문에 우리는 플랫폼에 서서 어쩔 줄을 몰랐다. 어떻게 해서든 이 플랫폼을 빠져나가야만 했다. 밀려드는 인파 때문에 나는 벽을 따라 천천히 움직였다. 루씨는 몇 걸음 앞서서 커다란 배낭을 짊어지고 내 캐리어를 끌며 어떻게든 길을 만들어보려고 애를 썼다. 루씨는 사람들 사이를 헤쳐가면서 혹시라도 나를 놓칠까 연신 뒤를 돌아봤다. 뭔가 대책이 필요했다. 나는 그런 루씨에게 소리쳤다.

"언니! 먼저 뛰어가! 내가 알아서 갈 테니 5번 플랫폼에서 만나! 제발 기차 놓치지 마!"

그녀는 내 목소리에 뒤를 힐끔 돌아보고는 크게 대답한 다음 속력을 내어 사람들을 앞질러갔다. 우리가 타야 할 기차는 인터라켄으로 가는 막차였다. 혹시라도 기차를 놓치면 다음 날 첫차를 탈 때까지 베른 역에서 여섯 시간이나 노숙을 해야 했다. 스위스에 온 첫날부터 노숙이 웬 말인가! 나는 몰려드는 사람들 틈을 천천히 헤쳐 나가며 기차를 놓치지 않길 기도했다. 루씨는 이미 내 시야에서 사라졌고, 나도 겨우 플랫폼을 벗어날 수 있었다. 호랑이 굴에 들어가도 정신만 차리면 된다고 했던가. 이제 시간이 얼마 남지 않았다. 나는 주변을 두리번거리며 환승 플랫폼 번호를 찾았다.

'5번 플랫폼!'

번호를 확인하자마자 전속력으로 달렸다. 늦은 밤 베른 역에는 나와 루씨처럼 막차를 놓치지 않으려는 사람들이 분주히 뛰어다녔다. 거우겨우 5번 플랫폼 입구에 다다르자 루씨의 방물장수 배낭이 보였다. 남은 시간 1분. 마음은 초조한데 오르막을 오르면서 휠체어의 속력이 점점 떨어지고 있었다. 젠장. 미쳐버릴 지경이었다. 앞서가던 루씨도 마주 오는 사람들을 피하느라 걸음이 느려졌고, 나를 놓칠까 연신 뒤돌아봤다. 심장이 터질 듯 뛰었다. 그 순간 기차에서 내리던 여자가 루씨에게 말을 걸었다.

"혹시 저 사람이랑 이 기차에 탈 건가요?"

초록색 원피스를 입은 여자가 플랫폼에서 내려오다 말고 나를 가리키며 루씨에게 말을 걸었다.

"아, 네."

루씨의 대답이 끝나자마자 여자는 기차 입구로 달려갔다. 역무원이 호루라기를 불며 그녀를 제지했다. 그녀는 손가락으로 나를 가리키며 역무원에게 사정을 이야기했고, 역무원은 힘겹게 인파를 뚫으며 플랫폼으로 향하는 나를 보았다. 내 모습을 본 역무원은 놀란 눈치였다. 출발 1분 전인데 휠체어 서비스를 예약한 Hong이라는 사람이 나타나지 않아 허탕 쳤다고 생각했을지도 모른다. 역무원은 잠시 기다리라는 말만 하곤 어디론가 사라졌다. 겨우 플랫폼에 도착한 나와 루씨는 초록색 원피스 여인에게 감사 인사를 전했다.

"즐거운 여행 되세요."

그녀는 손을 흔들며 싱긋 웃고는 북적이는 사람들 틈에 섞여 플랫폼

막차를 놓칠까 조마조마했다. 긴장이 풀려버린 루씨는 좌석에 널브러졌다.

을 빠져나갔다. 그사이 역무원은 플랫폼과 기차 사이의 틈새를 막아주는 발판을 가지고 왔다. 내가 기차에 오르자마자 객차 문이 닫혔고, 이내 기차는 베른 역을 출발해 인터라켄 동역까지 내달리기 시작했다. 초록색 원피스 여인이 아니었다면 루씨와 나는 지금쯤 베른 역에서 노숙을 하고 있었을지도 모른다. 상상만 해도 아찔하다.

　겨우 한숨 돌린 루씨와 나는 가방을 들고 자리로 향했다. 루씨는 좌석 구석에 짐을 던져놓고는 털썩 주저앉아버렸다. 출근 시간 서울의 지옥철을 방불케 한 베른 역 인파 때문에 우리는 혼이 쏙 빠진 상태였다. 그래도 탔으니 도착은 하겠지. 긴장이 풀려버린 나와 루씨는 아무 말도 하지 않은 채 멍하니 서로를 쳐다보고만 있었다. 혹독한 신고식을 치른 느낌이었다. 아름다운 풍경만 가득할 것이라고 생각했던 게 큰 오산이었다. 루체른, 제네바, 취리히에서 또 어떤 변수가 나를 기다리고 있을지 걱정이 밀려들기 시작했다.

자유를 느끼며

이튿날 아침이 밝았다. 지난밤 루씨와 나는 종착역인 인터라켄 동역에 도착해 반딧불도 보이지 않을 만큼 새까만 어둠을 뚫고 숙소로 왔다. 약속했던 도착 시간보다 5분 늦어버린 탓에 숙소 문은 굳게 잠겨 있었다. 절망적이었다. 겨우 베른 역에서의 노숙을 면했건만 인터라켄에 도착하자마자 숙소 앞에서 노숙을 해야 할 판이라니. 차라리 베른 역에서의 노숙이 나았을지도 모른다는 생각마저 들었다. 첫날부터 이게 무슨 개고생이람.

때마침 로비에서 인기척이 느껴졌다. 우리는 굳게 잠긴 로비 유리문에 몸과 얼굴을 바짝 붙인 채 손을 흔들어댔다. 제발 우리를 구해달라는 애원의 손짓이었다.

"저기요! 익스큐즈 미!"

두꺼운 유리문 틈 사이로 입을 들이밀며 말했다. 마침 업무를 마감하던 직원이 나와 루씨를 보더니 눈이 휘둥그레졌다. 방물장수와 거지꼴을 한 여자 둘이서 현관 유리문에 찰싹 붙어 있는 모양새라니, 얼마나 우스꽝스러웠을까.

"안녕하세요? 늦으셨네요."

직원이 현관문을 열어주며 말했다. 문이 전부 열리기도 전에 나와 루씨는 몸부터 밀어 넣었다. 진정 노숙 같은 건 하고 싶지 않았다.

"아, 네. 5분 늦었네요. 저기, 음, 그러니까 방 키가 필요해요."

나는 다급한 목소리로 이야기했다. 직원은 내 이름을 확인하고는 책상 위에 있던 카드키를 건네줬다.

"체크인은 내일 아침에 하시면 돼요. 저는 자야 해서 가봐야겠어요. 잘 자요."

짧은 인사만 남기고 직원은 사라졌다. 루씨와 나는 지칠 대로 지쳐버렸다. 스위스에서의 첫날밤은 이층 침대가 두 개 있는 4인실이었다. 우리는 조심스럽게 방에 들어섰다. 혹여 아래층 침대를 누가 선점할까 봐 내가 사용할 침대 위에 '예약되었음^{Reserved}'이라 적힌 안내문이 놓여 있었다. 모두가 잠든 고요한 밤이었다. 조심스럽게 가방을 한쪽에 두고, 나와 루씨는 약속이나 한 듯 각자의 침대로 향했다. 나는 재빨리 신발과 양말을 벗어던지고는 이불 속으로 파고들었다. 루씨도 번개 같은 속도로 신발과 양말을 벗어놓고선 사다리를 타고 이층 침대로 올라갔다. 시계를 보니 새벽 한 시 반. 도대체 몇 시간을 뜬눈으로 보냈던 걸까. 우리는 쥐도 새도 모르게 잠들었다.

거리 곳곳에서 시끄럽게 울려대는 자동차 경적 소리, 깜빡이는 파란불을 놓칠세라 바쁘게 뛰어가는 사람들의 구둣발 소리. 매일 아침 마치 거대한 태엽 인형 속 부품들처럼 모두가 정확한 시간, 정확한 위치에서 가쁘게 돌아간다. 바로 서울의 아침 풍경이다. 하지만 창으로 드리우는 햇살에 눈을 뜬 인터라켄의 아침은 달랐다. 바람 소리에 바스러지는 나뭇잎 소리, 새들의 노랫소리, 이야기하는 사람들 소리가 제일 먼저 귀에 담겼다. 살며시 눈을 뜨고 창밖을 보았다. 전날 밤 칠흑 같던 어둠과는 달리 새파란 풍경이 눈앞에 펼쳐졌다. 하늘에 맞닿을 것처럼 솟아오른 알프스 산맥은 마치 아무도 찾아올 수 없는 동화 속 마을처럼 아름다웠다. 나는 이곳이 무척 마음에 들었다.

나와 루씨는 일정이 바빴다. 체크인, 조식, 관광지 알아보기 등 해야 할 일이 많았다. 누워 있을 시간이 없었다. 정신없이 나갈 준비를 마치고 우리는 리셉션 데스크로 향했다.

"안녕하세요? 어제 밤늦게 입실했어요."

"당신이 미스 홍이시군요?"

데스크에 앉아 있던 곱슬머리 직원이 단번에 나를 알아봤다. 숙소를 예약하기 전 나는 이메일을 10통이나 보내며 그들을 귀찮게 했다. 휠체어 편의 시설이 있는지, 편의 시설 규격은 어떠한지, 장애인 전용 객실은 있는지, 다인실에서도 묵을 수 있는지 등등 질문을 수없이 했지만 항상 친절한 답변을 보내주어 나는 망설임 없이 이곳을 선택했다.

체크인을 마치고 로비를 훑어보니 한쪽 벽에는 인터라켄 지도가 걸려 있었고 그 아래에는 패러글라이딩 업체, 트레킹 업체, 아이들과 함께할 수 있는 액티비티 업체의 전단지가 붙어 있었다. 그중 노란색 낙하산을 타고 함박웃음을 짓고 있는 사진이 눈에 들어왔다.

전날 기내식을 먹은 이후로 아무것도 먹지 못했는데, 이제 모든 것이 안심되었는지 위장이 밥을 달라고 아우성이었다. 식당에서 얇게 썬 살라미 두 종류와 치즈, 시리얼과 요거트, 파이 한 조각을 접시에 담았다. 진한 에스프레소 향이 피로를 녹이듯 코끝을 스치며 올라오는 게 기분이 좋았다. 한입 베어 문 치즈는 감탄사가 절로 날 정도로 맛있었고, 스모크 향이 진하게 밴 햄도 맛있었다. 분명 사람은 두 명인데 테이블 위에 접시가 두 개, 세 개 쌓이며 점점 늘어났다.

아침 식사를 끝내고 새로 배정받은 방으로 짐을 옮겼다. 흔한 TV도 라디오도 없는 방이었지만 심심하지는 않았다. 나와 루씨는 짐 정리를 미루고 침대에 벌러덩 드러누웠다. 침대에 누워 창밖에 보이는 하늘을 올려다보았다. 하얀 뭉게구름이 천천히 흘러가고 있었다. 가슴이 뻥 뚫리는 것처럼 시원한 기분이 들었다. 아무것도 아무도 신경 쓰지 않아도 되는 이 자유로움이 무척 반가웠다. 오로지 나만 존재하는 것처럼, 다른 어떤 것도 신경 쓰지 않고 오롯이 나만 생각할 수 있는 그런 세상에 온 것 같았다. 잠시 자리에 누워 창밖에서 들려오는 자전거 소리와 아이들

웃음소리, 그리고 이따금 지나가는 기차 소리에 귀를 기울였다. 지난밤 베른 역에서의 전쟁 같은 신고식이 떠오르지 않을 만큼 인터라켄은 평화로웠다. 그래도 마냥 누워 있을 수만은 없었다.

"쉴트호른 가자!"

나와 루씨는 남들 다 가는 융프라우보다 그런 융프라우가 아주 잘 보이는 쉴트호른^{Schilthorn}에 가기로 마음먹었다. 내 말이 끝나기 무섭게 루씨가 벌떡 일어났다. 나도 자리에서 일어나 목에 카메라 스트랩을 걸고 가방을 어깨에 둘렀다. 나는 루씨를 뒤따라 방을 나서며 외쳤다.

"출발!"

쉴트호른에 오르기 전 인터라켄 동역 앞에 있는 COOP이라는 마트에 잠깐 들렀다. COOP은 한국의 대형 마트와는 조금 달랐다. 스위스에는 COOP, 미그로스^{Migros}라는 양대 대형 슈퍼마켓이 협동조합 형태로 운영되고 있는데, 조합원이 무려 200만여 명에 이를 만큼 규모가 엄청나다. 스위스 국민 대다수가 조합원이며 생산자이자 구매자이다 보니 이곳의 먹거리는 신선하고 안전하다. 경치 구경을 하는 것도 여행의 재미지만, 이렇게 몰랐던 그 나라의 사정을 알아가는 것 또한 다른 재미가 아닐까. 짧은 기간이었지만 나는 스위스에서 사람이 사람과 경쟁하지 않고 사는 법, 그리고 사람이 자연과 공존하며 사는 법을 간접적으로나마 깨달을 수 있었다.

마트에 도착한 우리는 적잖이 당황했다. 대부분의 상품이 독일어로 표기되어 있어 도대체 뭐가 뭔지 알아볼 수가 없었다. 와이파이에 접속되지 않는 내 스마트폰은 그저 전자시계일 뿐이었다. 하지만 이가 없으면 잇몸으로 살고, 말이 안 통하면 만국 공용어 보디랭귀지를 쓰면 된다. 먹깨비가 둘인데 말이 안 통한다고 마트를 그냥 빠져나올 리 없었다. 입구에 들어서자마자 나와 루씨는 반대 방향으로 찢어져 마트 구석구석을 누볐다.

우선 쉴트호른에서 먹을 간식거리를 사기로 했다. 정확히 말하자면 간식을 빙자한 점심 식사 거리지만. 훑어보니 샐러드, 초밥, 파스타 등이 진열된 즉석 요리 코너가 있었다. 거기서 나는 마요네즈에 버무린 당면 같은 음식을 집었다. 샐러드인지 파스타인지도 모르겠지만 그냥 먹어보기로 했다. 그런 다음 흔하게 생긴 토마토 파스타를 골랐다. 한 아름 먹거리를 안고 있는 나를 발견한 루씨가 웃음을 터뜨렸다.

"하하하. 무슨 소풍 가니?"

"뭔지는 모르겠는데 그냥 맛있게 생긴 것 같아서 들고 왔어. 우리 와인도 사자. 아, 그리고 거기 앞에 있는 복숭아 몇 개만 담아봐."

양손이 모자란 내가 턱을 삐죽 내밀며 복숭아를 가리켰다. 루씨가 봉투에 복숭아를 담는 모습을 보고는 와인 코너로 향했다. 그런데 족히 5미터도 넘게 진열된 수많은 와인 앞에서 나는 무엇을 골라야 할지 막막했다. 프랑스, 이탈리아, 미국, 칠레, 스페인 등 세계 각지에서 공수한 와인 진열대 한편에 스위스 와인 진열대가 보였다. 어차피 독일어를 읽지도 못하니 그냥 쉽게 따기 좋은 놈으로 골랐다.

쉴트호른에 가려면 인터라켄 동역에서 기차를 타고 라우터브루넨 Lauterbrunnen 으로 간 다음, 거기서 산악열차와 케이블카를 몇 차례 갈아타야 한다. 루씨는 파스타, 과일, 와인으로 가득 찬 비닐봉투를 한 손에 들고 나와 함께 역으로 갔다. 간발의 차로 기차를 놓치는 바람에 우리는 조용해진 플랫폼 벤치에 앉아 다음 기차를 기다리기로 했다.

"융프라우 가시나 봐요?"

낯선 남자가 옆으로 오더니 말을 걸었다. 나는 화들짝 놀라 남자를 쳐다봤다. 스위스에서 나를 아는 사람이라곤 루씨와 제네바 통신원뿐이다. 영문을 모르는 나는 눈만 깜빡거렸다.

"저 기억 안 나요? 어제 같은 비행기 타고 온..."

나는 기억이 날 듯 말 듯했다. 같은 비행기를 타고 온 남자가 한둘이 아닌데 그중에 누구란 말인가. 이놈의 몹쓸 기억력.

"옆자리요."

그가 손가락으로 옆자리를 가리키는 시늉을 하며 말했다. 순간 어제의 모든 일이 떠올랐다. 바젤로 출장 간다던 그 중년 남자였다.

"어머!"

나는 인터라켄에서 그를 만난 게 반갑기도 하고 놀랍기도 해서 소리쳤다.

"허허허. 이제 기억나시나 보네. 융프라우 가시는 거예요?"

"아니요. 쉴트호른에 가요. 바젤에 계신다더니 어떻게 여기까지 오셨어요?"

"주말이라 일정이 없어요. 스위스 패스도 있고, 융프라우 가본 지도 오래됐고 해서 이참에 한번 가보자 하고 출발했죠. 뭐, 운이 좋으면 어제 봤던 옆자리 아가씨도 만날 거라고 생각하고 왔는데, 허허, 정말 만날 줄은 몰랐네요."

그렇게 나와 루씨 그리고 남자는 플랫폼에서 라우터브루넨으로 가는 기차를 기다렸다. 조금 시간이 지나자 사람들이 하나둘 몰려들었다. 모두들 어디로 가는지는 모르겠지만 아마 대부분 라우터브루넨에서 하차할 것이란 생각이 들었다. 라우터브루넨은 일종의 환승역이다. 인터라켄 주변으로 이어지는 멋진 산맥 중에서 각기 다른 아름다움을 지닌 곳으로 이어주는 연결고리인 셈이다. 나와 루씨는 그 연결고리에서 오른쪽에 있는 쉴트호른으로, 그리고 중년 남자는 라우터브루넨이라는 연결고리에서 가장 높은 지점인 융프라우로 간다.

기차가 도착했다. 객차 문 근처에는 자전거나 휠체어가 머무를 수 있는 넓은 공간이 있었다. 나는 망설임 없이 그곳에 자리를 잡았고, 루씨는 나의 맞은편에, 남자는 루씨와 조금 떨어진 곳에 앉았다. 남자는 우리 쪽으로 몸을 기울이더니 이야기를 꺼냈다.

"어제 아가씨를 처음 보고 정말 많이 놀랐어요. 전에는 장애에 별 생각이 없었는데 어제 아가씨 혼자 비행기를 타러 오는데 진짜 충격이었어요. 그리고 나서 오늘 인터라켄으로 오는 내내 스위스에 있는 편의 시설을 쭉 봤는데 정말 잘되어 있는 것 같더라고요. 어때요? 한국이랑 비교하면?"

라우터브루넨으로 가는 기차.
휠체어가 쏙 들어가는
알맞은 자리에 앉았다.

"어떨 거 같으세요? 한국이랑 비교하면 여긴 천국 같은데요?"

나는 가슴 깊숙이 밀려오는 어떤 울컥함을 누르며 대답했다. 무엇이
울컥했을까. 지난 20여 년간 휠체어를 타면서 얼마나 힘들게 '외출'을 감
행했는지, 그 힘든 시간이 내 무의식에서 꿈틀거렸던 것 같다.

스위스는 정말 천국 같았다. 스위스에 도착한 지 채 24시간도 지나지
않았지만 나는 조금씩 자유를 느끼고 있었다. 버스를 타는 일도, 기차를
타는 일도, 인도와 차도를 넘나드는 일도, 건물에 들어서는 일도, 승차권

을 구매하기 위해 매표소 창구에 얼굴을 들이미는 일까지 하나도 어려울 게 없었다. 나는 그에게 지난밤 겪었던 이야기와 우리나라에서 휠체어로 이동하기가 얼마나 어려운지 차근차근 들려주었다. '장애인 이동권'이라는 것을 아는지, 그것이 왜 중요한지, 그리고 지금 이곳 스위스에서 느낀 점들을 차분히 이야기했다.

"너무 많은 걸 몰랐네요. 앞으로는 관심을 가지고 봐야겠어요."

나는 그의 대답에 조금 멋쩍어 씨익 웃으며 손가락만 꼼지락거렸다. 정신없이 수다를 떨다 보니 어느새 라우터브루넨에 도착했다. 나와 루씨는 기차에서 내려 남자에게 작별 인사를 했다.

"여행 잘해요!"

루씨와 나는 라우터브루넨 역을 빠져나와 길을 건넜다. 건너편에는 노란색 버스가 줄지어 서 있었다. 구불구불한 길을 따라 뮈렌^{Mürren} 마을로 간다고 적혀 있었다. 구불구불한 길이라. 잠시 생각에 빠졌던 나는 멀미 생각에 고개를 절레절레 저었다. 버스를 타느니 곤돌라와 산악열차를 타는 편이 나아 보였다.

쉴트호른으로 가는 방법은 조금 복잡했다. 곤돌라 한 번, 산악열차 두 번, 또 케이블카 한 번, 그리고 도로를 따라 20여 분 이동해야만 쉴트호른에 도착할 수 있었다. 산꼭대기까지 오르는 데만 두어 시간 정도 걸렸다. 적지 않은 시간이었지만 나에겐 의미가 깊었다. 휠체어로도 충분히 산꼭대기까지 오를 수 있다니! 오를 수 있다고 하니 꼭 가보고 싶어졌다. 환승의 번거로움 따윈 대수롭지 않았다.

산악열차가 중간 종착역인 그뤼트샬프 Grütschalp에 도착하자 모두 하차했다. 하지만 열차와 플랫폼의 높이 차가 어마어마해 나는 내리지 못하고 주춤거리고 있었다. 그 광경을 본 역무원, 승무원 모두 어쩔 줄 몰라 했다. 그때였다. 슈퍼맨처럼 나타난 기관사가 열차를 다시 운전하기 시작했다. 열차는 천천히 다른 플랫폼으로 이동했다. 화물을 싣고 나르는, 높이가 높은 화물 전용 플랫폼이었지만 열차와 플랫폼의 높이가 알맞아 별다른 도움 없이 열차에서 내릴 수 있었다. 그 모습을 본 역무원, 승무원은 그제야 환한 웃음을 보였다. 열차에서 내린 나는 기관사에게 엄지손가락을 세워 보였다.

"당케 Danke!"

중간 종착역에서 뮈렌으로 가야 했다. 그리고 다시 뮈렌 역에서 마을을 가로질러 쉴트호른으로 가는 케이블카 정거장으로 이동해야 했다. 뮈렌은 차가 다니지 않고 아기자기한 꽃장식이 가득한 친환경 마을이다. 알프스 소녀 하이디나 빨간 머리 앤이 이런 곳에서 살았을까. 아주 아기자기하고 예쁜 마을이다. 알록달록한 스위스풍 집들, 환영 인사를 하는 것만 같은 작은 나무들, 그리고 광활한 협곡 너머로 보이는 융프라우의 모습. 풍경화 속을 거니는 느낌이었다.

드디어 쉴트호른으로 가는 케이블카 선착장에 도착했다. 그러고 보니 여기까지 오는 동안 단 한 번도 어떻게 가야 할지 걱정을 안 해봤다. 약간의 장애물도 용납하지 않겠다는 듯 모든 길이 너무도 평탄했다. 주변에는 유모차를 끌고 온 가족도 많았다. 어쩜 이럴 수가. 한편으론 아쉬

동화 같은 알프스의 작은 마을, 뮈렌(Mürren)

움도 있었다. 언제쯤이면 백두산, 한라산도 휠체어로 오를 수 있을까, 뭐 그런 아쉬움.

인터라켄에서 출발한 지 두 시간이 훌쩍 넘어서야 쉴트호른에 도착했다. 케이블카는 산 정상에 있는 넓은 전망대까지 곧바로 이어졌다. 정상에 오른 기쁨에 나와 루씨는 들떴다. 케이블카 문이 열리자마자 자리를 박차고 전망대로 향했다. 360도 파노라마 뷰를 자랑하는 쉴트호른 전망대에 도착하자 익숙한 얼굴이 보였다. 제임스 본드였다. 물론 실제 제임스 본드는 아니고 멋진 포즈로 서 있는 사진이었다. 쉴트호른은 007 시리즈 〈여왕 폐하 대작전〉의 촬영지로 유명하다. 나는 그 사실을 쉴트호른 전망대에 도착하고서야 알았다.

주변은 온통 하얀 눈으로 뒤덮여 있었고, 강렬하게 내리쬐는 태양이 반사되어 내 눈을 자극했다. 나는 제임스 본드처럼 멋지게 선글라스를 쓰고 전망대 중앙으로 갔다. 뻥 뚫린 전경만큼이나 가슴이 뻥 뚫리는 느낌이었다. 쉴트호른에서는 유럽의 지붕이라 불리는 융프라우가 아주 잘 보인다. 마치 하얗고 거대한 병풍처럼 웅장하고 압도적이었다. 나는 전망대 끝에 서서 유럽의 지붕을 바라봤다. 청색 하늘은 바다 같았고, 그 하늘 위를 가로지르는 하얀 구름은 돛단배 같았다. 한참을 그렇게 서 있자 루씨가 다가왔다. 우린 서로 아무 말 없이 서 있었다. 쉴트호른에서 보는 융프라우의 또 다른 모습에 압도되었을 뿐.

한 폭의 풍경화를 감상하듯 한참을 멍하니 경치만 바라보던 우리는 어디로 갈지 두리번거리다 입구에서 마주친 제임스 본드 사진 곁으로 다

뮈렌에서 만난 스위스의 아름다움

쉴트호른으로 가는 길. 어떤 장애물도 만날 수 없었다.

쉴트호른 전망대에서 바라본 풍경

가갔다. 선글라스도 썼겠다 남들 시선에 부끄러워 할 것 없이 우리는 멋들어지게 권총을 쥐고 있는 제임스 본드와 같은 포즈로 사진을 찍었다. 점점 신이 난 나는 가방 속에서 주섬주섬 셀카봉을 꺼냈다. 벤치에 앉아 셀카봉에 휴대폰을 끼우고 있는데, 사람들이 신기하다는 눈빛으로 우리를 쳐다봤다. 왜 쳐다보는 거지? 우리는 셀카봉을 길게 빼고는 전망대 이곳저곳을 돌아다니며 능수능란하게 사진을 찍어댔다. 그런데 이상하리만큼 뒷통수가 따가워 주변을 돌아봤다. 세상에, 그곳의 많은 사람들이 이 신기한 물건에 입을 다물지 못하고 있었다. 이 신문물이 조금 부러웠던 모양이다. 그러거나 말거나 남는 것은 사진뿐이라며 나와 루씨는 한참 동안 셀카 삼매경에 푹 빠져 있었다.

007 시리즈 〈여왕 폐하 대작전〉의 제임스 본드

끓어오르는 아드레날린에 지친 우리는 잠시 벤치에 앉아 쉬기로 했다. 어느덧 점심시간이었다. 우리는 마트에서 산 음식 꾸러미를 풀었다. 마땅히 복숭아를 씻을 만한 곳을 찾지 못해 대충 셔츠에 쓱쓱 닦고선 한 입 베어 물었다. 달콤한 복숭아 과즙이 입 안을 가득 적셨다. 나는 신음하듯 감탄사를 내뱉으며 손에 쥐고 있던 복숭아를 루씨의 면전에 들이댔다. 도시락 뚜껑을 열고 있던 루씨는 복숭아를 한입 베어 물더니 역시 감탄사를 연발하며 나와 이중창을 시작했다.

달콤했던 복숭아처럼 쉴트호른에서의 점심 식사도 아주 달콤했다. 음식을 오물오물 먹으며 주위를 둘러봤다. 다들 아무렇게나 바닥에 앉아 샌드위치를 먹거나 아름다운 경치를 감상하며 준비한 점심을 먹었다. 나와 루씨가 그랬던 것처럼 제임스 본드 사진 앞에서 멋들어진 포즈를 취하며 사진을 찍는 사람들도 있었다.

나는 가방에서 와인을 꺼내 마개를 열었다.

"치어스!"

신나는 여행을 기념하는 축배였다. 호화로운 고급 식당이 아니어도 좋았다. 그 어떤 도시의 경치도 부럽지 않을 만큼 멋진 뷰를 자랑하는 스카이라운지에 온 것 같았다. 또 한 잔의 축배를 들자 모든 것이 행복해 보였다. 하늘도 구름도 저 멀리 하얗게 빛나는 융프라우와 여기 이곳 쉴트호른도 모두 행복해 보였다. 한 번도 오를 수 있을 거라 생각하지 못했던 정상, 해발 2970미터 쉴트호른에서 나는 자유를 느꼈고, 그 순간의 모든 것처럼 행복했다.

어떻게든 되겠지

다시 쉴트호른에서 뮈렌으로, 그리고 인터라켄으로 돌아가야만 했다. 케이블카를 타고 뮈렌에 내려서는 융프라우가 잘 보이는 곳에서 잠시 멈춰 섰다. 루씨는 가방에서 남은 와인을 꺼내 한 모금 마셨다. 나도 와인 병을 가로채 한 모금 들이켰다. 해가 지면 요정들이 줄지어 나올 것만 같은 마을과 사방을 가득 메운 이국적 풍경 속에서 우리는 쉽사리 발걸음을 옮기지 못하고 있었다. 우리는 한동안 아무 말 없이 와인 병을 주고받기만 했다. 문득 아침에 보았던 전단지가 떠올랐다. 나는 고개를 돌려 루씨에게 아무렇지도 않은 말투로 말했다.

"나 패러글라이딩 할래."

와인을 마시던 루씨가 나를 힐끗 쳐다봤다. 나는 루씨의 반응을 기다렸다. '미쳤냐?' '위험할걸?' '안 돼' 이런 반응을 예상했다. 잠시 아무 말 없던 루씨가 입을 열었다.

"할 수 있으려나? 가서 한번 물어보자."

루씨 역시 아무렇지도 않은 말투로 답했다. 잠시 머리가 복잡해졌다. 패러글라이딩을 해보고 싶다는, 작게 타오르는 욕심에 기름통이 날아든 것 같았다. 이 기름통이 도전의 불길로 이어질지, 아니면 나를 활활 태워 잿더미로 만들어버릴지 혼란스러웠다. 어쩌면 나는 루씨가 나의 무모한 도전을 말려주길 바랐는지도 모르겠다.

루씨는 와인 병을 깨끗이 비우고는 떠날 준비를 했다. 루씨가 나보다 더 적극적이었다. 다시 산악열차에 올랐다. 인터라켄으로 내려가는 차창 밖으로 형형색색의 꽃과 나무들, 재잘재잘 지저귀는 새들, 한가로이 풀 뜯는 소떼가 보였다. 꿈꾸는 것만 같았다. 지상에 숨겨진 낙원이 있다면 바로 여기일까 하는 생각이 들었다.

쉴트호른으로 오르던 길과 달리 인터라켄으로 향하는 길은 좀 더 가깝게 느껴졌다. 나는 고개를 살며시 들어 하늘을 보았다. 푸른 하늘에는 패러글라이딩을 하는 사람들이 드문드문 보였다. 마치 파란색 접시 위 생크림 케이크에 흩뿌려진 초코파우더처럼, 낙하산을 맨 그들이 뭉게구름 사이사이에서 꿈틀거리고 있었다. 바라보고만 있어도 신나고 흥분되었다. 뮈렌에서 생각했던 것과는 달리 새로운 도전에 대한 기대감이 커지고 있었다. 루씨가 던진 기름통이 도전의 불길이 되려는 모양이다. 나는 한참 동안 그들의 비행을 바라보았다. 기차가 움직이면 내 고개도 따

인터라켄 웨스트(Interlaken West) 풍경

숙소 창에서 내려다본 인터라켄 오스트(Interlaken Ost)

라 움직였다. 하늘을 나는 느낌일까. 새가 된 느낌일까. 롤러코스터를 타는 느낌일까. 아니면 그냥 무서울까. 인터라켄 동역으로 향하는 내내 머릿속에는 온통 패러글라이딩 생각뿐이었다.

기차가 인터라켄 동역에 도착했다. 나와 루씨는 역 앞에서 패러글라이딩 부스를 발견하고는 한걸음에 찾아갔다. 금발이 잘 어울리는 여자 직원이 권태롭게 부스에 앉아 있었다.

"실례합니다. 패러글라이딩을 좀 하고 싶은데요."

그녀 앞에 다가가 조심스럽게 물었다. 지루한 표정으로 스마트폰을 만지작거리던 그녀가 고개를 들어 우리를 처다봤다.

"네, 가능해요. 언제 하실 거죠? 그런데 당신도 할 건가요?"

직원이 나를 콕 찍어 물었다.

"네, 저도 하고 싶은데요. 혹시 이곳에 장애인을 대상으로 하는 전문 업체가 있나요?"

나는 진지한 표정으로 물었다. 직원은 눈동자를 굴리며 잠시 생각하더니 검지를 들어 잠깐 기다리라는 신호를 하고는 자리를 떴다. 그러고는 부스 뒤편에서 담배를 피우며 쉬고 있던 남자들에게 독일어로 무어라 이야기했다. 그녀는 나를 가리키며 한참 동안 대화를 이어갔는데, 뭔가 일이 잘 풀리지 않는 듯 보였다. 내가 반쯤 체념했을 때 직원이 돌아왔다.

"있기는 한데, 인터라켄이 아니라 기차를 타고 한 시간쯤 가야 해요. 그곳에 가면 장애인 패러글라이딩을 전문으로 하는 업체가 있대요. 이게 그 업체의 전화번호예요. 제가 대신 얘기해주고 싶지만 불어를 못해

패러글라이딩 예약 중인 루씨

서요."

그녀가 미안한 듯 아쉬운 표정을 지으며 전화번호를 건네주었다.

"고마워요. 우리가 알아볼게요."

루씨가 벤치에 앉아 휴대폰을 꺼내 들었다. 도대체 무슨 용기가 났는지 다짜고짜 종이에 적힌 휴대폰 번호로 메시지를 보냈다.

— 안녕하세요? 장애인 패러글라이딩 전문 업체라고 소개받았습니다. 내일 두 사람이 패러글라이딩을 하고 싶은데 오전에 가능할까요?

5분이 지나도 10분이 지나도 답이 없었다. 조금씩 조바심이 났다. 20분도 더 지났지만 여전히 답장은 오지 않았다. 다른 방법을 찾아봐야 할지 그냥 깔끔하게 포기해야 할지 고민에 빠지려던 찰나 루씨의 휴대폰이 울렸다.

— Sorry. I cannot speak English. French Only(미안해요. 저는 영어를 못해요. 불어만 해요).

머리를 맞대고 답장을 읽던 나와 루씨는 당황스러워하며 서로의 얼굴을 쳐다봤다. 돌아온 답장에서 읽을 수 있는 글자는 몇 개 없었다. 이어지는 불어는 그저 외계어로 보일 뿐이었다. 이래서야 예약이나 할 수 있을까 걱정이 앞섰다. 이 좁은 스위스 땅에서 왜 언어를 세 가지나 써서 나 같은 여행객에게 혼란을 주는지 괜히 원망스럽기도 했다. 벤치에 앉아 곰곰이 생각하던 루씨가 휴대폰을 들고 일어나 성큼성큼 호스텔 리셉션 데스크로 갔다.

"뭐 필요한 게 있나요?"

아침에 우리를 맞아주었던 곱슬머리 직원이 루씨에게 물었다.

"이것 좀 번역해줄래요? 우리가 불어를 못해서 무슨 말인지 알 수가 없어요."

루씨는 대뜸 휴대폰을 내밀었다. 루씨의 휴대폰을 받아든 직원은 당황한 기색이 역력했다. 그는 암호를 해독하는 명탐정 코난처럼 진지하게 문자를 따라 읽어갔다. 그랬다. 그때 알아차렸어야 했다. 그 역시 불어를 못한다는 사실을.

"무슨 일인가요? 설명해줄래요?"

암호 해독에 실패한 직원은 태연한 척하며 우리에게 물었다.

"제가 패러글라이딩을 하고 싶은데 인터라켄에는 장애인 전문 업체가 없고, 여기서 한 시간 떨어진 곳에 가야지만 할 수 있다고 해서요. 그래서 예약하려고 그 업체에 메시지를 보냈는데 불어밖에 할 줄 모른다고 해서 예약을 못 하고 있어요."

나는 속상한 마음에 주저리주저리 늘어놓았다. 내 이야기에 직원은 고개를 연신 끄덕이더니 데스크에서 몸을 내 앞으로 바짝 기울이며 대답했다.

"그럼 이렇게 합시다. 제가 인터라켄에 있는 패러글라이딩 업체 몇 군데에 물어볼게요. 장애인 패러글라이딩 전문 업체는 아니지만 혹시라도 경험이 있는 전문가가 있다면 당신을 도와줄 수 있을 거예요. 지금은 제가 다른 일이 있어서 알아볼 수가 없는데, 혹시 다른 스케줄이 있나요? 있다면 나갔다가 저녁 9시 전에 돌아오세요. 대부분 업체가 9시에 문을 닫으니까 그 전에 전화하면 예약할 수 있을 거예요. 오케이?"

나는 그에게 오케이 사인을 보내며 활짝 웃었다. 왠지 예감이 좋았다. 고구마를 먹고 막힌 목구멍처럼 답답했던 가슴이 사이다 한 모금에 뻥 뚫리는 듯한 시원함을 느꼈다. 잠깐이나마 그의 불어 실력을 의심하며 실망했던 게 미안해졌다.

인터라켄 웨스트에서 저녁 식사를 마치고 천천히 숙소로 향했다. 어둑해진 인터라켄의 밤거리는 왁자지껄했다. 기념품 상점들의 불빛이 거

인터라켄의 석양

리를 환하게 비추었고, 테라스가 있는 카페에는 맥주를 마시며 일행과 회포를 푸는 여행자들이 많았다. 숙소에 들어서자 때마침 주방에서 나오던 곱슬머리 직원이 반가운 미소를 보이며 우리를 맞았다.

"늦었네요."

그의 한마디에 덜컥 심장이 내려앉는 느낌이었다. 혹시 예약을 못 하게 된 건 아닐까 가슴이 조마조마했다.

"된대요? 예약할 수 있어요?"

리셉션 데스크에 바짝 붙어 간절한 눈빛으로 그에게 물었다.

"물론이죠. 지금 전화해볼게요."

그는 어디론가 전화를 걸어 독일어로 무어라 열심히 설명했다. 나와 루씨는 알아듣지도 못하는 그의 말에 숨죽이며 집중했다. 이미 나는 하늘을 날고 있는 것처럼 두근두근 가슴이 벅차올랐다.

"내일 아침 여덟 시 반. 로비에서 기다리면 픽업 차량이 올 거예요. 굿?"

통화를 마친 곱슬머리 직원이 엄지손가락을 내밀었다.

"굿굿굿! 땡큐 땡큐 땡큐!"

새로운 도전. 지금까지 느껴보지 못했던 묘한 기분이 들었다. 신이 나서 방으로 들어왔는데, 막상 침대에 누워 내일을 떠올리니 짜릿함과 두려움이 뒤섞인 기분이었다. 침대에 누워 천장을 바라보며 혼란스런 마음을 가다듬었다.

'어떤 느낌일까? 무섭지 않을까? 착지하다 다치면 어떡하지? 산에서 뛸 텐데 어떡해야 하지? 잘할 수 있겠지? 잘할 수 있을 거야. 에잇! 모르 겠다. 그냥 타. 타보지 뭐. 어떻게든 되겠지.'

'어떻게든 되겠지.' 애써 용감한 척할 때 외우는 나만의 주문이다. 휠 체어에서 생활한 지 20년. 그동안 사소한 두려움부터 심장을 짓누르는 고통까지 수없는 좌절을 경험했다. 불안한 미래, 뒤처지는 느낌에 더 이 상 추락할 곳을 찾지 못했던 그때부터 나는 이 주문을 외우기 시작했다. 계단을 기어오르는 아이처럼 새로운 목표를 향해 한 계단씩 오르기 전 언제나 이 주문을 외웠다. 어떻게든 되겠지. 내일의 태양은 오늘의 태양 과 다를 것이니 내일 일은 막상 닥쳐보면 그 속에 길이 있으리라 생각하 며 언제나 주문을 외우곤 했다.

패러글라이딩도 마찬가지였다. 침대에 누워 걱정을 한들 뾰족한 수가 없었다. 나는 한숨을 크게 한번 쉬고 나서 마법의 주문을 걸었다. 어떻게 든 되겠지.

하늘을 날다

오전 8시 10분. 휴대폰 알람 소리가 요란하게 울렸다. 패러글라이딩 업체와 만나기로 약속한 시간까지 20분밖에 안 남았다. 큰일이다. 나는 벌떡 일어나 루씨를 흔들어 깨우고는 옷을 주섬주섬 챙겼다. 어젯밤 꿈나라행 급행열차를 타기 전까지만 해도 그럴듯한 계획이 있었다. 아침에 일찍 일어나 멋진 비행을 위해 곱게 단장하겠다고 마음먹었는데, 꽃단장은 개뿔, 완전히 물거품이 돼버렸다. 부랴부랴 닥치는 대로 주워 입고는 로비로 뛰쳐나왔다. 다행히 약속 시간 5분 전이었다.

로비에는 인터넷을 하는 사람 두 명을 제외하곤 나와 루씨뿐이었다. 리셉션 데스크에는 곱슬머리 직원 대신 처음 보는 여자 직원이 앉아 있었다.

"굿모닝! 패러글라이딩 업체에서 픽업하러 온다고 했는데 여기서 기다리면 될까요?"

"아하, 당신들이군요! 그렇지 않아도 왜 안 나오나 했어요. 패러글라이딩 업체에서 셔틀버스가 못 간다고 인터라켄 웨스트에 있는 잔디 광장으로 오라고 했어요. 여기서 걸어가면 15분 정도 걸리니까 지금 가야 할 것 같은데요."

젠장, 약속과 다르잖아. 휴대폰을 꺼내 시간을 확인했다. 약속 시간 8시 반. 현재 시간은 8시 28분. 우리는 정신없이 달려 인터라켄 웨스트의 잔디 광장에 도착했다. 그곳에는 빨간 글씨로 패러글라이딩이라고 쓰여 있는 하얀색 봉고차가 한 대 서 있었다. 봉고차 옆에 키 큰 전문 패러글라이더 넷이 서 있었는데, 달려가는 우리를 향해 손을 흔들며 인사했다.

"안녕! 늦었네요. 기다리고 있었어요. 빨리 갑시다."

네 사람 중 누가 봐도 대장 같아 보이는 사람이 이야기했다.

뭐? 늦어? 약속을 어기고 픽업을 오지 않아 아침부터 뜀박질하게 만든 게 누군데? 나와 루씨는 조금 억울하고 분했다. 기가 막혀 항변하고 싶었지만 더 이상 지체할 시간이 없다는 듯 그들은 우리를 얼른 차에 태웠다.

봉고차는 산 중턱에 있는 활공장으로 향했다. 좁은 골목길을 지나고 구불구불한 산길을 따라 한참을 갔다. 적막한 차 안, 패러글라이더들은 출처를 알 수 없는 한국어로 어색한 분위기를 바꿔보려 했다.

"아가쒸, 이름 모야? 패러글라이딩 조아? 대박이다~ 대박!"

개구쟁이처럼 생긴 패러글라이더 한 명이 말을 걸었다. 해외 관광지에서 쉽게 듣는 어색한 한국어였다. 어쩌면 이 또한 여행이 주는 독특한 재미가 아닐까.

"마이 네임 이즈 서윤."

내가 천천히 대답했다. 서윤. 내 이름을 한 번에 제대로 발음하는 외국인은 정말 드물다. 한 글자 한 글자에 담긴 그 뜻과는 상관없이 그들에게는 그저 발음하기 어려운 낯선 이름일 뿐이다. 역시나 내 이름을 정확히 알아들은 사람은 하나도 없었다.

"쏘이욘~"

운전대를 잡고 있던 대장이 애써 알아들은 척 내 이름을 불렀다.

"노노, 서! 윤!"

나는 다시 한 번 또박또박 이야기했다.

"오케이, 쒜요오오온~"

대장은 한 번 더 시도했다.

"노 쒜요온! 서! 윤!"

나도 포기하지 않고 짓궂은 장난을 이어갔다.

"어려워요. 쒜요온~"

대장은 그냥 내 이름을 아무렇게나 불렀다.

서윤, 이 두 글자가 그렇게 어렵나 보다. 어쩌면 그들에게 내 이름 두 글자는 '간장 공장 공장장은 강 공장장, 된장 공장 공장장은 공 공장장'처럼 그저 혀 꼬이는 발음인지도 모르겠다.

"그냥 윤이라고 불러요."

패러글라이딩 활공장에서

나는 이 의미 없는 실랑이를 깔끔하게 끝내버렸다.

"오케이, 윤."

그사이 봉고차는 활공장에 도착했다. 푸른 잔디가 폭신하게 깔려 있는 비탈 위, 흔한 안내판도 하나 없는 곳이었다. 하늘이 높고 맑은 것이 패러글라이딩 하기 딱 좋은 날씨였다. 차에서 내려서야 나는 함께 온 일행이 누군지 제대로 확인할 수 있었다. 나와 루씨, 나와 비슷한 또래의 여자가 잔디 위에 서 있었다. 그녀는 대만에서 왔다고 했다. 그리고 백발이 아주 잘 어울리는 꽃중년 신사가 있었다. 그는 한국에서 출장을 왔다고 했다. 탑승객 한 명당 전문가 한 명이 배정되어 활공장 중앙으로 이동했다. 활공장 나무 사이로 보이는 인터라켄의 풍경은 그림엽서를 그대로 옮겨놓은 것처럼 아기자기하고 아름다웠다.

"윤, 나는 마이크예요. 우리 이제 이 옷을 입어야 해요."

마이크는 안전장치가 달린 낙하산 슈트를 보여주며 말했다. 루씨의 방물장수 배낭처럼 내 키만큼 큰 배낭 슈트였다.

"아, 어떻게 하면 되죠?"

"옆으로 조금 옮길 수 있나요? 여기 자리 위에 슈트를 펼치면 이 위로 다시 올라오면 돼요."

마이크가 친절하게 설명해주었다. 나는 설명이 끝나기 무섭게 자리를 살짝 옮겼고, 마이크가 펼쳐놓은 낙하산 슈트 위로 옮겨 앉자 그가 안전장치를 하나둘 채워주기 시작했다. 그때까지도 나는 하늘 위로 날아오른다는 게 실감나지 않았다. 마이크는 내가 입은 슈트에 단단하게 고정

된 안전장치를 힘껏 당겨 보았다. 내 몸이 휘청거리며 중심을 잃을 뻔했지만 그는 태연했다. 안전하게 채워진 모양이다. 그는 뒤를 돌아보더니 활공장에 서 있던 다른 패러글라이더에게 손으로 신호를 보냈다. 멀리서 신호를 확인한 다른 패러글라이더 둘이 답신하듯 손을 들어 보였다. 도통 무슨 신호인지 모르는 나는 그저 신기하게 그들의 행동을 쳐다보기만 했다.

"자, 이제 내가 당신을 안을 거예요. 내 목을 이렇게 꼭 잡아요."

마이크는 내 팔을 자신의 목에 두르더니 나를 번쩍 들어 올렸다. 나는 마이크 품에 안긴 채 비탈진 활공장 중앙으로 내려갔다.

"오, 로맨틱 커플인가요? 하하."

그 모습을 보고 있던 대만 아가씨가 짓궂게 장난을 치자 그 뒤에서 슈트를 입던 루씨가 "유후~" 환호성을 질렀다. 마이크는 장난에 동조하듯 나를 안은 채 자리에서 한 바퀴 돌더니 풀밭 위에 나를 털썩 내려놓았다. 거참, 사람들 짓궂기는.

활공장 중앙에 오자 조금씩 심장이 쿵쾅거리기 시작했다. 한쪽에선 하얀색 낙하산을 넓게 펼치기 시작했다. 바로 내 날개가 되어줄 낙하산이었다.

"어떻게 패러글라이딩 할 생각을 했어요?"

백발의 꽃중년 신사가 내게 다가와 말을 걸었다. 우리는 패러글라이딩이라는 공통분모가 있어 쉽게 친해질 수 있었다.

"그냥 해보고 싶어서요."

나는 웃으며 담담하게 대답했다. 내 짧은 대답에 신사는 놀란 표정이었다.

"아까 휠체어가 오길래 깜짝 놀랐어요. 그냥 따라오는 건가 했는데, 패러글라이딩을 한다고 해서 정말 멋지다 생각했어요. 아가씨의 비행이 기대되네요. 정말 멋질 겁니다. 제가 사진을 찍어줄게요."

그가 엄지손가락을 내밀며 이야기했다.

"윤, 날 준비 됐어요?"

마이크가 내게 걸어오며 말했다. 출발 신호다. 마이크와 그의 동료가 내 슈트를 번쩍 들어 올리더니 하얀색 낙하산이 있는 곳에 나를 내려놓았다. 출발이 다가오자 심장은 흥분돼서 콩닥거리고 얼굴은 두려움에 화석처럼 굳어갔다. 아무 말도 들리지 않았다. 터질 듯 뛰는 심장 소리만 들릴 뿐이었다. 내 뒤에서 마이크는 돌처럼 굳어버린 내 몸에 안전장치를 고정하느라 손이 바빴다.

"윤, 이제 우리가 당신을 대신해서 같이 달릴 거예요. 그러니까 그냥 즐기면 돼요. 저기 인터라켄이 보이죠? 이제 당신은 새처럼 날 거예요. 준비됐죠?"

나는 입이 떨어지지 않아 아무 말도 못 하고 고개만 끄덕였다. 그러자 내 옆에 있던 두 명의 패러글라이더가 낙하산 줄을 힘차게 잡아당겼다. 내 날개가 되어줄 하얀색 낙하산이 공기를 가득 품고 크게 펼쳐졌다. 그 모습을 구경하던 루씨와 꽃중년 신사가 환호성을 질렀다. 올 것이 왔구나. 나는 이 믿기 힘든 현실이 불현듯 두려워지기 시작했다.

용감해! 잘했어, 홍서윤! 장하다!

"오 마이 갓! 이제 가는 거예요? 지금? 나 지금 너무 긴장... 아악!"

무서움에 소리쳤지만 마이크와 그 일당은 내 말을 깔끔하게 무시하고는 달리기 시작했다. 나는 순식간에 일어난 일에 눈을 질끈 감고서 소리만 질러댔다.

"아아아아악!"

그 순간, 터져버릴 것 같던 심장이 멈추는 듯한 기분이 들었다. 지금 내가 하늘을 날고 있다는 것을 직감적으로 알아차렸다. 온몸에 짜릿한 전율이 감돌았다. 쿵쾅거리는 심장 소리와 거친 바람 소리만이 귓가에 스쳤다. 얼마 지나지 않아 게슴츠레 실눈을 떴다. 발아래 인터라켄의 모습이 흐릿하게 나타났다. 마을을 따라 흐르는 강, 멀리 보이는 툰^{Thun} 호수와 알록달록한 지붕 그리고 맞은편에 보이는 융프라우까지 '아름답다' 라는 말로는 다 표현할 수 없는 그런 아름다움이었다.

"나 지금 날고 있어요? 날고 있어! 와우! 정말 예쁘다!"

하늘이 아니고서야 절대 볼 수 없는 아름다운 장관에 벅차오르는 감정을 주체하지 못하고 나는 주절주절 말을 내뱉었다. 새장에 갇혀 살던 새가 새장을 벗어나 하늘을 만나는 기분이 이런 걸까? 가슴속 깊숙이 뜨거운 무언가가 용솟음치는 느낌에 울컥 눈물이 나려 했다.

'하늘을 날다니! 패러글라이딩을 하다니! 용감해! 잘했어, 홍서윤! 장하다!'

나는 차오르는 눈물을 꾹 참으며 스스로를 다독였다. 장애를 가졌다는 이유로 수없이 들었던 비수 같은 모진 말, 따가운 시선에 숨어 울던

적이 많았다. 심장이 새까맣게 녹아내린 적도 있었고, 뜨거운 용암 속에 빨려 들어갈 것처럼 고통 속에서 몸부림치기도 했다. 강풍 앞에 놓인 촛불처럼, 냉혹한 세상의 바람 앞에 움츠러들어만 갔다. 사회에서 마주한 시련 앞에 한껏 웅크리고 내 안의 작은 불씨를 지키는 게 전부였다.

그런데 하늘을 날아오르는 순간 깨달았다. 그럴 필요가 없다는 것을. 내 나이 열 살, 아무것도 모르는 꼬마 아이가 죽음의 문턱에서 살아 돌아왔다. 그땐 정말 운이 나빴다. 장애가 있는 여자아이로 살아간다는 건 비련의 여주인공만큼이나 슬픈 에피소드의 연속이었다. 그리고 20년 동안 겪어도 되지 않을 일들을 겪으며 인내하는 법을 누구보다 더 많이 배웠다. 아무렇게나 들이대는 잣대에 이골이 날 정도였다. 그만큼 했는데도 잘 견뎠으면 잘 살았다는 생각이 들었다. 더 이상 두려워할 것도 두려워할 필요도 없으리라. 날개를 달고 하늘을 날아오른 이 작은 도전이 흔들리던 내 맘속 작은 불씨를 다시 활활 타오르게 했다.

"윤, 어때요? 기분 좋죠? 새처럼 날아봐요."

뒤에서 낙하산을 조종하던 마이크가 말했다. 나는 그의 말에 정신을 가다듬고는 소리쳤다.

"진짜 기분 좋아요! 단 한 번도 하늘을 날 수 있을 거라고 상상해본 적 없었어요. 정말 행복해요."

벅찬 감동에 흘러버릴 것 같은 눈물을 꾹 참으며 양팔을 벌려 날갯짓을 했다.

"행복해요? 아주 좋아요. 그러면 이제 '빙글빙글'을 할 거예요. 준비됐죠?"

인터라켄 하늘을 날아올랐을 때 느꼈다. 내 안의 불씨가 더 크게 타오를 수 있다는 것을!

"빙글빙글? 그게 뭔데요?"

"착지하려면 빙글빙글을 해야 해요. 빙글빙글 조금만? 아니면 많이?"

빙글빙글이라. 왠지 불길한 예감이 들었다. 감동스러운 지금 이 순간을 빙글빙글이란 것이 모두 앗아가버릴 것만 같았다.

"빙글빙글 조금만요."

나는 조심스럽게 대답했다.

"오케이! 조금만."

마이크는 말이 끝나기 무섭게 낙하산을 급히 오른쪽으로 기울이기 시작했다.

"으아아악! 이게 빙글빙글이야?"

나는 겁을 먹고 눈을 질끈 감은 채 소리쳤다.

"예스!"

마이크는 태연하게 대답했다. 낙하산이 360도로 회전하며 빙글빙글 돌기 시작했다. 롤러코스터보다 더 빠르고 요란하게 움직였다. 나는 밀려드는 어지러움에 소리를 내질렀다.

"으아아악! 어지럽다고! 오 마이 갓! 빙글빙글이 이런 거라고 말 안 했잖아!"

나는 인터라켄 하늘이 울릴 듯이 소리쳤다. 참 시끄러운 손님이다. 어지러워 죽겠다고 하면서도 계속 떠들어대고 있다. 마이크는 더 이상 내 투정에 대꾸하지 않았다. 다른 사람은 롤러코스터처럼 짜릿하고 스릴 있다고 느낄지 모르겠지만 나는 그런 스릴을 전혀 좋아하지 않는다. 새로운 도전과 아름다운 비행에 밀려들었던 좀 전의 감동은 온데간데없이 사라졌다. 빙글빙글이 시작되는 순간 아름다웠던 비행은 지옥 체험으로 변해버렸다.

"오케이, 다 왔어요. 이제 착지할 거예요. 저기 사람 보이죠? 저 사람들이 우리를 잡고 달려줄 거니까 놀라지 마요."

내 말에 대꾸도 없던 마이크가 인터라켄 웨스트 잔디 광장이 보이자 친절하게 설명했다. 왜 좀 전에는 친절하게 빙글빙글을 설명해주지 않았는지 조금 원망스럽기도 했다.

"알았어요, 알았다고. 나 지금 어지러워요. 빙글빙글 조금만이라고 했잖아요. 이게 무슨 조금이야!"

내가 진상을 부리거나 말거나 마이크는 대꾸가 없었다. 그저 착륙을 위해 인터라켄 웨스트 하늘 위에서 낙하산의 방향을 잡을 뿐이었다. 나는 정신을 가다듬어보려고 머리를 도리도리 내저었다. 곧이어 인터라켄 웨스트 잔디 광장이 눈앞에 나타났다. 나는 두 다리를 꼭 붙들고 안전한 착륙을 기도하며 입술을 질끈 깨물었다. 광장에 있던 다른 패러글라이더 두 명이 착륙하는 나와 마이크를 낚아채더니 전력을 다해 달리며 급정거를 시도했다.

'쿵!'

나는 크게 엉덩방아를 찧으며 착지했다. 착지와 동시에 마이크와 나를 이어주던 안전장치가 풀리면서 데굴데굴 풀밭 위를 굴렀다. 오전 이른 시간, 인터라켄 웨스트 잔디 광장의 풀은 아침 이슬을 머금은 듯 촉촉

했다. 엉덩방아를 찧어도 아프지 않을 만큼 적당히 폭신하기까지 했다. 나는 풀밭에 자빠진 채로 일어나지 못했다. 하늘이 빙글빙글 돌아가고, 내 몸도 팽이처럼 빙글빙글 돌아가는 것같이 어지러워 몸을 가눌 수가 없었다. 풀밭에 처박혀 꼼짝도 안 하고 누워 있자 놀란 마이크와 그의 동료가 뛰어왔다.

"윤? 괜찮아요?"

마이크가 고개를 들이밀고 물었다.

파란 하늘 사이로 들이민 마이크의 얼굴이 팽이 괴물처럼 빙글빙글 돌고 있었다.

"어지러워요. 조금만이라고 했잖아요. 이게 무슨 조금이야. 롤러코스터인 줄 알았잖아요. 나 어지러워요."

나는 미동도 하지 않고 입만 벙긋거리며 투정 섞인 대답을 했다. 정말 진상 고객이 따로 없다. 마이크는 노랗게 사색이 된 얼굴로 중얼거리는 내 모습을 보더니 괜찮다며 어깨를 두드렸다. 잠시 후 마이크와 그의 동료는 내 슈트 어깨끈을 번쩍 들어 올렸다. 나는 보자기에 싸인 채로 얼굴만 내민 씨암탉처럼 낙하산 슈트에 대롱대롱 매달려 있었다. 그들은 슈트를 번쩍 들어 올려 나를 벤치 위에 눕혔다. 그 와중에도 나는 어지럽다며 연신 중얼거렸다.

내 뒤를 이어 루씨와 꽃중년 아저씨가 비행을 마치고 도착했다. 그들은 벤치에 누워 있는 내 모습을 보고 한걸음에 달려왔다.

"무슨 일이야? 어디 다쳤어?"

패러글라이딩 성공을 자축하며

루씨가 놀라서 물었다. 꽃중년 신사도 걱정했다. 나는 혼미한 정신으로 루씨와 꽃중년 신사를 바라봤다. 그곳에 있던 모두가 내 걱정을 하고 있었다. 나는 벌떡 일어나 벤치에 등을 기대고 앉았다. 겨우 앉아서 한숨을 돌리자 루씨와 꽃중년 아저씨, 대만 아가씨, 나의 날개가 되어 함께 날아준 마이크, 그리고 그곳의 모든 사람들이 내 첫 비행을 진심으로 축하해주었다.

"당신 정말 멋졌어요. 대단해요!"

잔디에 앉아 쉬고 있던 대만 아가씨가 벌떡 일어나 내 곁으로 다가오며 말했다.

하늘을 날아오른 첫날. 짧은 시간이었지만 나는 스스로가 얼마나 소중한지 깨달았다. 처음 보는 사람들도 나를 응원하고 축하해주었다. 내 안의 작은 불씨를 위협하던 세상의 거센 바람이 어쩌면 그 불씨를 더 크게 타오르게 하는 따뜻한 바람일 수도 있겠다는 생각이 들었다.

핑슈테크의 무법자

아침부터 활동을 많이 한 탓에 급격히 피로가 몰려왔다. 어지러움은 여전했다. 딱따구리가 연신 머리를 쪼아대는 것만 같았다. 숙소로 돌아온 루씨와 나는 잠시 침대에 누웠다. 빙글빙글 천장이 어지럽게 돌아가고 있었다. 몰아치는 멀미를 참아보려고 눈을 감아버렸다.

눈을 번쩍 떴을 때는 이미 시간이 한참 지난 후였다. 지친 루씨도 내 곁에 누워 새근새근 자고 있었다. 창밖에서 강물 흘러가는 소리만 들려올 뿐 방 안은 시간이 멈춰버린 것만 같았다. 아, 내 뱃속 시계는 제외하고.

루씨를 깨워 뱃속을 채우러 가자고 졸랐다. 이상하게 여행을 하면 없던 부지런함이 생겨난다. 주말이면 늦잠은 기본이고, 밥 먹기가 귀찮아 뱃속에서 전쟁이 나든 말든 온종일 침대에 누워 있던 적도 있다. 귀차니

즘 대회가 열린다면 분명 1등은 내 차지다. 그런데 여행지에선 1분 1초가 아까웠다. 더 많은 것을 보고 느끼고 싶어서 피곤함도 잊은 채 바삐 움직인다. 그러다 보니 여행을 다녀오고 나면 꼭 몸살을 앓는다.

어제 들렀던 COOP 마트에서 먹을거리를 사기로 했다. 루씨가 갓 구워낸 닭다리를 장바구니에 담았다. 또다시 복숭아와 와인도 샀다. 스위스 여행을 하면서 나와 루씨는 이상하리만큼 식당을 찾지 않았다. 소풍을 떠나듯 간단하게 먹을거리를 챙겨서 아름다운 풍경을 보며 즐기는 야외 식사를 더 선호했다.

우리는 다시 인터라켄 동역으로 갔다. 라우터브루넨을 거쳐 그린델발트Grindelwald로 가야 했다. 지하 통로를 따라 플랫폼으로 가려고 하는데 어제 보았던 패러글라이딩 업체 부스의 여직원이 말을 걸었다.

"안녕? 패러글라이딩 했어요?"

"네, 정말 재밌었어요. 조금 무섭긴 했지만."

나는 겸손한 승자처럼 수줍은 웃음을 보이며 대답했다.

"와우! 성공을 축하해요!"

그녀가 웃으며 인사했다. 나와 루씨는 그녀에게 손을 흔들어 인사하고는 플랫폼으로 걸음을 재촉했다. 작은 시골마을처럼 고요한 인터라켄이지만 동역은 항상 여행객들로 북적거렸다. 나도 그들과 함께 그린델발트로 가는 기차를 기다렸다.

우리는 그린델발트의 첫인상에 입을 다물지 못했다. 광활하게 펼쳐진 산악마을, 그 뒤에 장엄하게 우뚝 솟아 있는 융프라우의 모습에 압도당

그린델발트, 길을 따라가는 소박한 발걸음도 아름다운 여행이 될 수 있는 곳

했다. 인터라켄, 라우터브루넨, 뮈렌, 그리고 그린델발트는 비슷한 듯 다른 매력이 있었다. 마을 곳곳에는 꽃장식이 가득한 스위스 전통 가옥이 즐비했다. 알록달록 오색 꽃으로 창문을 장식한 집, 붉은 꽃 화분으로 발코니를 장식해둔 집, 이름조차 생소한 들꽃으로 마당을 예쁘게 가꾼 집 등등. 우리는 무작정 길을 따라 이동했다. 딱히 계획한 것도 없었던 터라 꽃들로 수놓인 집들을 구경하는 것만으로도 재미있었다. 창가에 놓인 형형색색의 꽃들은 이따금 바람이 불 때마다 간지럼을 타듯 머리를 흔들었다.

"저거 탈까?"

루씨가 산 위의 무언가를 가리키며 말했다. 낡은 케이블카 한 대가 산 중턱을 천천히 오르고 있었다.

"가서 와인 마시자!"

루씨는 흥분한 목소리로 나를 앞질러가며 말했다. 미리 말해두지만 이번 스위스 여행의 8할은 스위스 와인과 함께했다. 애주가들과 함께한 여행이다 보니 술이 빠지지 않기도 했지만, 무엇보다 스위스산 와인 맛이 감탄스러웠기 때문이었다. 어디서도 맛보지 못한 고품질의 와인을 한국으로 짊어지고 올 수 없어 나와 루씨는 뱃속에 담아 가기로 했다. 어쩌면 이 책의 부제를 '고주망태 여행'이라고 지어야 할지도 모르겠다.

케이블카를 타려고 승강장으로 들어갔는데 아무도 없었다. 텅 빈 매표소에는 사람의 흔적이 느껴지지 않았다. 분명 케이블카가 움직이는 모습을 보았는데? 우리는 고요하다 못해 적막한 매표소 앞에서 누군가

오기만을 기다렸다. 그때 백발노인이 나타나 자연스럽게 매표소 안으로 들어갔다.

"안녕하세요? 케이블카 타실 건가요? 오, 당신은 휠체어가 있군요."

루씨를 보며 케이블카 탑승 여부를 묻던 노인이 나를 발견하곤 표 두 장을 루씨에게 주었다. 곧이어 케이블카 한 대가 산 중턱에서 내려왔다. 등산복을 입은 손님 두 명이 반대편 문으로 내리자 노인은 친절히 문을 열어주더니 탑승하라고 손짓했다. 나는 누구의 도움도 없이 쉽고 자연스럽게 케이블카에 올라 산이 보이는 방향으로 자리를 잡았다. 내 뒤를 이어 루씨가 케이블카에 오르자 노인은 케이블카 문을 굳게 닫았다.

"우리만 타고 가는 거야?"

나는 이 오래된 케이블카가 조금 의심스러웠다. 용궁으로 팔려 가는 심청이처럼 안절부절못하며 케이블카 안을 돌아다녔다. 우리를 케이블카로 밀어 넣은 노인은 방긋 웃더니 손을 흔들며 출발 신호를 보냈다. 당황한 우리에게 노인은 아무렇지도 않다는 듯 더 환한 미소로 웃으며 손을 흔들어주었다. 케이블카가 크게 한 번 흔들리더니 가느다란 줄에 매달려 움직이기 시작했다. 낡은 케이블카는 산등성이 승강장에 도착할 때까지 삐걱거렸다. 나와 루씨는 불안한 마음에 한곳에 웅크리고 앉아 무사히 산 중턱에 도착하기만을 기도했다. 5분 정도 지나자 케이블카가 산 중턱의 승강장에 도착했다. 잔뜩 긴장하며 앉아 있던 우리는 플랫폼으로 마중 나온 직원을 보자 안심이 되었다. 직원은 문을 열어주며 우리를 환영해주었다. 이곳이 바로 핑슈테크^{Pfingstegg}다.

핑슈테크, 나만이 찾아낸 신비의 세계

위_ 삐걱거리는 케이블카에서
아래_ 한 번도 본 적이 없다. 그런 아름다움은. 그리고 한 번도 경험해보지 못했다.
두 바퀴로 자유로이 산을 오르는 기분을.

핑슈테크에서 와인 한 모금.
어떤 스카이라운지보다 훌륭했다.

우리는 무작정 자갈길을 따라갔다. 햇살이 비치는 산등성이는 신비의 숲처럼 반짝였고 발걸음에 자갈이 부서지는 소리를 제외하곤 한없이 고요했다. 케이블카 승강장에서 몇십 미터 떨어진 곳에 있는 벤치에 자리를 잡았다. 그린델발트가 한눈에 들어오는 훌륭한 전망대였다. 루씨는 "와" 하며 탄성을 내뱉었다. 루씨가 놀라는 소리에 나도 고개를 돌려 산등성이 아래를 바라봤다. 아찔한 높이에 겁이 나는 것도 잠시, 곧 내 입에서도 "와" 하며 감탄사가 흘러나왔다.

벤치에 앉아 있던 루씨가 가방에서 와인을 꺼냈다. 짠! 와인 병째로 건배를 하고 감탄사가 절로 나오는 풍경을 안주 삼아 달콤한 와인 한 모금을 입에 물었다. 아무런 생각도 들지 않았다. 그저 그윽한 포도 향이 코끝에 풍기고, 하늘을 날아다니는 까마귀 소리만 귓가에 맴돌 뿐이었다. 신비로운 경치에 흠뻑 취해 우리는 미동도 없이 그린델발트만 바라보았다. 핑슈테크는 아무도 모르는, 나만이 찾아낸 신비의 세계인 것만 같았다.

딸랑딸랑. 어디선가 우리의 평화를 깨는 방울 소리가 들려왔다. 나와 루씨는 동시에 뒤를 돌아봤다. 눈앞에는 하얀 강아지 한 마리가 있었다. 방울 소리를 내며 다가오다 우리와 시선이 마주치자 놀라 뒷걸음질을 치기 시작했다.

"이리 와. 우쭈쭈 우쭈쭈."

루씨는 벤치 뒤로 돌아가 강아지를 불렀다. 강아지는 의심 가득한 눈으로 루씨를 빤히 쳐다만 봤다. 경계하는 눈빛이 불안해 보였다. 나는 무

핑슈테크의 용감한 강아지 왕자

슨 영문으로 강아지가 왔는지 바로 알아차릴 수 있었다. 가방 속에서 풍기는 닭다리 냄새 때문이었다. 역시 개코다.

"우쭈쭈. 이리 오렴."

루씨가 바닥에 쪼그려 앉아 콧소리까지 내며 불렀지만 강아지는 꿈쩍도 하지 않았다. 결국 루씨는 가방에서 닭다리 봉지를 꺼냈다. 조심스레 봉지를 뜯으니 고소한 냄새가 진동했다. 나는 그 냄새에 흔들리는 강아지의 눈빛을 보았다. 루씨가 닭고기를 손바닥에 올려놓고 천천히 강아지 곁으로 다가갔지만 강아지는 부끄러운 듯 고개를 돌려버렸다.

여행지에서 새로운 사람을 만나는 것도 좋지만, 때로는 이렇게 순수한 눈빛을 가진 동물을 만나는 것도 좋다. 마음을 열고 다가가면 그 진심을 바로 알아차리는 동물은 말이 통하지 않아도 언제나 친구가 되기 쉽다. 나는 강아지를 유혹하는 루씨와 자존심에 닭고기를 외면하는 강아지의 모습을 보니 웃음이 났다. 결국 루씨의 유혹은 실패했다. 강아지는 루씨가 다가가면 다가갈수록 한 발짝 더 멀리 도망갔다. 하는 수 없이 바닥에 닭고기를 내려놓고선 먼발치에서 숨죽이며 강아지가 먹는 모습을 지켜볼 수밖에 없었다. 산 중턱에서 만난 이 귀여운 친구 덕분에 고요했던 우리의 시간이 더욱 즐거워졌다. 검은 그림자가 드리우기 전까지는.

강아지의 새침한 애교에 우리는 눈을 떼지 못하고 깔깔거렸다. 자존심과 지조를 지키며 도도하게 굴던 모습은 온데간데없고 강아지는 닭고기의 노예가 되어 있었다. 그렇게 깨가 쏟아지는 시간을 보내고 있는데 갑자기 내 뒤에서 시커먼 무언가가 휙 지나가는 것 같았다. 본능적으로 고개를 돌려 돌아봤지만 보이는 것이라곤 평화로운 그린델발트의 풍경뿐이었다. 나는 다시 흐뭇한 미소를 지으며 루씨와 강아지의 밀당을 지켜보았다. 그런데 또 뒷목을 시리게 하는 어두운 느낌이 들었다. 재빨리 뒤를 돌아봤다. 아무것도 없었다. 여전히 평화로운 그린델발트의 하늘 위에 패러글라이딩을 하는 사람들이 여기저기 떠다닐 뿐이었다. 뭔가 찝찝하긴 했지만 대수롭지 않게 생각했다.

루씨와 강아지는 이제 좀 친해진 듯 보였다. 물론 닭고기가 있을 때만 그러했다. 닭고기를 쥐고 갑질을 하며 강아지의 애간장을 녹이는 루씨의 모습을 보고 있자니 웃음이 멈추지 않았다. 그런데 또다시 머리 위로 어두운 기운이 느껴졌다. 나와 동시에 루씨도 하늘을 올려다보았다. 이 이상한 느낌은 뭘까? 사방을 두리번거렸지만, 주위엔 여전히 아름다운 그린델발트뿐 아무것도 보이지 않았다.

"뭐야? 뭐 있지?"

루씨가 낮은 목소리로 말했다.

"응, 시커먼 게 지나간 것 같은데."

그때였다. 머리 위로 검은 그림자가 정체를 드러냈다.

"까아아아아아아악!"

사납게 생긴 까마귀가 머리 위를 날며 요란하게 울어댔다. 우리는 너무 놀라 꼼짝 못 한 채 까마귀의 움직임을 따라 눈동자만 움직였다.

"쟤 뭐야? 왜 우리를 째려보고 있어?"

나는 겁에 질렸다. 빙빙 돌던 까마귀는 나무 위에 앉아 나와 루씨를 빤히 내려다보고 있었다. 곧 사냥을 시작한다는 포즈로 아주 작게 몸을 웅크리며 큰 날갯짓을 준비하고 있었다.

"고기! 고기! 닭고기 냄새!"

루씨가 다급하게 벤치로 가서 닭고기 봉지를 부여잡았다. 나는 까마귀가 루씨를 해코지할까 봐 까마귀에게서 시선을 떼지 못했다. 역시 까마귀의 목표는 닭고기였다. 까마귀의 시선은 루씨의 움직임에 자석처럼 따라붙었다.

"빨리 넣어! 빨리!"

내가 다급하게 소리쳤다. 루씨는 가방 안에 봉지를 쑤셔 넣고는 닭고기 냄새가 새어나오지 못하게 지퍼를 닫아버렸다. 그런 루씨의 행동이 심기를 자극했는지 까마귀는 커다랗게 날갯짓을 하며 우리를 위협하기 시작했다. 커다란 울음소리와 함께 우리 머리 위를 스쳐지나가듯 낮게 비행했다.

"쟤 무서워. 공격하는 건 아니겠지?"

우리는 벤치 근처에 납작 엎드려 까마귀가 떠나가기만을 기다렸다. 그런데 불현듯 〈동물의 왕국〉에서 본 내용이 떠올랐다. 새는 자신보다 더 큰 날갯짓을 보면 위협을 느껴 공격하지 않는다고 했다. 나는 움츠렸던 어깨를 펴고 두 팔을 활짝 벌려 퍼덕퍼덕 날갯짓을 흉내 냈다. 마치 핑슈테크에 사는 익룡마냥 까마귀 너 따위는 두렵지 않다는 듯 날갯짓을 했다.

"야, 너 뭐 하냐?"

그 모습을 본 루씨가 웃음을 터뜨렸다.

"이렇게 하면 공격 안 한다고 TV에서 봤단 말이야. 혹시 알아? 겁먹어서 안 올 수도 있잖아."

씨알도 먹히지 않았다. 까마귀는 내 날갯짓에 더 화가 났는지 갑자기 하늘 높이 날아오르더니 롤러코스터처럼 엄청나게 빠른 속도로 하강하며 나와 루씨의 머리 위를 스쳐지나갔다.

"아아악!"

나와 루씨가 동시에 내지른 비명이 산등성이에 울려 퍼져 메아리치기 시작했다. 나는 놀란 가슴을 부여잡고 까마귀의 위치를 살폈다. 빨리 이곳을 떠나고 싶었지만 어디서 또 공격해올지 모른다는 두려움에 한 발짝도 뗄 수 없었다. 이 영리한 녀석은 벤치가 아주 잘 보이는 바위 위에 앉아 우리의 움직임을 예리한 시선으로 빤히 쳐다보고 있었다.

"왈왈! 왈왈왈!"

그 순간 우리의 귀여운 친구, 하얀 강아지가 까마귀를 향해 돌진했다. 용맹한 전사처럼 까마귀 앞으로 달려가 부산스럽게 날뛰며 짖어댔다. 우리는 그제야 안도의 한숨을 쉬었다. 작전에 실패한 까마귀는 "까악" 하며 아쉬운 소리를 내지르더니 구름 속으로 사라져버렸다.

나만이 발견한 신비의 세계에는 고약한 까마귀 괴물과 용감한 강아지 왕자가 있었다. 마치 모험을 떠난 동화 속 주인공처럼 핑슈테크에서의 짧은 시간은 다이내믹했다. 신비의 세계에 남아 있을 귀여운 강아지 왕자님에게 인사하고 우리는 그린델발트로 돌아가는 삐걱이는 케이블카에 몸을 실었다.

곰의 도시 베른

꿈만 같았던 인터라켄에서의 시간을 뒤로하고 나와 루씨는 베른을 향해 아침 일찍 숙소를 나섰다. 인터라켄 동역으로 가는 길에 루씨의 방물장수 배낭이 새삼 눈에 띄어 웃으며 말했다.

"크하하. 가방에 발이 달려서 가방이 걸어 다니는 것만 같아."

우리는 베른을 거쳐 제네바로 갈 예정이었다. 베른으로 가는 기차를 기다리는 플랫폼에는 루씨처럼 방물장수 배낭을 멘 여행객과 바퀴 달린 커다란 가방을 끌고 온 여행객 몇 명이 함께 있었다. 이따금 여행 가방 바퀴 굴러가는 소리만 들릴 뿐 사람들은 아무 말이 없었다.

그 정적을 깨고 베른행 기차가 도착했다. 스위스에는 여러 종류의 기차가 있다. IC(스위스 대도시를 이어주는 기차. 우리나라의 KTX급이라 할 수

베른행 기차 안. 두 발이 되어주던 내 휠체어도 구석에서 잠시 쉬어간다.

있겠다), IR(제네바와 취리히 등 철도 거점 도시를 연결하는 기차. 우리나라의 새마을호쯤 될까?), RE(지역 마을과 큰 도시를 이어주는 기차. 무궁화호라 생각하면 될 듯), R(작은 간이역까지 이어주는 지역 마을 연결 기차) 외에도 ICE(스위스, 독일, 네덜란드를 이어주는 기차)와 TGV(프랑스 고속열차), EC(이탈리아 고속열차), RJ(오스트리아 고속열차)까지 구분하자면 머리가 아파온다. 우리나라에서는 기차를 타고 외국으로 가는 것을 상상할 수도 없지만, 유럽에서는 국제 열차를 타는 일이 일상처럼 보였다.

며칠 동안 산을 다니며 움직였더니 온몸이 뻐근했다. 루씨는 벌써부터 꾸벅꾸벅 졸고 있었다. 나는 차창 밖을 내다봤다. 달리는 기차 속도에

맞춰 인터라켄의 풍경이 파노라마 영상처럼 지나갔다. 패러글라이딩을
하기 위해 달려가던 인터라켄 웨스트 잔디 광장이 눈에 들어왔다. 곧 햇
살이 반짝이는 툰 호수의 모습이 보였다. 기차가 흔들릴 때마다 창밖의
툰 호수도 찰랑거렸다. 처음 취리히에서 올 때와는 너무도 달랐다. 검은
어둠 속에 숨겨두었던 보석을 꺼낸 듯 인터라켄은 눈부시게 반짝였다.

"Nächster Halt ist Bern(독일어). The next stop is Bern(영어). Le
prochain arrêt est Bern(불어). La tappa successiva è Berna(이탈리아어)."

갑작스럽게 울려 퍼지는 방송에 화들짝 놀랐다. 깜빡 잠들었던 모양
이다. 승무원이 4개 국어로 유창하게 안내 방송을 하고 있었다. 재밌는
것은 영어를 제외한 독일어, 불어, 이탈리아어 모두 스위스의 공식 언어
라는 점이다. 수도 베른을 기점으로 취리히가 있는 동쪽은 독일어를 사
용하고, 제네바가 있는 서쪽은 불어를 사용한다. 그리고 이탈리아와 가
까운 남부 스위스는 이탈리아어를 사용한다.

곧이어 혹독한 스위스 신고식을 치렀던 베른 역에 도착했다. 된통 식
겁했던 장소여서 그런지 나와 루씨는 크게 숨을 들이쉬며 내릴 준비를
했다. 플랫폼에 내리자 그날의 악몽이 살짝 스쳤다. 베른 역은 밤낮없이
사람들로 북적였다. 곰의 도시 베른은 스위스의 중심부에 위치해 있어
사방팔방으로 기차가 흩어지는 곳이라 더더욱 복잡한 느낌이었다.

곰의 도시에 왔으니 곰 구경은 인지상정. 기차에서 내리자마자 일단
코인 로커부터 찾았다. 하지만 복잡한 베른 역을 두 바퀴나 돌아도 코인

로커를 찾지 못해 점점 화가 치밀어 올랐다. 결국 안내데스크로 가서 물었더니 직원이 저쪽이라며 손가락으로 가리켰다. 진작 물어볼걸! 코인 로커 앞을 두 번이나 지나쳤는데도 보지 못했다. 후미진 구석에 네모난 깡통처럼 생긴 사물함들이 줄지어 서 있었다. 루씨가 8유로를 집어넣고 커다란 코인 로커 하나를 열었다. 크기도 깊이도 어마어마했다. 루씨와 내가 들어가 하룻밤을 보내고도 남을 정도로 엄청난 크기였다. 루씨의 방물장수 배낭과 내 여행 가방을 로커에 밀어 넣고 우리는 깃털같이 가벼워진 몸으로 베른 역을 빠져나왔다. 루씨가 앞장서서 트램 역으로 향했다.

베른 역을 나서자마자 매캐한 담배 냄새가 몰려왔다. 실내 흡연을 엄격하게 금지하고 있는 스위스에서는 한정된 야외 공간에서 사람들이 옹기종기 모여 담배를 피운다. 나는 온몸을 휘감는 담배 연기를 없애보겠다고 손사래를 치며 루씨를 따라갔다.

"언니, 근데 트램 탈 수 있어?"

나는 트램을 타본 적이 없어 루씨에게 물었다. 내가 아는 트램이라고는 홍콩 한가운데를 가로지르던 낡고 오래된 관광 트램이 전부였다. 홍콩의 트램은 휠체어가 탑승할 수 없었다.

"응. 완전 탈 수 있어!"

루씨가 확신에 찬 목소리로 대답하며 트램 정류장 앞에 멈춰 섰다. 우리에겐 그 흔한 지도 한 장, 여행 가이드 한 권 없었다. 그래서 곰 공원이 어디에 있는지조차 몰랐다. 참으로 무모했지만, 이런 게 여행의 재미가

베른에서 본 트램. 파란색 작은 마크 하나가 눈에 쏙 들어왔다. 나는 자연스럽게 트램에 올랐다.
누구나 트램에 오르듯이.

아닐까? 루씨는 트램 역에 붙어 있는 노선표를 하나씩 정독하기 시작했고, 나는 혹시 주변에 있을지 모를 베른 시가지 지도를 찾기 위해 이리저리 둘러보았다. 아쉽게도 한 번에 곰 공원으로 갈 수 있는 방법은 없었다.

때마침 트램이 들어온다는 알람이 울렸다. 트램을 타기 위해 사람들이 하나둘 몰려들었다. 나는 트램 기사가 잘 보이는 곳으로 가까이 다가가 살짝 웃음을 지어 보였다. 기사는 나를 보더니 손가락을 휘휘 저으며 탈것이냐고 신호를 보내왔다. 나는 고개를 끄덕이며 엄지와 검지를 동그랗게 말아 오케이 사인을 보냈다. 역시 보디랭귀지는 만국 공통어다.

사람들이 트램에 오를 때 나는 플랫폼과 트램 사이의 넓은 틈 때문에 이러지도 저러지도 못하고 주춤대고 있었다. 나를 뺀 모두가 탑승하자 기사는 운전석에서 나와 바닥에 설치된 발판을 익숙하고 자연스럽게 펼쳐주었다. 휠체어로 대중교통을 이용하기가 얼마나 어려운지 모르는 사람이 많을 거다. 우연히 들은 이야기인데, 어떤 사람들은 저상버스를 몹시 불편해한다고 한다. 좌석 수가 적어 서서 가야 하는 게 싫다고 한다. 나는 이 이야기를 듣고 깊은 고민에 빠졌다. 잠시 경험하는 불편함이 싫어 누군가의 이동할 권리를 철저하게 무시하는 발언이라 생각했다. 매년 4월 20일(장애인의 날)이면 장애인들이 이동할 수 있는 자유와 권리를 달라고 시위를 하곤 한다. 너도 나도 다 타고 다니는 것들 좀 타게 해달라는 게 그리도 큰 욕심인가?

취리히, 인터라켄, 뮈렌, 쉴트호른, 그리고 베른에서 나는 여러 종류의 탈것을 타보았다. 우리나라에선 한 번도 타보지 못했던 산악열차와 트램도 타보았다. 그런데 단 한 번도 '나는 탈 수 없다'고 생각해본 적이 없었다. 언제 어디고 내가 가고 싶어 표를 사기만 하면 당연히 움직일 수 있었다. 짧은 기간이었지만 나는 스위스에서 온전한 자유를 느꼈다.

마지막 승객인 내가 탑승하자 곧바로 트램이 출발했다. 나는 진행 방향 반대편으로 앉아 바깥 풍경을 살펴보았다. 아침에 열렸던 시장이 끝난 모양이었다. 사람들이 광장과 거리 곳곳의 하얀 천막을 정리하기 시작했고, 진열해두었던 과일과 채소를 트럭에 다시 싣고 있었다. 조금만 일찍 왔더라면 재미난 구경을 할 수 있었을 텐데. 시장이 열리던 거리를 조금 더 지나 나와 루씨는 트램에서 내렸다.

"저기!"

길을 따라 걷던 루씨가 손가락으로 어딘가를 가리키며 소리쳤다. 그곳엔 사람들이 삼삼오오 모여 있었다. 방물장수 배낭을 멘 사람들과 기념품을 든 사람들로 가득했다. 누가 봐도 관광객 무리였다. 그들의 맞은편에는 관광 가이드로 보이는 여자가 마이크를 들고 서 있었다. 나와 루씨는 그들 틈에 파고들어 다들 뭘 그리 집중해서 보는지 살펴보았다. 금빛의 화려한 시계 침과 붉은색 시계 판, 그리고 아기자기하게 장식된 곰이 회색 건물 외벽에 붙어 있었다. 치트글로게 시계탑*Zytglogge Zeitglockenturm*이었다. 처음 그 시계를 보았을 때는 흔한 시계탑이라 생각했다. 무식하면 용감하다고, 백자 호리병을 들고 탁배기나 담아내는 술병이라고 외치는 꼴이었다. 나중에 스위스에서 돌아와 우연히 본 TV 광고에서 조각 같은 원빈이 바로 이 치트글로게 시계탑 앞에 서 있는 장면

이 나왔다. 내가 다녀왔던 장소를 TV 화면에서 보니 색다른 느낌이었다. 이런 것 역시 여행의 소소한 재미가 아닐까.

우리는 관광객 무리에서 빠져나와 마르크트 거리^{Marktgasse}로 향했다. 중세 도시를 연상케 하는 옛 느낌이 물씬 풍기는 베른 거리는 인터라켄의 이국적 느낌과는 또 달랐다. 길 양옆으로 길게 뻗어 있는 석조 건축물에는 라우벤^{Lauben}이라고 불리는 석조 아케이드가 6킬로미터나 이어져 있었다. 능히 유럽에서 가장 긴 석조 아케이드라 할 만했다. 비와 더위를 피하게 해주는 아케이드도 마음에 들었지만, 그 아케이드를 따라 늘어선 수백 개의 작은 상점들이 나를 더 설레게 했다.

신나게 아케이드를 따라가는데 낮게 드리운 빛이 나에게 손짓했다. 내가 멈춰선 줄도 모른 채 루씨는 계속 길을 따라 걸어갔고, 나는 빛이 스미는 좁은 골목길로 들어갔다. 후미진 뒷골목, 겨우 사람 한 명 지나갈 수 있을 만큼 좁은 골목이었다.

"어디 갔어? 또 어디로 간 거야!"

루씨가 가던 길을 돌아오며 투덜거렸다.

"여기!"

나는 골목 끝에서 손짓하며 불렀다. 벽에는 담쟁이넝쿨이 있고, 자전거 한 대가 서 있었다. 어릴 적 즐겨 본 만화영화 〈플란다스의 개〉에 나오던 아늑한 장소였다. 이국적이지만 익숙하게 느껴지는 이곳에서 나는 추억을 되새김질하듯 조금씩 골목 깊숙한 곳까지 들어갔다. 루씨도 나를 발견하고선 뒤따라왔다. 골목길은 마르크트 거리 뒤쪽으로 이어져

어떤 이에게는 일상인 곳이
나에게는 새로움으로 다가왔다.

있었다. 이름 모를 사무실에서 한창 페인트 작업 중인 사람, 문이 굳게
닫혀 있는 가게, 앳된 모습의 미장공이 건물 외벽을 미장하며 몇 번이고
확인하는 모습, 꽃이 활짝 핀 작은 화분 몇 개가 밖에서 호객 행위를 하
며 사람들의 발길을 사로잡는 작은 꽃집이 보였다. 관광객으로 넘치는
아케이드와 달리 마르크트 거리의 뒷골목은 어디서나 볼 수 있는 일상으
로 가득했다.

우리는 다시 큰 거리로 나왔다. 기념품 가게, 옷가게, 부동산, 술집, 음

식점이 아케이드를 따라 길게 늘어서 있었다. 그중 아기자기한 소품이 가득한 작은 기념품 가게로 들어갔다. 붉은 바탕에 하얀 십자 모양의 스위스 국기가 새겨진 양말이 크기별로 진열돼 있었다. 그 옆에는 하얀 십자 모양이 그려져 있는 빨간색 골프공이 있었다. 동글동글한 것이 귀여웠다. 푸른 잔디 위에서 눈에 잘 띌 것 같았다. 이건 아빠를 위한 선물. 나는 골프공을 하나 집어 들었다.

한창 구경 중이던 내게 루씨가 다가왔다.

"이거 어때?"

루씨가 웃음을 참으며 손에 든 것을 보여주었다. '야시꾸리하다'라고 표현할 수밖에 없는 냉장고 자석이었다. 헐벗은 근육질의 남자 넷이 스위스 국기가 그려져 있는 팬티만 입고 알프스 산맥에서 스키를 타고 있는 사진이었다.

"진짜 이걸 사려고?"

나는 의심 가득한 목소리로 물었다.

"응. 선물로 주려고."

루씨는 큭큭 웃으며 계산대로 갔다. 도대체 그 선물의 주인공은 누구였을까?

기념품점을 나와 곰 공원으로 향했다. 뒤돌아보니 이미 트램 정거장과 시계탑은 보이지 않았다. 꽤 먼 길을 걸어온 듯했다. 나와 루씨는 조금씩 지치기 시작했다. 이 길을 따라 베른 역으로 돌아가야 한다니 생각만 해도 까마득했다.

이 선물의 주인공은 과연 누구였을까?

"배렌그라벤Bärengraben?"

갑자기 멈춰 선 루씨가 표지판을 읽었다. 나는 그 옆에서 머리를 갸우 뚱거리며 주위를 두리번거렸다.

"어! 곰!"

저 멀리 풀밭에서 곰들이 나뒹구는 모습이 보였다. 곰 공원이다! 강가 옆 잔디 위에서 곰들은 널브러져 있기도 하고, 투닥투닥 장난을 치기도 하고, 낮잠을 자고 있기도 했다. 우리는 강변이 잘 보이는 다리에서 곰들 의 재롱을 확인하고는 안쪽으로 더 들어갔다. 그곳엔 콜로세움처럼 생 긴 곳이 하나 있었는데, 움푹 파인 구덩이 위쪽 울타리에는 곰을 구경하 려는 사람들이 매달려 있었고, 구덩이 속에는 곰들이 왔다 갔다 하고 있 었다.

교복을 입은 학생들이 삼삼오오 곰을 배경으로 사진을 찍어댔다. 가족 단위의 관광객도 많았다. 어떤 꼬마들은 곰의 크기에 놀라 울음을 터뜨리며 아빠 품으로 도망가곤 했다. '푸'처럼 귀여운 곰돌이들이 공원을 뛰어다닐 거란 상상이 산산이 부서졌다. 나보다 서너 배는 큰 곰이 엉덩이를 씰룩이며 울타리 안을 어슬렁거렸다. 누가 곰이 귀엽다고 했나. 최상위 포식자다운 자태였다.

사람들은 한참 동안 울타리 안의 곰을 구경했다. 나도 곰의 몸짓을 신기하게 바라봤다. 곰 두 마리가 건초를 질겅질겅 씹으며 지겹다는 듯 벌러덩 드러누웠다. 무슨 이유였는지 모르겠지만 그중 한 녀석이 갑자기 큰 소리로 포효했다. 짜증이 난 걸까? 이렇게 많은 사람이 관심을 보이니 신경이 쓰일 법도 하다. 곰은 무시무시하게 큰 소리로 울어댔고, 놀란 관람객 몇 명이 비명을 지르고, 꼬마들이 대성통곡하기 시작하면서 일대가 아수라장이 돼버렸다.

"으아. 난리다."

루씨가 가자고 손짓했다.

"그러게 말이야. 누가 곰돌이라 그랬어? 커도 너무 크잖아."

"곰돌이는 무슨. 마주치면 바로 죽은 척해야겠더구먼."

루씨도 최상위 포식자의 크기와 위엄에 조금 놀란 눈치였다.

곰 공원에서 가파른 언덕길을 따라 오르면 베른 구시가지가 한눈에 보이는 장미 공원이 나온다. 필사적으로 가파른 언덕길을 오르는 내 휠

곰의 도시 베른에서 진짜 곰을 보았다.

체어를 보고 사람들은 좁은 길 구석으로 비키며 길을 열어줬다. 쉽지 않은 등반이었다. 나는 웃으면서 그들에게 연신 고맙다고 인사하며 장미 공원으로 올라갔다.

9월의 장미 공원에는 장미꽃 대신 푸른 잎만 무성했다. 붉은 장미꽃 사이에서 한 송이 꽃이 된 것처럼 예쁜 척도 해보고 싶었는데 계획대로 되지 않았다. 우리는 베른 구시가지가 잘 내려다보이는 곳에 자리를 잡았다. 빨간색 지붕들 사이로 우뚝 솟아오른 성당의 시계탑이 눈에 들어왔다. 과연 구시가지 전체가 문화유산으로 지정될 만큼 멋진 풍경이었다. 오목대에서 내려다보는 한옥마을의 경치가 이럴까? 나는 한 번도 오목대에 오르지 못했다. 아니, 오를 수가 없다. 그저 상상만 해본다. 지금 내가 바라보고 있는 모습과 비슷할까?

나는 휠체어 뒤에 걸어둔 작은 배낭에서 케밥을 꺼냈다. 이 케밥에는 재밌는 스토리가 있다. 인터라켄을 떠나기 전날 저녁, 루씨와 나는 숙소 근처에서 터키인이 운영하는 할랄 음식점을 발견했다. 흐릿하게 그려진 메뉴판을 보고 케밥과 햄버거를 주문하고는 테이블에 앉아 음식이 나오기만을 기다렸다. 그런데 주인이 들고 온 두 개의 접시를 보곤 입을 다물지 못했다. 내 얼굴보다 더 큰 햄버거와 루씨의 팔뚝보다 더 큰 케밥이 접시에 담겨 있었다. 나와 루씨는 헛웃음을 터뜨리며 햄버거 하나를 나눠 먹었다. 그리고 남은 케밥은 바로 오늘, 전망 좋은 노천 식당의 메뉴가 되었다.

장미 공원 곳곳에는 담장 위에 걸터앉아 샌드위치와 빵, 과자로 점심

붉은색 지붕과 성당의 시계탑. 나는 지금 베른에 있다.

베른 장미 공원에서 혼자서 여행을 한다던 이름 모를 여행객을 만났다. 새로운 도전을 향한 열망이
그때부터 꿈틀거렸다.

을 때우는 사람이 많았다. 스위스를 여행하며 나는 노천에서 즐기는 식사에 만족했다. 아름다운 풍경이 있으니 그 어떤 호화 식당이 부럽지 않았다.

"저기... 한국분이세요?"

우적우적 케밥을 씹고 있던 나와 루씨에게 낯선 여자가 말을 걸었다.

"죄송한데, 사진 한 장만 찍어주시면 안 될까요?"

낯선 여자가 조심스럽게 부탁했다. 루씨는 먹던 케밥을 대충 구겨놓고는 흔쾌히 여자의 카메라를 건네받았다.

"하나 더 찍을게요!"

"이번엔 세로로 한 장 더 찍을게요!"

"담 위에 올라가서 포즈를 좀 잡아볼래요?"

"자, 한 번 더!"

루씨는 마치 포토그래퍼처럼 낯선 여자의 사진을 수없이 찍어댔다. 그녀는 루씨의 요구에 어쩔 줄 몰라 하면서도 수줍게 포즈를 잡으며 모델이 되었다. 얼추 촬영이 끝나갈 무렵 낯선 여자에게 물었다.

"혼자 오셨어요?"

"네."

그녀는 고개를 살짝 숙이더니 쑥스럽다는 듯 대답했다.

"혼자서 여행하면 어때요? 안 무서우세요?"

혼자 하는 배낭여행이라... 어떤 느낌일까 궁금했다.

"재밌어요. 사진 찍을 때는 좀 그렇지만. 가고 싶으면 가고, 하고 싶으면 하고, 내 맘대로 할 수 있어서 좋아요."

수줍게 웃으며 대답하던 낯선 여자의 눈빛이 초롱초롱해졌다.

"얼마나 되셨어요?"

"보름 정도? 독일에 있다가 스위스 거쳐서 파리에서 돌아가려고요."

혼자서 여행을 한다면 어떨까. 낯선 세상에서 마주하는 온전한 나의 모습, 왠지 끌렸다. 혼자 하는 여행이 고생스럽다는 것은 잘 안다. 외롭다는 것도 잘 안다. 내 얼굴이 나오는 사진 한 장 찍기도 쉽지 않다는 것, 너무도 잘 안다. 그런데 해보고 싶어졌다. 온전히 나에게만 집중하며 나를 돌아보는 시간이 될 것 같았다. 20대가 끝나기 전 낯선 곳에서 온전히 나만의 시간을 보내는 배낭여행을 해보고 싶어졌다.

지도 한 장 없이 나선 베른 여행. 오로지 오감에 의존해 곰 공원에 이어 장미 공원까지 왔다. 이제 제네바 통신원이 있는 제네바로 가야 했다. 공원에는 잔디 위에서 낮잠 자는 사람들, 꺄르르 웃으며 풀밭을 뒹구는 아이들, 테이블에 앉아 피크닉을 즐기는 사람들, 구시가지가 잘 보이는 담벼락에서 사진 찍는 관광객들이 뒤섞여 있었다. 루씨와 나는 장미 공원 후문을 빠져나와 버스를 타기로 했다. 지도가 없다 보니 노선표에 의지해 베른 역으로 가야만 했다. 나는 버스 정류장에 붙어 있는 노선표에서 '베른 역'을 찾기 시작했다. 루씨도 내 옆에 찰싹 붙어 베른 역으로 가는 버스 노선을 찾았다.

"여기 있다!"

루씨가 손가락으로 우리가 타야 할 노선을 콕 짚었다. 지도 없이 여행을 하다 보니 사람 사는 게 다 똑같다는 생각이 들었다. 길을 따라가다 보면 목적지가 나타나고, 길을 모르면 다시 돌아 원래 자리로 오면 된다. 말이 통하지 않아도 오감을 믿고 가다 보면 가야 할 곳, 가고 싶은 곳으로 갈 수 있으니 이제는 먼 곳으로 떠나는 여행도 두렵지 않다.

혼자서 여행하던 그 낯선 여자의 모습이 잊히지 않았다. 빨간 지붕이 가득했던 베른은 나에게 짧지만 강렬한 인상을 남겼다.

작은 감동

베른 역에 도착해 플랫폼으로 가기 전 제네바 통신원에게 메시지를 보냈다.

— 40분 후 출발. 4시쯤 제네바 도착 예정. 어디서 만날까?

번개처럼 답장이 왔다. 지도가 첨부되어 있었는데, 이리 읽어도 저리 읽어도 도대체 주소를 읽을 수가 없었다. 취리히, 인터라켄, 베른을 거치면서 이제 겨우 독일어에 적응하는가 싶었는데 불어가 등장했다. 잘 찾아갈 수 있을까?

베른에서 제네바까지는 기차로 두 시간 남짓이다. 아침 일찍부터 도보 관광을 한 나와 루씨는 좌석에 앉자마자 무거운 눈꺼풀을 이기지 못하고 잠들었다. 정신없이 잠에 빠져들었다가 기차가 덜컹거리는 느낌에 화들짝 깼다. 놀란 눈으로 주위를 두리번거렸다. 왼쪽 창밖엔 물결이 빛에 반짝였고, 오른쪽 창밖엔 초록 넝쿨이 가득한 포도밭이 이어졌다. 나는 그곳이 레만 호수^{Lac Léman}와 로잔^{Lausanne} 근처 어딘가임을 직감적으로 알아차렸다.

제네바 역에 가까워질수록 점점 더 설렜다. 두 가지 이유에서였다. 하나는 나를 스위스로 오게 만든 제네바 통신원을 만나는 소중한 시간이 얼마 남지 않아서였고, 또 하나는 호숫가 언덕 마을의 아기자기함이 인터라켄과 베른에서 봤던 풍경과는 사뭇 달랐기 때문이었다.

CFF: Gare de Genève–Cornavin(제네바-코르나뱅 역).

참 재밌는 나라다. 스위스 철도 여행을 하다 보면 SBB, CFF, FFS라는 글자를 볼 수 있다. 셋 다 '스위스 연방 철도'를 뜻하는 똑같은 말이지만, 독일어를 사용하는 구간은 SBB, 불어를 사용하는 구간은 CFF, 이탈리아어를 사용하는 구간은 FFS라 한다. 한 나라에서 세 가지 언어를 쓴다는 것은 여간 수고스러운 일이 아닌 것 같다.

오후 네 시가 조금 넘어 제네바 역에 도착했다. 우리는 우선 예약해둔 숙소로 가기로 했다. 코르나뱅 역에서 트램을 타고 네 정거장을 간 뒤 10분쯤 걸어가야 하는 호스텔이었다. 제네바의 숙박비는 정말 살인적이었다. UN 본부가 있는 제네바는 여행객이 아닌 업무차 출장 오는 사람들로 붐빈다고 했다. 나는 제네바 통신원의 경고를 듣고는 4인실 호스텔의 침대 두 개를 예약했다. 제네바의 풍경은 푸른 초원이 펼쳐진 인터라켄, 시간이 멈춰버린 중세 도시 같던 베른과는 사뭇 달랐다. 골목길 곳곳에 세워진 자동차와 구둣발 소리를 내며 종종걸음을 걷는 사람들이 더 많았다.

숙소에 짐을 풀어놓은 뒤 제네바 통신원을 만나기 위해 다시 코르나 뱅 역으로 가려는데 날씨가 예사롭지 않았다. 1층 로비의 유리창 밖으로 검은 구름이 몰려오고 있었다. 밖으로 나가려던 나는 심상치 않은 구름 에 다시 로비 안으로 몸을 숨겼다. 왠지 제네바에서의 시작이 불길하게 만 느껴졌다. 이윽고 소나기가 퍼붓기 시작했고, 숙소 마당에 앉아 있던 사람들이 비명을 지르며 로비로 뛰어들어왔다. 사방이 점점 어두워졌고, 직원들은 창문을 닫느라 이리저리 바쁘게 뛰어다녔다. 모두가 우왕좌왕 하던 그 순간 나와 루씨는 로비 소파에 앉아 지루한 비가 빨리 그치기만 을 기다렸다.

한참 내리던 비가 그치고 먹구름이 사라졌다. 따뜻했던 제네바는 먹 구름이 지나가자 차가운 기운이 감돌았다. 우리는 트램을 타고 코르나 뱅으로 갔다. 여의도 환승 센터처럼 여러 노선이 교차하는 코르나뱅에 서 제네바 통신원이 일러준 레스토랑으로 가기 위해 버스를 기다렸다. 혹시나 약속 시간에 늦을까 나는 연신 휴대폰을 꺼내 시간을 확인했다. 그사이 루씨는 노선표를 보며 코르나뱅에서 약속 장소까지 몇 정거장을 가야 하는지 확인했다.

제네바 통신원은 나의 스위스 방문을 기념하기 위해 제네바에서 가장 유명하고 맛있는 퐁듀 레스토랑을 예약해두었다고 했다. 스위스의 유제 품은 그 맛과 품질로 유명하다. 그래서 치즈로 만든 요리가 아주 풍성한 데, 그중에서도 퐁듀는 단연 스위스를 대표하는 음식이라 할 수 있다. 여

위_ 기차 밖으로 보이는
라보 지구의 포도밭과 레만 호수
아래_ 제네바 신고식. 거칠게 쏟아지는
빗줄기가 지나가기만을 기다린다.

러 가지 종류의 치즈를 끓여 빵을 찍어 먹는 퐁듀는 스위스에 간다면 반드시 먹어봐야 한다. 나는 제네바 통신원을 만날 기대감에, 그리고 퐁듀를 먹을 기대감에 잔뜩 부푼 채로 버스를 기다렸다.

저 멀리서 하얀색 굴절버스가 나타났다. 나는 눈을 찡그리며 버스 번호를 확인했다. 우리를 데려다줄 버스다. 우리는 자리에서 일어나 버스를 타려고 플랫폼 가까이로 다가섰다. 한시바삐 저 버스를 타고 가고 싶은 마음뿐이었다. 버스가 천천히 다가와 멈추더니 문이 열렸다. 나는 열린 문을 보고선 아무 말도 하지 못했다. 버스 문 안으로 보이는 계단 세 개. 나는 너무 당황스러워 정류장 벤치로 뒷걸음질을 쳤다. 스위스에 와서 단 한 번도 이런 적이 없었다. 산악열차도 자유롭게 탈 수 있었기에 언제나 '자유로운 이동'이 가능할 거라고 생각했다. 내가 몹시 당황스러워하자 루씨가 버스 기사와 나를 번갈아 쳐다보고는 다시 내 뒤를 따라왔다. 스위스에서는 저상버스가 아주 보편적이다. 그런데 내 앞에 나타난 계단은 스위스에서 자유를 만끽하던 내 두 발을 옥죄는 올가미처럼 느껴졌다.

나와 눈이 마주친 버스 기사도 적잖이 놀란 눈치였다. 나는 살짝 입꼬리를 올리며 멋쩍은 웃음을 지어 보였다. 당황한 기사는 내게 다음 버스를 타야 할 것 같다고 말했고, 나는 아무 말 없이 고개만 끄덕였다. 우리나라에서 버스 탈 때마다 익숙하게 듣던 '탑승 불가'가 스위스에선 왠지 익숙하게 들리지 않았다. 그 지긋지긋했던 이야기를 들을 때마다 쓰렸던 속이 이제 조금 나아지는 듯했는데 다시 쓰라리기 시작했다. 나는 의

기소침하게 바닥만 쳐다봤다. 다음 버스를 탈 수 있게 빨리 저 버스가 사라져주기만을 기다렸다. 루씨는 시무룩한 내 모습을 안타깝게 쳐다보더니 다음 버스의 도착 시간을 확인하러 갔다. 나는 휴대폰을 꺼내 시간을 확인했다. 제네바 통신원과의 약속 시간을 지킬 수 없게 돼버렸다. 속상했다. 실망스러웠다. 제네바에 오자마자 왜 이런 일이 생기는지 탓할 곳조차 없는 게 원망스러웠다. 복잡한 감정에 나는 얼굴이 굳어버렸다.

"7분 뒤에 온대."

버스 시간을 확인하고 온 루씨가 옆에 앉았다.

"왜 안 가? 빨리 가야 다음 버스가 올 거 아냐."

나는 짜증 섞인 말투로 떠나지 않는 버스를 원망했다. 열린 버스 문 사이로 버스 기사가 통화하는 모습이 보였다. 나는 얼굴을 찌푸리며 떠나지 않는 버스를 째려봤다. 통화를 끝낸 버스 기사가 차에서 내려왔다. 그때까지만 해도 나는 그저 배차 간격 때문에 버스가 출발하지 않는 것이라 생각했다. 그런데 버스 기사가 나를 향해 걸어왔다.

"정말 미안해요. 원래 오려던 버스가 고장 나서 이 버스로 대체되었어요. 전화해보니 3분 후면 버스가 도착한대요. 물론 당신이 탑승할 수 있는 저상버스가 올 거예요."

버스 기사는 시선을 낮추며 나에게 자초지종을 설명했다. 나는 커진 눈만 끔뻑이며 아무 말도 못 하고 그를 바라봤다. 언제나 '고장'이라는 설명만 하곤 쏜살같이 떠나버리던 한국의 저상버스와는 달랐다. 적어도 내가 경험한 한국 저상버스는 그랬다. 점점 나아지고 있긴 하지만, 여전히 많은 장애인들이 저상버스는 그림의 떡이라고 말한다. 그런데 지금 이 버스 기사는 나에게 사과하며 상황을 설명하고 있다. 나는 망치로 머리를 한 대 맞은 것처럼 충격을 받아 그의 말에 멍하니 고개만 끄덕였다. 그는 몇 번이고 뒤를 돌아보더니 다시 버스에 올라 차를 출발시켰다.

"이게 도대체 무슨 상황이야?"

내가 믿기지 않는다는 듯 루씨에게 물었다.

"대박이네."

루씨도 나 못지않게 충격을 받은 듯했다. 맞다. '대박'이라는 표현이 정확하게 내 감정을 대변했다.

나에겐 저상버스의 악몽이 있다. 몇 년 전 저상버스를 타고 약속 장소로 가기 위해 정류장에서 버스를 기다린 적이 있었다. 계단이 있는 일반 버스의 배차 간격은 5~6분, 같은 번호의 저상버스 배차 간격은 20분이었다. 행여 약속 시간에 늦을까 봐 나는 두 시간 전부터 정류장에 나와 있었다. 첫 번째 저상버스가 왔지만 나는 탑승하지 못했다. 보도블록 끝에 다가서 버스를 타려 했지만 첫 번째 저상버스는 도로 한가운데에 정차해 있었다. 버스에 타야 한다고 소리쳤지만 버스 기사는 아랑곳하지 않고 문을 닫아버렸다. 다시 정차할 수는 없다며 다음 버스를 타라는 말만 남기고 떠나버렸다.

서러웠지만 두 번째 버스를 기다리기로 했다. 20분이 지나고 다음 저상버스가 곧 도착한다는 안내 방송이 나왔다. 나는 버스 기사가 나를 잘 확인할 수 있도록 정류장 바깥쪽으로 최대한 가까이 다가갔다. 버스가 도착하고 문이 열렸다. 하지만 나는 두 번째 버스도 타지 못했다. 플랫폼과 버스 사이의 틈이 견우직녀를 갈라놓은 은하수처럼 넓었다. 나는 버스에 타야 한다고 버스 기사에게 말했지만 기사는 문을 닫고 출발했다. "아가씨, 리프트 고장 났어"라는 말만 남기고.

목이 메고 두 눈에 눈물이 가득 고였다. 나는 치밀어 오르는 울분을 꾹 참으며 세 번째 버스를 기다렸다. 20분이 지나고 세 번째 저상버스가 도착했지만 나는 또다시 버스를 타지 못했다. 세 번째 저상버스도 '고장'이라는 말만 남기고는 당연한 듯 내 앞에서 문을 닫고 출발했다. 네 번째 저상버스도 마찬가지였다. 그놈의 고장 타령.

허울뿐인 저상버스는 나처럼 휠체어를 타는 사람들을 희망 고문했다. 그날 나는 결국 약속을 지키지 못했다. 버스 정류장에서 두 시간을 서럽게 보냈다. 심장이 뜯겨나갈 만큼 쓰라린 고통에 밤새 울며 잠들지 못했다. 모든 것이 원망스러웠고, 왜 이런 수모를 겪어야 하냐며 신을 저주하고 세상을 원망했다.

하얀 버스에서 계단 세 개를 보았을 때 지난날의 끔찍한 트라우마가 되살아났다. 하지만 버스 기사의 태도는 내게 작은 감동이었다. 검은 먹구름이 드리우던 내 마음에 작은 감동의 빛이 들기 시작했다. 도대체 그게 뭐라고, 무슨 별일이냐고 할 수 있겠지만, 나에게는 틀림없는 '별일'이었다. 넘어진 사람에게 왜 칠칠치 못하게 넘어졌냐고 탓하지 않고, 조용히 손을 내밀어 작은 힘을 준다는 게 쉬운 일은 아니다. 바쁘게만 돌아가는, 배려가 부족한 한국 사회에 살다 보면 이런 사소한 이야기에도 쉽게 감동을 받을 수 있다. 악몽 같던 그날로부터 벌써 10년이 흘렀지만 달라진 것이 많지 않다. 지금도 한국의 교통 약자들은 이동할 수 있는 권리를 잃은 채 살아가고 있다.

임시 버스가 떠나고 채 1분도 지나지 않아 같은 번호의 버스가 도착했다. 친절하게 설명하던 버스 기사의 말처럼 스위스에서 매일같이 보던 저상버스였다.

"언니! 언니!"

약속 장소에 도착하자 창밖으로 익숙한 얼굴이 보였다. 창가에 앉은 나를 발견하곤 제자리에서 콩콩 뛰며 손을 흔드는 제네바 통신원이었다. 잔뜩 신이 난 얼굴로 그녀는 내가 버스에서 내리기만을 기다렸다.

"언니! 아니, 도착 시간이 다 된 것 같아서 정류장에서 기다리고 있었는데, 버스가 들어오는데 계단이 있는 거야! 너무 놀라서 기사한테 물어보니까 휠체어 탄 사람 찾느냐고 하는 거예요. 그러면서 다음 버스로 온다고 미안하다고 하더라고요. 나는 언니가 도착할 때가 지났는데도 안 와서 길 잃은 줄 알고 얼마나 마음을 졸였다고요. 그런 버스는 제네바 와서 나도 처음 봤어요."

제네바 통신원은 버스에서 내리는 나를 붙잡고 주절주절 이야기를 늘어놓았다. 이 동네 사람들에게는 계단이 있는 버스가 정말 낯설긴 한 모양이다. 나는 인사도 없이 이야기를 끝없이 쏟아내는 그녀를 쳐다보며 웃었다.

제네바에서 유명한 퐁듀 맛집.
구리구리한 향과 시큼한 맛이 일품이었다.

"아, 맞다. 언니! 반가워요! 스위스에서 언니를 볼 줄 몰랐어. 완전 반가워요."

인사를 생략한 것이 떠올랐는지 제네바 통신원은 그제야 나를 반갑게 맞아주었다.

"너 때문에 여기까지 왔잖아. 이게 웬일이야! 잘 지냈어?"

나는 활짝 웃으며 그녀의 손을 붙잡았다. 그녀는 반가움에 진한 포옹을 했다. 나는 제네바 통신원에게 루씨를 소개했다. 루씨는 제네바 통신원의 호들갑에 웃음을 터뜨렸고, 제네바 통신원 또한 루씨가 마음에 들었는지 활짝 웃으며 그녀를 반겼다. 첫 만남의 어색함도 없이 제네바 통신원은 루씨와 팔짱을 끼고 퐁듀가 맛있는 레스토랑으로 우리를 안내했다.

모르주

제네바에서 첫날밤(?)을 보냈다. 이층 침대가 두 개 있는 4인실 앞에는
여행 가방을 넣을 수 있는 빨간색 사물함이 네 개 있었다. 방문을 열고
들어가면 왼쪽 벽에 마주한 이층 침대가 있고 그 침대 맞은편에 또 다른
이층 침대가 놓여 있었다. 오른쪽 벽에는 숙소 앞 골목길이 아주 잘 내려
다보이는 작은 창문이 있었다. 하지만 얇은 창문은 비바람만 겨우 막아
줄 뿐 골목길의 소음은 막아주지 못했다.

나는 왼쪽 벽에 붙은 이층 침대의 일층에, 루씨는 그 위 이층에 자리
잡았다. 창가에 스며드는 볕에 슬며시 눈을 떠 흐릿한 초점으로 맞은편
에 놓인 침대를 보았다. 일층에는 키 큰 흑인 여자가 누워 있었고, 이층
엔 나이가 있어 보이는 금발의 중년 여자가 있었다. 나는 자리에서 일어

나 가볍게 스트레칭을 했다. 그사이 이층에 있던 금발 여자가 사다리를 타고 침대에서 내려왔다. 수건 한 장과 작은 손가방을 들고 방을 나서며 그녀는 내게 "굿모닝"이라 인사했다.

씻고 방으로 돌아오니 어느새 루씨는 외출 준비를 마친 상태였다. 루씨는 작은 가방에 카메라, 지갑, 여분의 배터리, 셀카봉, 물병을 넣고 있었다. 내가 방으로 들어오는 모습을 힐끔 쳐다보더니 출발 시간이 임박했음을 알렸다.

오늘 우리가 떠날 곳은 모르주^{Morges}다. 제네바에 오기 전까지는 모르주가 어딘지도, 무얼 하는 곳인지도 몰랐다. 어젯밤 퐁듀 레스토랑에서 제네바 통신원이 추천해준 곳이다. 출근을 해야 하는 그녀는 테이블 위에 있던 냅킨에 'Morges'라고 적어주며 이곳에 꼭 가보라고 했다. 나는 원래 로잔에 갈 계획이었다. 그리고 이어서 근처에 있는 브베^{Vevey}와 몽트뢰^{Montreux}에 갈 생각이었지만 제네바 통신원은 내 계획을 듣자마자 '땡!'이라 했다. 그녀는 모르주에 가면 오드리 햅번의 발자취를 찾을 수 있다고 했다. 그리고 햅번이 사랑했던 카페의 핫초코를 반드시 먹어봐야 한다며 로잔 말고 모르주로 가라고 신신당부했다.

제네바 역에서 모르주로 가는 기차를 타기 위해 다시 코르나뱅에 왔다. 이틀째 코르나뱅을 왔다 갔다 하다 보니 점점 이곳이 익숙해졌다. 끝없이 몰려드는 트램과 버스 틈에서 길을 건너는 일도 이젠 쉬워졌다. 나와 루씨는 모르주로 가는 R을 타기 위해 플랫폼에 섰다. 제네바에서 모르주로 가는 기차는 마치 한강대교 위를 달리는 서울의 지하철 같았다.

모르주는 매우 아담한 도시다. 항상 꽃으로 둘러싸여 '레만 호수의 꽃'
이라 불린다. 모르주에서 나오는 와인도 유명하다. 로잔, 브베, 모르주,
몽트뢰 일대의 포도밭은 달콤하고 탐스런 포도로 유명하다. 또한 모르
주는 오드리 햅번이 사랑한 도시다. 오드리 햅번은 모르주에서 버스로
10분 거리에 있는 톨로슈나 Tolochenaz 에서 마지막 30년을 보냈다. 톨로슈
나 마을 공동묘지에는 오드리 햅번의 묘지가 있다. 매주 수요일과 토요
일마다 모르주 거리 곳곳에서는 지역 특산품인 꽃과 와인을 파는 시장도
열린다.

모르주의 첫인상은 그리 좋지 못했다. 모르주 역은 인기척도 없는 작
은 간이역이었다. 모르주 역을 빠져나오자마자 지린내가 코끝을 자극했
다. 잠시 화장실에 들른 나는 충격에 입을 다물지 못했다. 푸른 불빛의
화장실은 한 치 앞도 제대로 안 보일 만큼 어둡고 흐릿했다. 나중에 알게
된 사실인데, 유럽 곳곳에서는 공중 화장실에 푸른 전등을 설치해둔다고
한다. 푸른빛은 혈관을 찾지 못하도록 방해하는데, 인적이 드문 간이역
화장실에서 마약을 투약하는 일이 워낙 빈번하다 보니 화장실에 푸른 전
등을 설치하게 되었다고 한다. 더러운 거리, 불쾌한 냄새, 머리를 어지럽
게 하는 푸른 불빛을 보며 나는 제네바 통신원이 왜 모르주를 추천했는
지 이해하지 못했다.

우리는 얼굴을 잔뜩 찌푸린 채 모르주 역을 벗어나려고 바삐 움직였
다. 무작정 사람들을 따라 걸어가자 고딕 양식의 오래된 건축물이 양옆
에 늘어선 거리가 나타났다. 거리 곳곳에 상점과 카페가 보였다. 카페 테

자꾸만 발걸음을 멈추게 하는 모르주 거리

장애는 단지 약간의 불편함일 뿐, 그것이 내 여행을 막을 수는 없었다.

라스 테이블에서 신문을 읽으며 따뜻한 차를 즐기는 노인, 크루아상 한 입을 베어 물며 친구와 브런치를 즐기는 노인, 휠체어를 끌고 나와 이야 기꽃을 피우는 노인... 그곳은 노인들의 천국이었다.

루씨는 거리의 간판들을 하나씩 살피며 오드리 햅번이 사랑했다는 카 페, 핫초코가 맛있다는 그 카페를 찾았다. 'Cafe Balzac', 이것이 우리가 아는 전부였다. 건물에 붙어 있는 작은 간판들을 하나씩 확인하며 레만 호수가 보이는 곳까지 걸었다. 분명 호수 근처에 있다고 했는데 아무리 둘러봐도 찾을 수 없었다. 그때 루씨가 소리쳤다.

"여기다!"

루씨가 가리킨 곳엔 손바닥보다 조금 큰 간판이 붙어 있었다. 세상에, 이걸 어떻게 찾았담?

오랜 명성의 그 카페 입구에서 높은 계단이 나를 가로막았다. 할 수 없이 건물 뒤뜰에 마련된 테라스 테이블에 자리를 잡았다. 이른 오전이 라 카페에는 손님이 많지 않았다. 작은 울타리로 경계를 나눈 테라스 테 이블엔 나와 루씨뿐이었다. 아무리 기다려도 웨이터가 오질 않았다. 수 시로 웨이터를 부르는 것은 매너가 아니라고 들어서 잠자코 테이블에 앉 아 수다를 떨며 웨이터를 기다렸다. 15분이나 지나서야 웨이터가 모습 을 보였다. 그는 조용히 메뉴판을 내밀고는 나와 루씨 옆에 서 있었다. 별다른 말도 없었다. 어차피 불어를 못하는 우리나 영어를 제대로 못하 는 웨이터나 피차일반이었다.

나는 메뉴판을 가득 메운 글자를 하나도 이해할 수 없었다. 거우 초콜릿 함량 정도만 읽을 수 있었다. 그건 숫자니까. 자고로 모를 때는 대표 메뉴를 시키는 편이 안전하다. 나는 알 수 없는 글자들 틈에서 커다란 사진을 손가락으로 가리키며 말했다.

"바르작. 55퍼센트!"

웨이터는 웃음을 보이며 눈썹을 치켜올렸다. 알겠다는 뜻인 것 같았다. 한창 메뉴판을 정독하던 루씨도 드디어 주문을 했다.

"Deux(두 개)."

느려도 너무 느렸다. 기다려도 오지 않는 핫초코를 우리는 하염없이 기다릴 수밖에 없었다. 카카오 농장에서 카카오 열매를 따서 손질한 다음 가루로 빻고, 그다음엔 목장에 가서 젖소 젖을 짜고 소독과 멸균 과정을 거쳐 이 둘을 끓이는 중이겠거니 생각했다. 성미 급한 나는 결국 참지 못하고 웨이터를 부를 기세였다.

"한 시간은 기본이다. 그냥 기다려."

루씨가 덤덤하게 이야기했다. 루씨는 그동안 이탈리아에서 얼마나 많은 인내를 경험했는지 이야기했다. 주문하는 데 20분, 음식이 나오는 데 30분, 먹는 데 20분, 계산하는 데 20분이 걸린다고 했다. 이 정도면 양호하다며, 그냥 모든 것을 내려놓고 기다리다 보면 핫초코가 올 것이라 했다. 나는 크게 한숨을 쉬고는 지루함에 턱을 괴고 앉았다. 속이 새까맣게 타들어갈 때쯤 드디어 웨이터가 핫초코를 들고 나왔다.

"Balzac, Deux."

웨이터는 아담한 용기 두 개에 가득 담긴 핫초코와 순백색 찻잔을 테

Cafe Balzac 테라스에서 만난 작은 참새들

이블에 내려놓더니 진갈색 핫초코를 잔에 부어주었다. 지루했던 기다림을 위로하듯 달콤한 초콜릿 향이 은은하게 퍼졌다. 맛은? 원더풀. 초콜릿을 그대로 녹여 끓인 듯 진했다. 순백색 찻잔 위로 흐를 때는 마치 폭포수 같았다. 그 달콤한 맛을 글로 다 표현할 수는 없지만, 흔히 아는 그런 핫초코의 맛을 훌쩍 뛰어넘는 맛이었다. 진하고 달콤하지만 질리지 않는 맛, 입 안 가득 달콤한 향이 퍼지지만 그 끝에 고소함이 보태지는 그런 맛이었다. 핫초코가 목을 타고 넘어갈 때마다 은은하게 풍기는 카카오 향이 콧속에 맴돌았다. 한 모금 더 넘기자 영화 〈찰리의 초콜릿 공장〉에 나오는 초콜릿 강에 퐁당 빠져드는 느낌이었다. 과연 오드리 햅번이 사랑할 만한 핫초코다.

모르주에서만 맛볼 수 있는 달콤한 핫초코

달콤한 핫초코 한 잔에 기운이 샘솟았다. 나와 루씨는 레만 호숫가로 자리를 옮겼다. 호숫가 산책로를 천천히 따라가며 주변을 감상했다. 압도적인 크기의 레만 호수는 광활한 바다를 연상케 했다. 호수 반대편에는 프랑스령 에비앙Evian 지역이 흐릿하게 보였다. 프랑스산 생수로 알려진 에비앙은 사실 지명이다. 영양분이 풍부한 온천수가 나오는 곳인데, 물통 하나만 있으면 어디서든 약수를 받아 마실 수 있다고 한다.

호숫가 주변 카페는 삼삼오오 모여 식사와 다과를 하는 사람들, 웃음소리가 새어나올 정도로 재밌게 대화를 나누는 사람들로 가득했다. 그런데 이상하리만큼 백발의 노인들이 눈에 많이 띄었다. 여기저기 나이 지긋한 노인들이 많았는데, 나중에 안 사실이지만 모르주 근교에는 은퇴

자들이 많이 모여 산다고 한다. 어쩐지.

한참 호수를 따라 걷다 보니 요트와 카약이 정박해 있는 부둣가가 나타났다. 사람들이 호수에 사는 청둥오리와 백조에게 빵을 던져주고 있었다. 나는 살아 있는 백조를 실제로 처음 보았다. 거위보다도 훨씬 큰 백조가 물 위에 떠다니고 있었다. 무척 생소했다. 백조는 하얀 깃털을 뽐내며 우아한 몸짓으로 호수 위를 천천히 떠다녔다. 이곳이 바로 백조의 호수인가. 아름다운 자태를 감탄하며 바라보던 나는 뜻밖의 충격적인 모습에 입을 다물지 못했다. 사람들이 던진 빵 조각을 백조와 청둥오리가 서로 먹겠다며 한바탕 난리를 피운 것이다. 나는 놀란 가슴을 쓸어내리며 슬금슬금 뒷걸음질을 쳤다. 그런데 겁 없는 루씨는 바닥에 떨어진 빵 조각 몇 개를 주위들고는 부둣가 위로 올라가 호수로 던졌다.

"꽤액! 꽥꽥꽥! 꽤애애애애액!"

빵 조각이 호수 위로 떨어지자 백조들은 커다란 날개로 청둥오리를 위협하기 시작했다. 부리로 청둥오리를 쪼아대며 빵 조각 근처에 얼씬도 못 하게 괴롭혔다. 심지어 백조 여러 마리가 청둥오리 한 마리를 끝까지 쫓아가 부리로 쪼아댔다. 전쟁터가 따로 없었다. 우아함을 뽐내던 자태는 온데간데없고 먹이 앞에서 백조는 포악한 조류에 불과했다. 옴짝달싹 못하던 루씨는 사태가 조금 잠잠해지자 부둣가에서 부리나케 도망쳐버렸다. 새나 사람이나 생긴 걸로 판단하면 안 되나 보다. 내 상상 속의 백조와 실제 백조의 모습은 너무도 달랐다. 우리는 부둣가에서 혼비백산 도망쳐 모르주 역으로 왔다.

모르주 역 플랫폼에 앉아 몽트뢰로 가는 기차를 하염없이 기다렸다. 인기척도 없는 간이역은 고요하다 못해 적막함만 감돌 뿐이었다. 이따금 머리 위를 날아가는 한두 마리 새의 지저귐이 이어지더니 기차 들어오는 소리가 들렸다. 우리가 타야 하는 기차가 아니었다. 몽트뢰로 가는 기차이긴 했지만, 우리가 원한 것은 마을과 마을을 이어주는 전철 같은 R이었지 큰 도시를 이어주는 기차가 아니었다. 우리 앞에 나타난 기차는 우리나라 무궁화호를 떠오르게 하는 노후한 기차였다. 기차 문이 열리고 승객 몇 명과 승무원이 내렸다. 어차피 우리가 탈 기차가 아니기에 우리는 관심 없이 자리만 지키고 있었다.

"어디 가세요?"

기차에서 내린 여자 승무원이 다가와 말을 걸었다.

"몽트뢰요."

나는 무심하게 대답했다.

"티켓 좀 보여주세요."

여자 승무원이 기차표를 요구했다. 나는 아무 말 없이 가방에서 구겨진 스위스 패스를 꺼내 보였다.

"가시죠."

스위스 패스를 확인한 승무원은 기차 앞으로 내 등을 떠밀었다. 이어 그녀는 남자 승무원에게 무어라 소리쳤다.

"네? 가요? 타요?"

나는 무슨 상황인지 도무지 이해가 가지 않아 여자 승무원에게 되물

여행객에겐 조금 낯선 도시지만 나는 그 느낌이 좋았다.

백조가 우아하다는 것은 편견일지도 모른다. 적어도 내가 본 백조는 그랬다.

었다.

"2번 플랫폼 앞에서 기다려주세요. 시간이 많이 없으니까."

그녀는 단호한 목소리로 나에게 말한 후 남자 승무원이 있는 곳으로 달려갔다. 나와 루씨는 몇 초간 서로를 쳐다보며 눈만 끔벅였다. 이내 정신을 차리고 여자 승무원의 말대로 2번 플랫폼 앞으로 이동했다. 남자 승무원과 여자 승무원이 휠체어 리프트를 전속력으로 밀고 왔다. 나는 그냥 전철을 타도 되는데... 그들의 수고스러움에 미안하기도 하고 고맙기도 했다.

모든 게 일사천리로 순식간에 이뤄졌다. 나는 경사로가 펼쳐지자마자 올라갔고, 리프트가 기차와 마주하자마자 객차 안으로 골인했다. 내가 기차에 오른 것을 확인하자마자 남자 승무원은 다시 리프트를 제자리로 가져갔고, 여자 승무원은 내 뒤를 이어 객차에 올랐다. 그녀는 잠시 바깥에 있던 남자 승무원을 확인하더니 큰소리로 말했다. 번갯불에 콩 구워 먹듯 일어난 일이라 나와 루씨는 객차 사이에 멍하니 서 있었다. 곧이어 기차 문이 닫히고, 우린 남자 승무원의 탑승 여부를 알지 못한 채 몽트뢰로 출발했다.

갑작스런 탑승에 나와 루씨는 객차 중간 통로에 서서 갔다. 잠시 자리를 비웠던 여자 승무원은 루씨에게 메모지 한 장을 건넸다.

"기차를 타기 한 시간 전에 휠체어 서비스를 신청하면 돼요. 보통은 이렇게 탑승하지 않습니다."

그녀는 우리가 무작정 기차를 기다리고 있었다고 착각했다.

'잘 알고 있어요.'

나와 루씨는 여자 승무원의 말에 서로를 쳐다보며 속으로 말했다. 검은 머리의 동양에서 온 여자 둘이 기차를 타지 못하고 있었다고 생각했던 것일까. 루씨는 승무원이 건넨 메모를 받아들고는 그저 감사하다고만 말했다. 메모지에 적힌 것은 스위스 연방 철도청의 콜센터 번호였다. 이미 잘 알고 있다고 말할 수도 있었지만 그들의 수고를 허무하게 만들고 싶지 않았다. 나는 여자 승무원의 친절이 그저 고마웠다.

몽트뢰

몽트뢰 역에 도착했다. 이상하리만큼 나가는 길이 복잡했다. 제대로 나가고 있는 게 맞는지 표지판을 연신 확인해야만 했다. 몽트뢰 역 밖에는 좁은 2차선 차도가 있었다. 좁은 길목임에도 불구하고 차가 많아 도시 전체가 시끌시끌했다. 우리의 목적지는 몽트뢰에서 가장 유명한 명소인 시옹 성Château de Chillon이었다. 한적한 호숫가 마을을 상상했는데, 생각과 달리 몽트뢰는 작지만 활기 넘치는 도시였다.

우린 몽트뢰 역 앞 횡단보도를 건너 시옹 성 방향으로 걸었다. 길을 안내해줄 지도는 없었다. 시옹 성으로 가는 버스 정류장 위치와 버스 번호가 우리가 가진 정보의 전부였다. 길을 건너 한참을 걸어가는데 먼발치에서 차 경적 소리가 들렸다. 아무리 주위를 둘러봐도 어디서 울리는

지 모를 소리였다. 나는 그 소리를 따라갔다. 희미하게 차 소리와 사람 소리가 들렸다. 소리를 따라 좁은 골목길을 지나자 절벽이 나타났고, 나는 내 앞에 펼쳐진 모습에 입을 다물지 못했다.

까마득한 절벽 아래로 이어지는 몽트뢰 도심이 나타났다. 높은 절벽 위에 몽트뢰 역이 있었고 그곳에 내가 서 있었다. 절벽 아래로 해안도로가 이어졌고 상점들이 즐비했다. 그런데 저곳으로 어떻게 내려간단 말인가? 우리는 고민에 빠졌다. 다시 골목길을 빠져 나와 몽트뢰 역이 보이는 2차선 도로변에 섰다. 그 끝이 보이지 않았다. 어디로 가야 할지도 몰랐다. 스위스 여행에서 가장 큰 난관이었다. 저 절벽 아래로 내려갈 수 없다면 다시 제네바로 돌아가야만 했다. 도대체 이 동네 사람들은 어떻게 살아가고 있는 것인지 머릿속이 복잡해지기 시작했다.

그때, 인도 옆에 서 있는 하얀색 '엘리베이터' 표지판이 눈에 들어왔다. 나는 표지판을 보자마자 전속력으로 달렸다. 《헨젤과 그레텔》에서 빵 조각을 따라 과자의 집을 찾아가듯 나는 골목마다 보이는 엘리베이터 표지판을 따라 달려갔다. 표지판의 끝에는 절벽 아래로 향하는 엘리베이터가 있었다.

딩동. 느릿느릿 도착한 엘리베이터의 문이 열렸다. 지팡이를 짚은 노인 여럿이 하하호호 엘리베이터에서 내렸다. 내가 엘리베이터에 타려고 하자 노신사 한 분이 매너 좋게도 열림 버튼을 눌러주었다. 엘리베이터 문이 닫히려던 찰나 유모차를 끌고 전력으로 질주하는 부부가 보였다. 루씨의 방물장수 배낭처럼 커다란 배낭을 메고 유모차를 끄는 아이 아빠와 그 옆에서 뜀박질을 하는 아이 엄마, 그리고 고속 주행에다 저질스런 승차감에 잔뜩 짜증이 난 아이가 유모차에 있었다. 그들이 오는 모습을 보고 루씨가 얼른 열림 버튼을 눌렀다. 닫히려던 엘리베이터 문이 다시 열리고 그들은 마치 골대로 돌진하는 축구공처럼 엘리베이터 안으로 골인했다.

"Merci beaucoup(정말 고맙습니다)."

아이 엄마가 웃으며 말했다. 입이 있어도 말을 할 줄 모르는 나와 루씨는 그저 멋쩍은 웃음만 보일 따름이었다. 아이 엄마가 말을 걸어왔지만 도무지 알아들을 수가 없었다. 그런데 무어라 쉴 새 없이 귓가를 스치는 단어 사이에서 'voyage(여행)'라는 말이 들렸다.

"보야지?"

나는 눈을 크게 뜨고 되물었다. 그녀가 고개를 끄덕였다. 나는 갑작스럽게 튀어나온 영어로 대답했다.

"예스! 샤투 드 씨옹?"

나는 시옹 성에 간다고 말하고 싶었지만 발음조차 제대로 알지 못했다.

"샤투흐 드 시오옹? 샤투 데 시옹? 샤토 드 시옹? 음... 시옹! 캐슬! 캐슬!"

머리를 갸우뚱거리는 그녀에게 나는 양손을 지붕처럼 만들어 보여주었다. 아이의 엄마는 내 보디랭귀지를 보더니 단박에 알아차렸다. 역시 보디랭귀지는 만국 공통어다. '방과 방 사이' 게임을 하는 것만 같았다. 온몸으로 모든 것을 표현하다 보니 어느새 엘리베이터가 절벽 아래에 도착했다.

　나와 루씨는 시옹 성으로 가는 버스를 타기 위해 맞은편 정류장으로 이동했다. 정류장에는 푸근한 인상의 할머니 한 분이 앉아 계셨다. 루씨는 노선도를 확인했다. 나는 버스가 오면 물어보려고 정류장에 서 있었다. 조금 전 우리가 건너온 횡단보도를 모델처럼 섹시하게 건너는 흑인 남자 한 명이 시선을 사로잡았다. 그는 정류장 쪽으로 점점 다가오더니 할머니 옆에 자리를 잡고 앉았다.

　"찾았다!"

　버스 번호를 찾은 루씨가 보물찾기에 성공이라도 한 듯 성취감에 가득 찬 목소리로 외쳤다. 루씨는 푸근한 할머니 옆에 앉았다. 나는 루씨의 맞은편에서 버스가 오기만을 기다렸다. 그렇게 정류장 벤치에는 루씨, 푸근한 할머니, 모델 같은 남자가 앉아 있었다. 그런데 갑자기 할머니가 무어라 말을 걸어왔다. 루씨와 나는 멀뚱멀뚱 서로의 얼굴을 한 번 쳐다보고는 갸우뚱한 표정으로 할머니를 바라봤다. 그녀가 무슨 말을 하는지 궁금했지만 알 길이 없었다. 달리 알아들을 길이 없었기에 의도치 않게 할머니의 말을 무시하고 앉아 있었는데, 할머니는 계속해서 루씨에게 말을 걸었다. 이를 어쩌나. 루씨는 쓴웃음으로 대답을 대신했다.

　그때, 할머니 옆에 앉아 있던 모델 같은 남자가 끼어들었다.

　"할머니가 어디로 가냐고, 몇 번 버스를 타냐고 물어보네요."

　유창한 영어로 설명해주는 남자를 나와 루씨는 토끼 눈으로 쳐다봤다. 그는 여태 할머니가 무슨 말을 하고 있는지 다 알아듣고 있었던 것이다. 조금 놀랐지만 그래도 반가웠다. 만국 공통어가 통하지 않던 차에 나타난 썩 괜찮은 통역사였다.

"시옹 성에 가요. 버스 번호는 이미 확인했고요."

루씨가 남자에게 말했다. 그러자 남자는 할머니 곁으로 바짝 다가가 자상하게 루씨의 말을 통역해주었다. 남자의 말에 귀를 기울이던 할머니는 다시 우리를 바라보며 알아들을 수 없는 말을 했고, 남자는 동시통역사처럼 우리에게 할머니의 말을 전해주었다.

"어디서 왔냐고 물어보시네요."

"한국에서 왔어요."

내가 할머니를 보며 말했다. 남자가 할머니에게 통역해주자 할머니는 왠지 화들짝 놀란 표정이었다. 또다시 남자가 할머니의 말을 전했다.

"북한에서 왔나요?"

북한? 나는 미처 몰랐던 사실을 알게 되었다. 외국인들에게는 어느 코리아에서 왔느냐가 꽤 흥미로운 이야기인 듯했다.

"아니요, 남한에서 왔어요."

버스를 기다리는 한참 동안 남자의 동시통역으로 이야기가 이어졌고 이윽고 할머니가 타야 할 버스가 도착했다. 푸근한 인상의 할머니는 우리에게 손을 흔들며 작별 인사를 하곤 버스에 올랐다.

할머니가 떠난 버스 정류장엔 잠시 적막이 흘렀다. 고요함을 깬 건 모델처럼 생긴 남자였다. 남자는 휠체어를 탄 한국인은 스위스에 온 이래 처음 본다고 했다. 나는 많은 이야기를 해주고 싶었지만 입이 떨어지지 않았다. 보디랭귀지로 다 설명할 수도 없고, 그렇다고 짧은 영어로 설명할 수도 없는 문제였다. 이동권이 발달하지 않은 나라에서 휠체어를 타고 밖을 나가는 일, 차를 타는 일, 비행기를 타는 일, 여행하는 일은 결코 쉽지 않다고 말하고 싶었다. 한국과 비교했을 때 지금 당신이 있는 이 스위스가 휠체어를 타는 장애인들에게는 천국 같은 곳이라고 말해주고 싶었다. 하지만 내 짧은 영어 실력으로는 이 비극적인 이야기를 모두 전달할 자신이 없었다. 아쉽지만 그저 한국과 스위스가 너무 멀어서 그런 거라고 대답할 수밖에 없었다.

버스가 도착했다. 남자는 우리와 함께 버스에 올랐다. 비록 목적지가 다르긴 했지만 시옹 성으로 가는 동안 이런저런 이야기를 이어갔다. 남자는 시옹 성보다 두 정거장 앞서 하차했다. 어디로 가는지, 무엇을 하는 사람인지는 모르겠지만 짧은 시간 동안 몽트뢰와 시옹 성에 대한 이야기를 들었고 미련 없이 작별 인사를 했다.

시옹 성은 꽤나 외진 구석에 있었다. 으리으리한 모습으로 레만 호수 끝자락에 위치해 있었다. 시옹 성 입구로 가는 길은 내게 친절하지 않았다. 유럽 여행객을 공포의 도가니로 몰아넣는 악명 높은 돌길이 내 앞에 나타났다. 바퀴 달린 가방을 끌고 지나가본 사람이라면 이 돌길이 얼마나 무시무시한지 뼈저리게 느꼈을 것이다. 나는 마음을 굳게 다잡았다.

'오늘 내 엉덩이가 지옥 불에 담금질을 당하겠구나.'

내 예상은 적중했다. 돌길 위에 오르자 지옥문이 열렸다. 휠체어가 덜컹일 때마다 바늘로 엉덩이를 쑤시는 듯 고통스러웠다.

몽트뢰의 시옹 성

중세의 느낌이 가득하다.

"젠장!"

나는 그만 짜증이 났다. 달리 도울 방법이 없는 루씨는 그저 옆에서 웃고만 있었다. 부뚜막에 올라가 엄마를 찾는 어린 송아지처럼 엉덩이에 불이 났다. 가도 가도 끝이 보이지 않는 돌길 위에서 나는 어금니를 꽉 깨물었다. 엉금엉금 기어가는 내 옆으로 한 무리의 한국인 관광객이 지나갔다.

"아이고 아가씨, 엉덩이가 남아나지를 않겠네."

무리에 섞인 아저씨 한 명이 내 모습을 보며 안타까워했다. 그러게요. 엉덩이가 산산조각 나는 줄 알았다고요.

겨우겨우 시옹 성 내부로 들어섰다. 성 내부에는 웃음소리가 울리는 작은 광장이 하나 있었고, 그 주변에는 오래된 수레와 도구들이 놓여 있었다. 오래된 성 안에는 휠체어로 접근할 수 있는 곳이 많지 않았다. 으리으리했던 성 밖 풍경과 달리 내부는 요새와 같아서 하늘만 보일 뿐 아름다운 레만 호수를 바라보는 것도 쉽지 않았다. 루씨는 계단을 이용해 성 2층과 3층을 구경했다. 나는 성 안에 있는 휴게실에서 루씨를 기다렸다. 휴게실엔 작은 자판기만 덩그러니 있을 뿐 별다른 것이 없었다. 조금 지루해지면 휴게실 밖으로 나가 광장을 한번 둘러보곤 다시 휴게실로 돌아왔다. 잠시 후 나타난 루씨는 카메라에 시옹 성 곳곳을 담아서 내게 보여줬다. 성 꼭대기에 있는 작은 창문으로 보이는 레만 호수의 풍경까지 예쁘게 담아 보여줬다.

사실 시옹 성 관광의 하이라이트는 해질녘에만 볼 수 있는 금빛 레만

서울에서 나는 분주하게 움직이는 사람들 틈에서
허겁지겁 속도를 내고 있었을 것이다.
하지만 스위스에서 마주한 일상 덕분에 가슴속 찌꺼기를
조금씩 털어낼 수 있었다.

호수와 시옹 성의 절묘한 하모니다. 나와 루씨는 황금빛 낙조를 감상하기 위해 밖으로 나왔다. 레만 호수와 시옹 성이 아주 잘 보이는 외곽에 자리를 잡고 해넘이를 기다렸다. 뜨겁게 타오르는 태양빛에 호수의 물결이 금빛 찬란하게 반짝이기 시작했다. 그리고 태양을 머금은 시옹 성의 모습은 숨이 막힐 만큼 웅장했다.

스위스에 오지 않았더라면 루씨는 지금쯤 야근을 하며 평범한 하루를 보내고 있었을 것이다. 나 역시 분주하게 움직이는 사람들 틈에서 허겁지겁 속도를 내고 있었을 것이다. 하루하루를 줄타기 하듯 버틴 적도 많았다. 현관문이 닫히자마자 지쳐 쓰러져 잠든 날도 있었다. 내가 지닌 핸디캡이 무엇인지 너무도 잘 알기에 더 많이 부딪히고, 깨지고, 좌절하고, 다시 일어나기를 수백 번 반복하며 살아왔다. 뒤처지기 싫으니까. 이 경쟁을 부추기는 사회에서 어떻게든 살아남아 보려고 발버둥쳤다.

하지만 그런 치열함이 나를 질리게 만들었다. 모든 것에 지쳐갈 때쯤 스위스에서 보냈던 짧은 시간은 정말 꿈만 같았다. 모든 것이 여유롭게만 느껴지는 이곳에서 나는 황금빛 물결에 그동안의 고단함을 흘려보냈다. 하루의 마지막을 알리듯 밀려드는 어둠에 잿더미로 변해가는 태양 속으로 남은 고달픔도 던져 넣었다. 나와 루씨는 아무 말 없이 한동안 시옹 성을 바라보았다. 그렇게 일상에서 털어내지 못한 가슴속 찌꺼기를 조금씩 털어냈다.

다시 몽트뢰 역으로 가는 버스에 올랐다. 어둠이 드리우자 여행의 피로가 몰려왔다. 루씨는 버스에 앉자마자 꾸벅꾸벅 졸기 시작했다. 나는 천하장사도 이길 수 없다는 감기는 눈꺼풀과 엎치락뒤치락 씨름을 하고 있었다. 몇 정거장을 지났을까. 창밖을 바라보다 낯익은 사람을 발견했다. 버스가 멈추고 문이 열리자 그가 버스에 올랐다. 낮에 만났던 모델 같은 남자였다.

"또 만났네요."

나는 반가운 마음에 말을 걸었다. 그도 나를 보자마자 놀란 듯한 제스처를 보였다.

"그러게요. 시옹 성 구경은 잘했어요?"

"네, 석양이 아주 아름다웠어요."

"그럼 이제 어디로 가나요?"

"제네바로 가요. 친구랑 저녁에 만나기로 했거든요."

나는 버스가 목적지에 도착할 때까지 그와 대화를 이어갔다. 옷깃만 스쳐도 인연이라지만 두 번의 만남조차 여행자에게는 그저 그런 단순한 만남이었다. 다만, 내가 알지 못하는 세상에 사는 사람에 대한 호기심을 채워가는 것이 여행의 묘미일 따름이다.

Vous êtes si belle

제네바에서의 셋째 날. 지난밤 나와 루씨, 제네바 통신원은 주酒신의 강림으로 맥주 파티를 벌였다. 이미 창밖엔 뜨거운 아침 햇살이 들이쳤다. 제네바를 떠나는 날이었다. 루씨의 배낭이 다시 무거워졌다.

"헙! 더 무거워진 것 같아."

힘찬 기합 소리와 함께 방물장수 배낭을 메던 루씨가 바닥에 벌러덩 드러누워버렸다. 루씨는 마치 뒤집힌 애벌레처럼 바닥에 누워 꿈틀거렸다.

숙소에서 나온 우리는 제네바 역 코인 로커에 잠시 가방을 보관하기로 했다. 제네바 관광을 마치고 오후 세 시에 제네바 통신원을 만나 브베로 갈 예정이었다. 그리고 저녁엔 루체른으로 가야 했다.

새벽에 비가 내리더니만 거리로 나서는 순간 머리칼에 차가운 바람이 스쳤다. 나와 루씨는 추위를 막아보려 몸을 잔뜩 웅크린 채 트램에 몸을 싣고 코르나뱅으로 향했다. 평일임에도 이상하리만큼 제네바 역은 사람들로 북적였다. 우리는 인파를 피해 다니며 코인 로커를 찾아다녔다. 그때 묘한 표지판 하나가 눈에 들어왔다. 가방 모양 그림이 있는 작은 사무실이었다. 나는 투명한 유리문 너머로 사무실 안을 들여다봤다. 저울 몇 개 그리고 기다란 책상 앞에 앉아 정수리만 보이는 직원이 전부였다. 나는 조심스레 사무실 문을 열고는 얼굴만 들이밀었다.

"안녕하세요. 혹시 이곳이 짐 보관소인가요?"

정수리만 보이던 직원이 고개를 들었다. 그는 나를 보더니 자리에서 일어나 유리문으로 다가왔다. 그는 이곳에서 다른 역으로 짐을 보낼 수 있다고 했다. 내가 문을 열고 들어선 곳은 스위스 연방 철도청에서 운영하는 라이제게팩 Reisegepäck 이었다. 큰 짐, 유모차, 각종 스포츠 장비까지 역에서 역으로 옮겨주는 운송 서비스다. 역에서 역뿐만 아니라 역에서 호텔까지 짐을 배송해주기도 한다. 물론 비용은 승객의 몫이다.

저울에 짐을 올리라는 직원의 말에 루씨는 방물장수 배낭을 패대기쳤다. '쿵' 하고 떨어진 배낭의 무게를 측정한 뒤 바퀴 네 개 달린 내 여행가방도 저울 위에 올렸다.

"20프랑입니다. 루체른에는 몇 시쯤 도착할 예정이죠?"

직원이 영수증을 출력하며 물었다.

"어... 저녁 여덟 시 정도요?"

사실 언제 루체른에 도착할지 계획이 없었기에 루씨가 대충 대답했다.

"업무 시간은 일곱 시 반까지예요. 만약 그 전에 짐을 찾지 않으면 다음 날 찾아야 됩니다."

루씨와 나는 영수증을 받아들며 고개를 끄덕이곤 사무실을 빠져나왔다.

"진작 이런 게 있는 줄 알았다면 좋았을걸! 완전 편해. 코인 로커랑 얼마 차이도 안 나잖아?"

그동안 무거운 방물장수 배낭을 메고 다녔던 게 원통하단 듯이 루씨가 투덜거렸다. 여행을 하다 보면 무거운 가방을 들고 다니는 게 얼마나 수고스러운지 절실히 깨닫게 된다. 여행을 많이 해본 사람들이라면, 무거운 짐을 들고 계속해서 이동하기보다는 일단 거점 숙소부터 잡고 가벼운 차림으로 주변 지역을 여행하는 편이 훨씬 낫다는 것을 잘 알고 있을 것이다. 취리히, 인터라켄, 베른에 이어 제네바까지 무거운 가방을 들고 움직이는 게 얼마나 '개고생'이었는지를 온몸으로 느낀 나와 루씨에게 운송비 20프랑은 그리 비싼 대가가 아니었다.

가벼운 발걸음으로 다시 코르나뱅으로 나갔다. 제네바의 첫 관광지는 바로 종시옹Jonction이다. 전날 펍에서 제네바 통신원이 추천해준 곳이다. 그녀는 여행책자에 나온 관광지보다 이색적인 관광 장소에 가보길 권했다. 사실 나도 그런 여행지를 더욱 선호하는 편이긴 하지만 이색적인 장소는 언제나 휠체어에게 친절하지 않았다. 그러나 종시옹은 그렇지 않다고 제네바 통신원이 단호하게 말했다. 그래, 밑져야 본전이니 종시옹에 한번 가보자.

불어로 '푸앙트 드 라 종시옹'Pointe de la Jonction', 우리말로 '합류점' '접점'이란 뜻이다. 사실 제네바 관광지를 알아볼 때만 해도 종시옹이라는 곳이 있는지조차 알지 못했다. 하지만 현지인만 아는 이색 장소를 어찌 놓칠 수 있나. 우리는 종시옹으로 향하는 버스에 올랐다.

버스에서 내려 주위를 둘러보니 평범한 아파트와 건물뿐이었다. 과연 여기가 맞는 건지 의심스러웠다. 계속해서 길을 찾아 헤매던 나와 루씨의 시야에 두 사람이 들어왔다. 헬멧을 쓰고 자전거를 타고 있는 여자아이와 자전거 타는 법을 가르쳐주는 아이의 아빠였다. 나는 무작정 그들에게 달려갔다.

"봉주르Bonjour!"

일단 인사부터 건넸다. 아이의 아빠는 나를 한번 훑어보더니 인사를 했다. 어떻게 이 상황을 설명할까 고민했지만, 불어를 모르는 내가 할 수 있는 말이라곤 하나도 없었다. 남자는 고개를 갸우뚱하더니 내게 먼저 말을 걸었다.

"도움이 필요하세요?"

남자가 서툰 영어로 말했지만 나는 그의 말을 정확히 알아들을 수 있었다.

"종시옹? 아세요? 푸앙트 드 라 종시옹."

나는 아무렇게나 설명했다. 남자는 미간을 찌푸리며 내 말을 곱씹어 생각하더니 이내 활짝 웃었다.

"오! 종시옹!"

드디어 내 말을 알아들은 그가 몸을 돌려 방향을 짚어주었다. 우리가 왔던 방향으로 다시 돌아가 왼편의 좁은 강가 길을 따라가면 된다고 했다. 우리는 고맙다고 인사하고는 왔던 길로 되돌아갔다.

'푸앙트 드 라 종시옹'은 두 강이 만나는 지점인데 재미난 것은 합류되는 두 강물이 섞이지 않고 각기 다른 색깔을 띠며 서로 다르게 흘러간다는 점이다. 신비로운 곳이었다. 자연의 경이로움을 두 눈으로 목도할 수 있었다. 레만 호수를 거쳐 흐르는 론^{Rhône} 강은 푸른색을, 유럽의 최고봉인 몽블랑을 거쳐 흐르는 아르브^{Arve} 강은 갈색을 띠었다. 마치 흑과 백, 선과 악이 대립되는 것처럼 두 강물은 그렇게 한참을 섞이지 않고 흘러갔다. 정말 아름다웠다. 제네바 통신원이 왜 추천했는지 알 것 같았다. 인간이 만들어낼 수 없는 불가사의한 자연의 신비를 만날 수 있었다. 남들이 찾지 못한 보물을 찾은 느낌이었다.

종시옹을 빠져나와 루소 섬에 가기로 했다. 루소 섬은 18세기 프랑스 사상가이자 소설가인 장 자크 루소^{Jean Jacques Rousseau}와 깊은 인연이 있다. 《사회계약론》과 《에밀》의 저자인 그 루소 말이다. 우리는 종시옹 근처에서 버스를 타고 제네바 호수 부근에 있는 루소 섬으로 향했다.

평일 낮이라 버스 안은 한적했다. 루씨 뒤편의 노부부를 비롯해 버스에는 열 명 남짓한 승객이 자리하고 있었다. 나와 루씨는 마주 앉아 창밖을 바라보며 곧 떠날 제네바의 모습을 눈에 담기 시작했다. 한참 달리던

종시옹, 론 강과 아르브 강이 만나는 곳

버스가 정류장에 멈춰 섰다. '치익' 하며 바람 빠지는 소리가 들리더니 문이 열렸다. 정류장에 서 있던 사람들이 하나둘 버스에 올랐고, 어른들 틈에서 남자아이 두 명이 큰 걸음으로 버스에 힘차게 올랐다. 버스 안 사람들의 시선이 모두 두 아이에게 쏠렸다. 인형처럼 귀여운 모습의 두 꼬마는 사람들의 시선을 사로잡기에 충분했다.

세 살과 다섯 살쯤으로 보이는 두 꼬마는 자리에 가만히 있지 못하고 신이 나서 버스 곳곳을 돌아다녔다. 꼬마들이 움직이는 버스 안에서 장난을 칠 때마다 엄마는 엄한 목소리로 주의를 줬다. 동서양을 막론하고 꼬마들은 장난기가 넘친다. 귀여운 꼬마들의 모습을 보고 있노라니 나도 모르게 흐뭇한 미소가 얼굴에 번졌다. 엄마의 꾸중도 잠시, 동생이 다시 모험을 떠났다. 꼬마는 신기하게 생긴 물건에 호기심을 보이며 조금씩 다가오더니 어느새 내 옆에 서서는 내 얼굴과 휠체어를 연신 번갈아 보았다.

"봉주르!"

나는 귀여운 꼬마에게 손을 흔들며 인사했다. 꼬마는 내가 인사하자 수줍다는 듯이 뒤돌아 엄마 품으로 달려갔다. 꼬마는 엄마 품에 얼굴을 묻고는 살짝 고개를 돌려 나를 힐끗 쳐다봤다. 나는 민망해진 손을 다시 접었다.

버스가 흔들리는 박자에 맞춰 내 몸도 흔들렸다. 루소 섬이 가까워지자 물줄기를 내뿜는 제네바의 제트 분수가 저 멀리 보였다. 창밖을 보고 있는 내게 루씨는 오후에 가게 될 브베가 어떤 곳인지 물었다. 나는 스위스에 오기 전 인터넷에서 봤던 내용을 이야기해주었다. 포세이돈의 삼지창처럼 생긴 거대한 포크가 호수에 박혀 있다고 했다. 루씨는 고개를 끄덕이며 내 이야기를 흥미롭게 듣고 있었다.

"Bonjour, madam?"

갑자기 작고 귀여운 목소리로 누군가 인사를 하기에 고개를 돌렸다. 세상에, 좀 전의 그 귀엽고 사랑스러운 꼬마가 내게 손을 내밀었다. 악수를 청하듯 오른손을 내 앞으로 뻗고, 다른 손은 허리 뒤로 뒷짐을 지고는 근엄한 포즈로 내 앞에 서 있었다. 좀 전의 개구쟁이 같은 모습은 온데간데없고, 사랑스러운 꼬마신사처럼 굴었다. 나는 슈퍼스타를 만난 것처럼 들뜬 목소리로 꼬마의 손을 잡으며 인사했다. 원빈, 장동건, 정우성을 만난 것보다 설레는 느낌이었다. 내가 꼬마의 손을 잡자 꼬마는 손을 아래위로 흔들며 악수하더니 이내 머리를 숙여 내 손등에 입을 맞추었다. 순간 승객들의 시선이 나와 아이에게로 쏠렸다. 나는 이 꼬마 신사의 행동에 놀라 아무 말도 하지 못하고 입만 벌리고 있었다.

"Vous êtes si belle."

꼬마가 내 손등에 짧은 입맞춤을 하고는 얘기했다. 나는 무슨 말인지 몰라 고개만 갸우뚱하며 아이를 바라봤다. 꼬마는 내 반응이 예상 밖이었던지 당황한 기색이 역력했다. 악수한 손을 놓지 못한 채 일그러진 얼굴로 고개를 돌려 엄마를 쳐다보고 있었다. 꼬마의 엄마는 새어나오는 웃음을 참으려고 손으로 입을 틀어막고 있었고, 꼬마는 엄마와 나를 번갈아보며 어쩔 줄 몰라 했다.

루소 동상과 어디서나 음용 가능한 식수대, 그리고 레만 호수의 제트 분수

그때 루씨 뒤에 앉아 있던 노신사가 영어로 이야기했다.

"꼬마가 당신이 예쁘대요."

그제야 나는 꼬마에게 몸을 바짝 기울여 정말 고맙다고 인사했다. 꼬마는 내 인사에 수줍은 미소를 보이며 악수했던 손을 풀었다. 누가 봐도 엄마가 시킨 미션 수행이었다. 꼬마는 정말 깨물어주고 싶을 만큼 귀여웠다. 잠시 동안이었지만 꼬마 신사의 사랑스러운 행동은 버스 안 승객들에게 작은 즐거움을 주었다. 제네바에서 만난 꼬마 신사의 말을 잊을 수가 없다. 어떻게 귀여움과 사랑스러움으로 무장한 신사의 고백을 잊을 수 있겠는가.

루소 섬에서는 제네바 호수가 아주 잘 보였다. 고요했던 종시옹과 달리 루소 섬 근처에는 산책하는 사람들, 단체 관광 온 중국인 등 사람들이 많았다. 소소리바람이 불던 아침과 달리 태양이 먹구름 사이로 이따금씩 얼굴을 내밀었다.

루소 섬은 생각보다 단출했다. 하얀색 유리 온실처럼 생긴 카페, 나무 몇 그루와 벤치들 그리고 섬 중앙에 있는 루소 동상이 전부였다. 루소 동상을 한번 훑어보곤 섬 주변 관광에 나섰다. 사자가 물을 내뱉고 있는 모양의 수돗가가 있었고, 섬 주변 호수에는 사납게 먹이 다툼을 벌이는 백조 무리가 있었다. 먹이를 향해 득달같이 달려드는 모습을 보니 제네바 통신원이 백조를 깡패라고 한 이유를 새삼 이해할 수 있었다. 맞은편에서는 140미터 높이의 제트 분수 물줄기가 힘차게 솟아오르고 있었다. 루소 섬은 단출하다 못해 허전했다. 기대했던 것과 달리 소박한 모습에 조

내 여행이 시작된 작은 이유는 제네바 통신원 때문이었다. 그녀는 내게 더 넓은 세상을 알려주었다.

금 실망스럽기도 했지만, 여행자의 피곤한 발을 잠시 쉬게 해준 벤치가

있어 나름대로 만족스러운 곳이었다.

엉망진창이야

약속 시간보다 10분 일찍 제네바 역에 도착했는데 이미 제네바 통신원이 기다리고 있었다.

"언니!"

그녀는 손을 높이 들어 인사하며 망아지처럼 뛰어왔다. 곧바로 브베행 기차에 몸을 실었다. 나는 객차에 자리를 잡자마자 그녀를 만나기 전 있었던 일들을 이야기했다. 쉴 새 없이 이야기를 늘어놓는 사이 어느덧 기차는 브베에 도착했다.

"이러고 있을 때가 아니지! 우리 장보러 가요. 브베에 왔으니 와인을 맛봐야지!"

플랫폼에 내리자마자 제네바 통신원이 말했다. 브베가 있는 라보

라보 지구의 와인은 으뜸이다. 가방 한가득 가져올 수 없었기에 나와 루씨는
뱃속에 와인을 채우기로 했다.

Lavaux 지구는 유네스코 문화유산으로 등재될 만큼 명성이 높은 곳인데, 따뜻한 볕이 잘 드는 이곳의 포도로 만든 와인은 스위스가 아니면 절대 맛볼 수 없다고 한다. 마침 브베 역 근처에 미그로스Migros 슈퍼마켓이 있었다. 루씨와 제네바 통신원은 입구에 들어서자마자 와인 코너로 직행했다.

"나는 달콤한 걸로!"

제네바 통신원은 내 말에 고개를 끄덕이더니 진열된 와인 두 병을 집어 들었다.

"와인은 됐고, 맥주!"

제네바 통신원의 한마디에 지난밤 악몽이 떠올랐다. 이러다 오늘도 주酒신을 만나는 게 아닐까. 이미 맥주 코너에는 익숙한 실루엣이 있었다. 루씨였다. 두 애주가는 어깨동무를 하고 진열된 맥주를 천천히 훑어보고 있었다. 맥주파가 아닌 나는 먹이를 찾아 산기슭을 어슬렁거리는 하이에나처럼 먹을 만한 음식을 찾아 슈퍼마켓 이곳저곳을 기웃거렸다. 치즈 코너에 가자 동그란 모양, 종잇장처럼 얇게 썬 모양, 〈톰과 제리〉의 제리가 크게 한입 베어 물던 세모 모양의 치즈까지 수십 종의 치즈가 진열되어 있었다. 즉석 음식 코너에는 샐러드 채소와 초밥, 샌드위치, 파스타부터 시작해 각종 이름 모를 음식들이 신선하게 포장되어 있었는데, 나는 양념에 절인 올리브 모듬을 하나 집어 들어 아직도 맥주 코너를 떠나지 못하고 있는 제네바 통신원의 장바구니에 던져넣었다.

장을 다 보고 슈퍼마켓 밖으로 나오는데 어디선가 음식 냄새가 코끝을 자극했다. 냄새를 쫓아 걸음을 옮기다 보니 닭고기 바비큐를 구워내는 푸드 트럭이 나왔다.

"저건 사야 해!"

푸드 트럭을 발견한 루씨가 소리를 지르며 뛰어갔다. 말릴 새도 없이 제네바 통신원이 환호성을 지르며 그 뒤를 따랐다. 양손 가득 들고 있던 슈퍼마켓 봉지는 이미 바닥에 아무렇게나 방치됐고, 루씨와 제네바 통신원은 지갑을 꺼내기 바빴다.

"피자도 있어!"

루씨가 닭고기 바비큐를 주문하려는 찰나 피자 푸드 트럭을 발견한 제네바 통신원이 루씨를 내팽개치고 달려갔다. 정말 못 말린다. 결국 우리는 제각각 먹을거리를 한 아름 안고 호숫가로 향했다.

호숫가로 가는 길목에 작은 유치원이 보였다. 하교 시간에 맞춰 아이들을 데리러 온 아빠들이 자전거 뒤에 아이를 태우고 있었다. 아빠와 함께 하교하는 아이들의 모습이 내겐 조금 낯설었다. 페달을 밟는 아빠 뒤에 매달린 아이들이 선생님에게 손 흔들며 인사했다. 유치원을 지나자 푸른 잔디가 깔린 공원이 보였다. 얇은 돗자리 하나 깔아둔 채 잠이 든 사람, 일광욕을 하며 책 읽는 사람, 잔디밭에 앉아 기타 연습을 하는 사람, 아이들이 뛰어다니는 모습을 지켜보는 사람, 강아지와 산책 나온 사람, 친구들과 맥주를 마시며 도란도란 이야기를 나누는 사람... 각자 다른 모습, 다른 방법으로 오후의 여유를 즐기고 있었다. 그리고 그 속에 브베에서 파티를 하러 온 나와 루씨, 제네바 통신원이 있었다.

루씨와 제네바 통신원, 그들과 함께 브베에서 파티를 준비했다.

우리는 호숫가 바로 옆 돌담에 자리를 잡았다. 돌담을 테이블 삼아 레만 호수가 보이는 맞은편에 내가 자리했고, 루씨와 제네바 통신원은 돌담 위에 앉았다. 아니, 널브러졌다. 우리는 돌담을 파티 테이블 삼아 하나둘 음식을 진열했다. 고소한 냄새를 풍기는 닭고기 바비큐와 따끈하게 잘 구워진 피자도 올려났다. 이어 제네바 통신원이 파티에 어울리는 와인을 컵에 따랐다. 나는 컵 안에 코를 갖다 댔다. 라보 지구에서 맛보는 원산지 와인이 내심 기대됐다. 짠! 우리는 와인이 든 잔을 가볍게 부딪치며 파티의 시작을 축하했다. 달콤한 향이 은은하게 퍼지는 와인 한 모금을 머금었다. 마치 탐스럽게 익어가는 포도밭에서 춤을 추는 것만 같았다. 한 번도 느껴보지 못한, 두 눈이 번쩍 뜨이는 맛이었다. 나는 제네바 통신원에게 엄지를 척 내밀었다.

루씨와 제네바 통신원은 호숫가 돌담에 벌러덩 누웠다. 저 멀리 사람들의 이야기 소리와 천천히 다가오는 작은 파도 소리만이 들려왔다. 루씨는 선글라스를 쓰고 누워 흘러가는 구름을 감상했다. 이 여유가 사라지지 못하도록 온몸 구석구석에 새겨 넣는 느낌이었다. 나도 이 여유가 사라져버릴까 내심 아쉬운 마음이 들기 시작했다.

파티를 끝내고 루체른으로 가기 전 잠시 호숫가를 산책했다. 조깅하던 남자가 갑자기 옷을 훌러덩 벗더니 속옷 차림으로 호수에 뛰어들었다. 그 모습에 나와 루씨는 입을 다물지 못했다. 조금 더 걸으니 대형 체스판과 일광욕을 할 수 있는 의자가 여러 개 놓여 있었다. 아이 두 명이 마치 왕을 지키는 말처럼 대형 체스판 위를 뛰어다녔다. 호수를 따라 더

장 피에르 자우그의 작품이 전시된 브베 레만 호수

걷다 보니 사람들이 맥주를 마시며 이야기를 나누는 노천 술집이 나타났다. 해는 점점 기울어갔고, 잔잔한 호수 위에는 닻을 펄럭이며 한가로이 윈드서핑을 즐기는 무리들과 에비앙에서 출발해 라보 지구로 다가오는 유람선이 보였다.

우리는 브베 호수의 명물을 보기 위해 잰걸음으로 이동했다. 브베 호숫가엔 경치를 감상할 수 있는 벤치가 많았다. 그중에서도 호숫가 바위 위에 설치된 의자는 보는 사람을 아찔하게 할 정도였다. 그렇게 호수를 따라 한참 산책을 하자 브베의 명물인 거대한 포크가 보였다. 호수에 꽂혀 있는 이 거대한 포크는 1995년에 디자이너 장 피에르 자우그^{Jean-Pierre Zaugg}가 바로 맞은편에 위치한 네슬레 음식 박물관^{Alimentarium} 개관 10주년을 기념하기 위해 만든 작품이다. 스테인리스로 만든 거대 포크를 보고 있자니 드넓은 레만 호수는 마치 국이 든 그릇처럼, 호숫가의 거대한 바위들은 감자처럼 느껴졌다.

어느덧 오후 5시가 넘었다. 기차 시간까지 15분도 채 남지 않아 우리 셋은 브베 역을 향해 필사적으로 달렸다. 탑승자가 보이지 않아 조마조마했던 역무원은 출발 2분 전 부리나케 달려오는 나를 보고 리프트로 안내했다. 기차에 오르자마자 나와 루씨는 플랫폼이 잘 보이는 창가 좌석으로 급히 움직였다. 고전 영화에서나 볼 법한 기차역 이별 장면처럼 우린 플랫폼에 서 있는 제네바 통신원과 작별 인사를 나눴다.

"언니! 내일 루체른으로 갈게요! 내일 봐요!"

제네바 통신원이 양손을 크게 흔들었다.

브베에서 루체른으로 가려면 중간에 로잔 역에서 환승을 해야 했다. 로잔에서 루체른까지 기차로 두 시간 반. 루씨와 나는 여행의 피로를 이기지 못하고 잠들어버렸다.

'삐비빅 삐비빅.'

알람 소리에 눈을 번쩍 떴다. 이미 창밖은 어둠으로 가득했고 때마침 도착역을 알리는 안내 방송이 나왔다.

루체른 역의 밤바람은 차가웠다. 플랫폼에 내리자 초겨울의 세찬 바람처럼 피부를 파고드는 찬바람이 우리를 긴장시켰다. 시간이 늦었지만 혹시 짐 가방을 찾을 수 있을까 하는 마음에 매표소 근처 라이제게팩 사무실로 갔다. 불은 켜졌지만 굳게 닫힌 유리문 손잡이만 잡아보곤 아쉽게 발걸음을 돌리려는 찰나.

"헬로?"

사무실 문이 열리더니 스위스 연방 철도청 유니폼을 입은 직원이 인사를 했다.

"짐 찾으러 오셨나요?"

"네, 근데 업무 시간이 지났더라고요."

그는 반쯤 열린 문을 활짝 열어주며 나에게 안으로 들어오라 손짓했다. 루씨가 직원에게 영수증을 보여주자 곧 직원이 사무실 뒤쪽에서 루씨의 방물장수 배낭과 내 여행 가방을 가지고 나왔다. 덕분에 오늘 밤 갈아입을 옷 걱정 없이 예약해둔 숙소로 갈 수 있었다. 이때까지만 해도 나와 루씨는 브베에서의 즐거운 파티가 루체른에서 아름답게 마무리될 줄

로만 알았다.

"오, 맙소사."

예약해둔 숙소에 들어서자마자 리셉션 데스크에 있던 직원이 허둥지
둥 누군가를 불러댔다. 시계 바늘은 저녁 9시를 가리키고 있었고, 나와
루씨는 조금씩 지쳐가고 있었다. 곧이어 목소리가 다부진 여직원이 나
오더니 내가 가져온 예약증은 볼 생각도 않고 진지한 표정으로 말했다.

"죄송하지만 방이 없어요."

이 무슨 소린가. 분명히 예약을 했다. 심지어 스위스로 출발하기 전
확인 메일을 보내 예약 상황을 확답받기까지 했다. 그런데 이제 와서 방
이 없다니?

"아니, 그게 무슨 말이에요? 제가 장애인 객실을 예약했다고 출발 전
에 확인 메일까지 보냈는데요. 그쪽에서 답장도 보내주셨잖아요."

루씨가 격앙된 목소리로 따져 물었다.

"네, 잘 알고 있어요. 장애인 객실에 두 명 투숙한다는 예약을 받았고
저희가 일주일 전에 확인 메일도 보내드렸어요. 맞아요. 그런데 예약 당
시 가등록되었던 신용카드로 보통 하루 전에 결제를 시도하는데 결제가
불가능했어요. 저희는 규정상 결제를 세 번 시도해보고 결제가 되지 않
으면 예약을 취소해요. 결제가 불가능했으니까요. 그래서 취소 메일도
보내드려요. 메일 받으셨죠?"

그녀는 차근차근 상황을 설명했고 나와 루씨는 할 말을 잃었다. 어째

서 이런 일이 일어난 것인지 도무지 알 수가 없었다. 이 사태를 어떻게 수습해야 할지 난감해서 아무 말도 못 하고 멍하니 서 있기만 했다.

"제가 이 카드로 결제했는데, 다시 한 번 확인해주시겠어요?"

루씨가 지갑에서 신용카드를 꺼내 직원에게 건네주었다. 직원은 루씨의 카드를 받아들고는 진지한 표정으로 컴퓨터 화면을 찬찬히 살펴보았다.

"카드 번호가 다르다고 나오네요. 그래서 가결제가 안 되었던 모양이에요. 그런데 유감스럽게도 지금 장애인 객실에는 다른 손님이 투숙하고 있어요. 다른 객실은 휠체어가 들어갈 만한 곳이 못되고요. 어떡하죠?"

유감스럽다고 말했지만 그녀의 말에는 감정이 한 방울도 섞이지 않은 것 같았다.

"아…"

그때 루씨가 갑자기 뭔가 떠오른 듯 짧게 탄식했다.

"왜 그래?"

갑자기 표정이 어두워진 루씨가 걱정돼 물었다.

"신용카드 만기일이 되어서 재발급을 받았는데 잊어버렸나 봐. 이런 멍청이."

루씨가 모든 상황이 이해가 된다는 듯 말하며 고개를 푹 숙였다. 시계 바늘은 10시를 향해 달려가고 있었다. 이상하리만큼 루체른의 밤 기온은 차가웠고, 지칠 대로 지친 우리는 다른 숙소를 찾아 나설 기운조차 없었다. 하지만 어떻게든 수습을 해야만 했다. 이렇게 국제 노숙자가 되고 싶지는 않았다.

"혹시 루체른에 있는 계열사 호텔 중에 장애인 객실이 남은 곳이 있는지 확인해줄 수 있나요?"

나는 도박하는 심정으로 직원에게 물었다.

"잠시만요, 전화해볼게요."

그녀는 수화기를 들고 루체른에 있는 세 곳의 계열사 호텔로 전화를 걸었다. 독일어를 이해할 수는 없었지만 그녀의 얼굴에 드리운 어두운 그림자와 점점 낮아지는 목소리 톤으로 일이 잘 해결되지 않고 있음을 직감적으로 알아차렸다.

"방이 없다고 하네요."

직원이 수화기를 내려놓으며 말했다. 한숨이 절로 나왔다.

"다른 곳도 없을까요? 루체른에 있는 어떤 호텔도 괜찮아요. 장애인 객실이 있는 곳으로 연결만 해주세요."

지푸라기라도 잡아보자는 심정으로 다시 한 번 직원에게 부탁했다. 첫 번째와 두 번째 그리고 세 번째 호텔에서 모두 좋은 반응이 나오지 않았다. 그리고 네 번째 통화를 하던 그녀가 메모지에 무언가를 적기 시작했다. 통화를 마친 직원은 루씨에게 메모지를 건네주며 설명했다.

"여기서 차를 타고 15분 정도 가면 나오는 호텔이에요. 좋은 호텔은 아니지만 우리 호텔과 객실 가격은 비슷해요. 그런데 지금 시간이... 버스가 끊겼겠네요. 택시를 불러드릴게요."

"장애인 객실인가요?"

나는 불안한 마음에 재차 직원에게 물었다.

"네. 1층에 있는 방인데 큰 더블 침대가 있는 방이래요. 아쉽게도 방 안에는 휠체어로 이용할 수 있는 화장실이 없어요."

내 표정이 일그러지자 직원이 재빠르게 말을 이어갔다.

"그런데 방 바로 앞에 화장실이 하나 더 있대요. 거기에는 안전 바와 샤워 의자 그리고 장애인 편의 시설을 모두 갖추고 있다고 했어요. 호텔 에서는 그 방을 장애인 객실로 사용한다고 해요. 화장실은 방 바로 앞에 있다고 했어요, 분명히."

그녀는 내가 무엇을 걱정하는지 잘 알고 있었다. 큰 한숨이 나왔다. 안도와 두려움이 뒤섞인 한숨이었다.

몇 분 지나지 않아 택시가 도착했다. 택시는 어두운 루체른 거리를 달려 점점 인적이 드문 곳으로 갔다. 언젠가부터 주변에 아기자기한 건물 대신 거대한 공장이 보이기 시작했다. 어두운 밤거리 거대한 공장 사이에서 난 방향 감각을 상실해버린 느낌마저 들었다. 15분 정도 지나자 희미한 불빛과 함께 호텔이 나타났다. 기사는 아무 말 없이 나와 루씨의 짐을 내려주곤 곧바로 떠나버렸다. 우리는 호텔을 보고 놀라움에 입만 벌린 채 서 있었다. 귀곡산장 같은 호텔 입구에는 낡은 테이블과 의자가 몇 개 있었다. 그곳에서 담배를 피우고 있던 험상궂은 남자 몇이 야밤에 나타난 우리를 신기한 듯 쳐다봤다.

놀란 마음을 진정시킨 나와 루씨는 재빨리 호텔로 들어섰지만 로비에도 그 어디에도 사람이 보이지 않았다. 입구에 서서 누군가 나타나기만을 기다리고 있는데, 오른쪽 식당에서 앞치마를 둘러맨 남자 직원이 나타났다.

"아, 당신들이군요. 연락받았어요."

직원은 친절하게 우리를 맞이했다. 그는 아주 자연스럽게 투숙 절차를 설명해주며 열쇠 꾸러미에서 열쇠 하나를 꺼내 루씨에게 건네주었다.

"방에서 나올 때는 이 열쇠를 오른쪽으로 두 번 돌려 잠그면 돼요. 호텔 밖으로 나갈 때는 다시 여기에 꽂은 다음 왼쪽으로 두 번 돌려 걸어두면 되고요. 아, 이 열쇠는 매우 비싸서 잃어버리면 안 되니까 꼭 여기 꽂아두고 나가세요."

직원은 투박하게 생긴 열쇠를 쥐고 오른쪽 왼쪽으로 돌려가며 시연해 보였다. 그러고는 1층 구석에 있는 방으로 우리를 데려갔다. 긴 복도 끝, 인기척도 느껴지지 않는 조용한 방이었다. 직원은 투박하게 생긴 열쇠로 방문을 열고 전등을 켜주었다.

"제가 갈 수 있는 화장실은 어디 있죠?"

직원은 문 밖으로 걸어 나가더니 바로 맞은편에 있던 낡은 문을 열어보였다. 이 귀곡산장 같은 낡은 호텔에 어울리지 않게 깔끔하고 현대적인 화장실이었다. 휠체어가 드나들기 좋게 꾸며진 화장실을 확인하고 나자 이 귀곡산장이 조금씩 맘에 들기 시작했다. 직원은 "굿나잇" 하며 짧게 인사하곤 다시 식당으로 사라졌다.

피곤에 찌든 우리는 아무 말 없이 짐을 풀었다. 나는 대충 잠옷을 갈아입고선 침대로 뛰어올랐다. 몸을 뉘이고 팔을 쭉 뻗어 굳어버린 근육을 조각조각 내듯이 스트레칭을 하고 있는데 루씨가 다가와 말을 걸었다.

"진짜 괜찮은 거 맞아? 빨리 괜찮다고 해. 나 정말 미안해 죽는 줄 알았단 말야."

그녀는 자신의 사소한 실수가 불러일으킨 이 상황이 마음에 걸렸는지 몇 번이고 내게 괜찮은지 물었다. 나는 스트레칭을 하다 말고 그녀를 힐끔 쳐다봤다. 내가 대답하지 않자 루씨는 빨리 대답하라며 나를 흔들어 댔고 나는 루씨의 행동에 피식 웃음이 터져 나왔다.

"진짜 괜찮아. 언제 또 이런 데서 자보겠어. 시내랑 조금 멀긴 해도 킹사이즈 더블 침대에 화장실도 두 개나 있고 커다란 소파도 있고 좋은데 뭐. 입구에서 봤을 땐 귀곡산장 같아서 기겁했지만."

"나도! 하하하하. 귀신 나오는 줄 알고 얼마나 무서웠는데."

그제야 루씨가 환히 웃으며 말했다.

"열쇠도 충격적이야. 무슨 서부 영화에 나오는 여인숙도 아니고 말이야. 쇳덩이가 열쇠에 달려 있는 것도 모자라서 꽂아놓고 나가라니 정말 재밌지 않아?"

"겉보기완 다르게 좀 재밌는데?"

루씨가 방 안을 훑어보며 신기한 듯 말했다.

브베에서 시작된 우리의 파티는 아주 다이내믹하게 막을 내렸다. 낯선 여행지에서 종종 발생하는 돌발 상황은 적잖은 긴장감을 주곤 한다. 오늘 나도 그러했다. 콩닥거리는 심장을 부여잡고 예상치 못한 이 상황이 잘 해결되기만을 마음속으로 간절히 빌었다. 때로는 이런 경험이 일정대로 계획대로 움직이는 여행을 한결 흥미롭게 해주는 듯하다. 물론 이런 아찔함이 매번 반복된다면 정말 끔찍하겠지만.

루체른

아침 일찍 호텔을 나섰다. 쇳덩이가 달려 있는 방 열쇠는 리셉션 데스크 벽면에 걸어두었다. 왼쪽으로 두 번 돌려 열쇠가 잘 잠겼는지 확인까지 마쳤다. 아침에 본 호텔 밖 풍경은 어젯밤보다 조금 아늑했다. 공단 지역 끝에서 오랜 시간을 지켜온 듯 낡은 호텔의 모습이었다.

루체른의 명물인 사자상을 보기 위해 시내로 향했다. 버스를 타고 공장 지구를 지나 30분 만에 겨우 루체른 역에 도착했다. 오전 9시도 되지 않은 루체른의 거리는 조용하기만 했다. 우리는 카펠 교 Kapellbrücke가 보이는 강을 따라 길을 걸었다. 강가엔 하얀색 천막들이 줄지어 서 있었고 왁자지껄 사람들이 모여 있었다. 시장이 열린 것이다. 나와 루씨는 신기한 구경거리에 뜀박질을 시작했다. 시장엔 치즈와 햄, 각종 절임 채소,

먹거리를 파는 판매상이 늘어서 있었는데, 마치 가문의 전통을 이어나가기라도 하는 듯 판매상마다 고유의 로고와 특성을 뽐냈다. 이것저것 구경하던 내게 한 판매상이 직접 만든 치즈를 주었다. 진하게 풍기는 우유 향과 시큼한 치즈 향이 절묘하게 어울렸다. 정말 맛있었다. 나는 엄지손가락을 치켜들며 치즈를 극찬했다. 시간이 흐르자 더 많은 사람들로 북적였고, 우리는 좁은 골목길을 따라 시장 밖으로 빠져나갔다.

좁은 골목길은 가판이 늘어선 시장과는 달리 무척 조용했지만, 그것도 잠시뿐이었다. 골목 끝에서 또다시 시끌벅적한 소리가 들렸다. 즉석 요리를 파는 또 다른 구역이었던 것이다. 마치 루체른 거리에 열린 푸드코트 같았다. 천막마다 하얀색 요리사 복장을 한 사람들이 피자와 빵을 구워내고 있었고, 다른 한쪽에서는 커피나 홍차를 팔고 있었다. 즉석에서 반죽한 도우에 토마토소스를 발라 오븐에 구워낸 피자를 먹기 위해 줄을 서서 가판대 앞에 적힌 홍보 문구를 천천히 읽어보았다. 루체른 지역에서 손맛을 자랑하는 명인의 피자라고 깨알 같은 글씨로 적혀 있었다. 루씨와 나는 골목 끝까지 늘어선 줄을 보고 그곳이 얼마나 유명한 피자집인지 알아차렸다. 이런 행운이 또 있을까. 바삭하게 구운 도우와 새콤달콤한 소스, 그리고 그 위에 녹아든 스위스 치즈가 끝내줬다. 귓가에 상투스Sanctus가 울려 퍼지는 것만 같았다. 왜 이 많은 사람이 줄 서서 피자를 기다리는지 단번에 이해할 수 있었다.

피자를 먹어치우고는 '빈사瀕死의 사자상'을 보기 위해 버스에 올랐다. 사자상이 있는 호프 성당Hofkirch은 시장이 열리던 카펠 교에서 버스로

버룩시장이 열리는 루체른 강변

시장의 분위기는 왁자지껄하다. 먹거리와 볼거리가 넘치는 루체른 벼룩시장은 토요일에만
반짝 열린다. 장인이 만든 피자는 환상적이다. 세계 어디를 가든 장인의 손맛은 뭔가 다르다.

1분 남짓한 거리였다. 버스에서 내려 조금 가파른 언덕을 올라 호프 성당에 도착했다. 성당 안은 사자상을 보기 위해 몰려든 관광객으로 가득했다. 시끌벅적하게 기념 촬영을 하는 한 무리의 사람들을 지나 사자상이 잘 보이는 구석진 자리로 들어갔다.

뢰벤덴크말Löwendenkmal, 독일어로 빈사의 사자상이다. 창에 찔려 두 눈을 감고 누워 있는 사자상에 얽힌 이야기를 듣고 나니 숙연한 마음이 들었다. 과거 스위스는 타국에 용병을 파견해야 했을 만큼 힘없고 가난한 나라였다고 한다. 빈사의 사자상은 프랑스 혁명 당시 루이 16세와 마리 앙투아네트를 지키기 위해 전사한 스위스 용병 786명의 강인함과 충성심을 기리기 위해 만들어졌다. 나는 연못 앞으로 가까이 다가가 사자상을 조금 더 유심히 살펴보았다. 심장을 향해 꽂혀 있는 부러진 창과 두 눈을 감은 사자의 모습은 거친 숨을 내몰아쉬는 용맹한 용병의 최후처럼 보였다.

점점 더 몰려드는 관광객을 피해 우리는 호프 성당을 빠져나와 약속 장소인 루체른 역 방향으로 천천히 이동했다. 관광 도시답게 단체 관광객을 실어 나르는 버스가 곳곳에 줄지어 서 있었다. 우리는 보도를 따라 천천히 이동하다가 루체른의 또 다른 명물인 카펠 교를 만났다.

카펠 교는 루체른의 상징이다. 1333년에 만들어진 이 다리는 유럽에서 가장 오래되고 긴 나무 다리다. 1731년 홍수로 한차례 다리가 부서졌고, 1993년에 발생한 화재로 대부분이 불타버려 지금의 카펠 교는 예전 모습을 그대로 재현해놓은 것이라고 한다.

거친 숨을 내몰아쉬는 것 같은 빈사의 사자상

카펠 교에는 누구라도 세 칸의 계단을 오를 수 있도록 리프트가 설치되어 있었다.

목조다리 위에서 또 다른 모습의 루체른을 보았다.

나는 근처에서 카펠 교에 오를 수 있는 휠체어 리프트를 발견했다. 목조 다리에 놓인 세 칸의 계단을 오를 수 있는 리프트가 가지런히 놓여 있었다. 안내 문구를 천천히 읽어보았다.

"안내소에서 열쇠를 빌려 작동하라고?"

안내문을 읽던 루씨가 고개를 들어 주변을 둘러보았다. 버스 정류장 근처에 관광안내소처럼 보이는 건물이 있었다. 유리창 안으로 남자 직원이 보였다.

"안녕하세요?"

나는 고개를 숙여 눈을 마주치며 인사했다. 아주 잘생긴 남자 직원이었다. 스위스에 와서 이렇게 잘생긴 사람은 처음 봤다. 몽트뢰에서 본 모델 같던 남자보다 열 배는 더 잘생겼다.

"안녕하세요, 숙녀분들."

잘생긴 직원은 친절하기까지 했다.

"네, 저기 카펠 교에 설치된 리프트를 이용하려고 왔어요. 여기서 열쇠를 빌려야 한다고 적혀 있던데요."

나는 몸을 돌려 손가락으로 카펠 교를 가리키며 말했다. 내 말에 남자 직원은 자리에서 일어나 유리창 너머 카펠 교를 쳐다봤다. 잘생긴 직원은 키도 훤칠하게 컸다. 직원은 칸막이 뒤로 사라지더니 잠시 후 작은 종이 상자를 들고 나타났다.

"그런데 이걸 빌리려면 보증금을 내야 해요."

"얼마죠?"

"20프랑이요."

그가 씨익 웃으며 손가락 두 개를 펴 보였다. 나는 아름다움에 넋을 놓고 쳐다보게 된다는 말을 이해할 수 있게 되었다. 순간 주체할 수 없이 올라가는 광대에 힘을 주고 웃음을 참으며 안내소 유리창에 뚫린 구멍으로 지폐 두 장을 밀어 넣었다.

"분실 위험 때문에 보증금을 받는 거예요."

잘생긴 직원이 말했다.

'알아요. 나도 잘 알아요.'

나는 마음속으로 대답할 뿐 그의 시선을 피해 고개만 끄덕였다. 자꾸만 올라가는 광대를 들키고 싶지 않았다.

"숙녀분, 사용이 끝나고 열쇠를 가져오시면 보증금을 돌려드릴게요."

내가 시선을 피하자 그는 나를 콕 집어 부르며 설명을 이어갔고, 표정 관리 중인 내게 열쇠를 건네주었다. 나는 열쇠를 받아들고 나오다가 루씨의 모습에 그만 빵 터져버렸다. 루씨는 잘생긴 직원을 배경 삼아 수도 없이 셀카를 찍어대고 있었다.

"뭐 하는 짓이야!"

"좋은 건 오래 두고 봐야지."

짓궂은 루씨는 흐뭇한 얼굴로 잘생긴 직원의 사진을 보여주었다. 맞다. 좋은 건 오래 두고 봐야지. 나와 루씨는 가끔 스위스 사진을 꺼내볼 때마다 그때 그 잘생긴 직원에게 사심을 전하지 못한 걸 아쉬워한다. 루체른에 가면 다시 그 잘생긴 직원을 볼 수 있을까?

소외되는 사람이 없도록 배려하는 세심함.
나는 스위스의 삶이 부러워지기 시작했다.

리프트를 타고 카펠 교 내부로 들어섰다. 밖에서 보던 모습과는 분위기가 달랐다. 천장에 그려진 그림들은 스위스 역사의 중요 사건과 루체른 수호성인의 생애를 담고 있었는데, 이곳이 다리가 아니라 길고 거대한 전시장이라고 착각할 만큼 아름다웠다. 그림마다 이어지는 이야기들은 내가 몰랐던 스위스와 루체른을 조금 더 알아가게 했다. 그뿐 아니라 어두운 다리 안에서 바라본 로이스^{Reuss} 강의 전경은 이름 모를 작가의 그림처럼 훌륭했다.

카펠 교를 떠나 제네바 통신원을 만나기 위해 루체른 역으로 이동했다. 나는 잠시 생각에 잠겼다. 낡고 오래된 관광지에도 휠체어가 다닐 수 있도록 리프트를 설치한 세심함이라니. 도심에서도 자연에서도 내가 다닐 수 없는 곳이 거의 없었다. 산등성이며 산꼭대기며 하물며 오래된 목조 다리까지 원하면 언제든지 갈 방법이 있었다. 어째서 이 나라는 모든 게 가능한 것일까.

나는 조금씩 스위스 사람들의 삶이 부러워지기 시작했다. 내가 본 게 전부는 아닐 테지만, 그래도 가고 싶은 곳에 별걱정 없이 갈 수 있다는 것만큼은 정말 부러웠다. 장애인의 천국이란 말이 괜히 나오는 게 아니었다. 나는 루체른 역으로 가는 내내 무엇이 이 모든 것을 가능하게 했는지, 그리고 왜 우리나라에선 그럴 수 없는지 혼란스러운 마음이 들었다. 언제까지 부러워해야만 하는 것일까. 한국 땅에서 휠체어가 자유롭게 다닐 수 있는 날은 언제가 될지 궁금했다.

굿바이 취리히

다음 날, 서울로 돌아가는 비행기를 타기 위해 일찍 길을 나섰다. 이제 좀 스위스가 익숙해지고 편안해졌는데, 떠나야 한다고 생각하니 아쉬움이 남았다. 루체른 역에 도착하자마자 나와 루씨는 라이제게팩 사무실을 찾았다.

"취리히 국제공항으로 보내주세요."

우리는 능숙하게 저울에 짐을 올려놓았다. 우리의 짐은 취리히 공항에 먼저 도착해 우리를 기다리고 있을 것이다. 짐을 보내고 난 뒤 우리는 고속기차를 타고 취리히로 갔다. 제네바 통신원은 귀국하는 나를 기어코 배웅하겠다며 제네바에서 취리히로 날아오겠다고 했다.

어제와 달리 루체른의 날씨는 쾌청했다. 하얀 뭉게구름이 푸른 하늘을 떠다녔다. 창밖을 바라보며 마지막으로 스위스를 감상하던 나는 여러 생각에 사로잡혔다. 제네바 통신원, 막연한 두려움에 사로잡혀 있던 나에게 용기를 주고 마지막까지 나와 함께하기 위해 제네바에서 먼 길을 날아오는 그녀에게 너무나도 감사했다. 그리고 스위스에서 만난 친절한 사람들이 하나둘 떠올랐다. 베른 역에서 떠나려는 기차를 잡아준 초록색 원피스 여자, 나의 성공적인 패러글라이딩을 축하해준 곱슬머리 숙소 직원, 저상버스가 아니어서 실망한 나에게 친절히 설명해주던 버스 기사, 몽트뢰에서 만난 모델 같은 남자... 그들의 작은 배려와 호의가 낯선 여행객에게 잊지 못할 추억이 되었다.

낯선 곳에서 만난 한국인들도 여행의 추억으로 남았다. 인터라켄에서 다시 만난, 스위스행 비행기 옆자리의 중년 남자, 내 패러글라이딩을 멋지게 촬영해준 꽃중년 신사, 베른에서 만난 솔로 여행객 외에도 코르나뱅 펍에서 만난 입양인 웨이터, 루체른에서 만난 호탕한 한국 아줌마도 있었다. 짧은 만남이었지만 나는 그들을 만나면서 인연을 조금 더 소중히 여기게 되었다.

무엇보다 이번 스위스 여행의 핵심은 '이동'이었다. 기차, 버스, 트램, 산악열차, 케이블카, 심지어 도보 이동까지. 매일 집 밖을 나설 때마다 걱정부터 앞섰던 한국에서와 달리 스위스에서는 단 한 번도 이동 방법을 걱정하지 않았다. 이 천국 같은 자유로움을 만끽하던 날들을 뒤로한 채 다시 서울에 돌아가야 한다고 생각하니 서글픈 마음마저 들었다.

"아, 가기 싫다."

취리히 벼룩시장. 떠나야 하는 발걸음이 아쉽다.
취리히, 언제 다시 올지 모를 이곳을 눈에 가득 담아본다.

내가 한숨을 쉬며 탄식하자 루씨가 고개를 들어 나를 봤다. 그저 아무 말 없이 힐끔 쳐다볼 뿐이었다. 하지만 루씨는 내 심정을 그 누구보다 잘 이해했을 것이다. 언제부턴가 습관처럼 휠체어가 다닐 수 있는 곳을 확인하던 루씨, 나 때문에 평소 관심조차 없던 것들에 관심을 가져왔던 루씨다.

스위스는 나에게 '자유'의 의미를 깨닫게 해주었다. 그 자유는 저물어 가는 나의 20대를 기념하는 피날레가 아니라 새로운 시작의 밑거름이 될 것이란 예감이 들었다.

취리히 공항. 가방에서 'Incheon'이라는 글자가 새겨진 비행기 표를 꺼냈다. 루씨도 자신의 비행기 표를 확인했다. 루씨는 나보다 한 시간 먼저 취리히를 떠나 캐나다로 간다. 앞으로 한 시간 후면 루씨와도 다시 이별이다. 애석하게도 나와 루씨가 타야 하는 비행기는 정반대편에 있었다. 우리는 취리히 공항 중간 지점에서 작별 인사를 했다.

"내 동생, 조심해서 가. 한국에서 만나."

루씨가 나를 안아주었다.

"응. 도착하면 연락해."

나도 루씨를 꼭 끌어안으며 작별 인사를 건넸다. 우리는 서로의 모습이 보이지 않을 때까지 뒷걸음질 치며 손을 흔들었다. 헤어짐이 아쉬워서였다. 루씨의 모습이 사라지는 것을 확인하고 나는 게이트 번호를 찾기 시작했다. 생각보다 시간이 많지 않았다. 탑승 수속을 준비하던 항공

돌아가는 길, 온몸이 아파왔다. 어쩌면 몸이 아픈 것이 아닐지도 모른다. 짧은 기간 만끽한 자유로움을 다시 빼앗기는 상실감일지도...

사 직원이 나를 보고 급히 달려 나왔다.

가장 먼저 비행기에 올라 루씨와 제네바 통신원에게 마지막 메시지를 보냈다. 두 애주가 덕분에 즐거운 스위스 여행이었다고, 한국에서 다시 만나자고. 그리고 인천공항까지 친히 나를 배웅해주었던 베짱이에게도 메시지를 보냈다.

— 오후 세 시 반 도착. 데리러 와.

일곱 시간의 시차가 있으니 지금쯤 한창 꿈나라에 있을지도 모르겠다. 비행기 좌석에 몸을 기대자 여행 중 쌓였던 피로가 몰려왔다. 온몸이 아파왔다.

열두 시간 만에 인천에 도착했다. 창밖으로 익숙한 풍경이 보였다. 영종대교가 푸른 인천 앞바다를 가로지르며 늠름하게 서 있었다. 여러 감정이 복잡하게 뒤섞였다. 천국 같았던 스위스 여행이 꿈처럼 느껴졌다. 꿈에서 깨어 다시 일상으로 돌아온 듯 그런 아쉬움이 밀려왔다. 언제쯤이면 우리나라에서도 자유롭게 여행이란 걸 해볼 수 있을까. 아, 자유롭고 싶다.

결국 내 아쉬움은 우려로, 우려는 곧 현실이 되었다. 인천공항 출국장을 빠져나오자마자 신경질적으로 울려대는 자동차 경적 소리가 나를 반겼다. 생각이 많아서였는지, 시차 적응을 못 해서였는지 모르겠지만 그저 멍하니 길가에 서서 매캐한 매연 냄새를 맡으며 베짱이가 오기만을 기다렸다. 그런 내 앞에 은색 자동차 한 대가 멈춰 섰다. 창문이 열리더니 익숙한 목소리가 내게 소리쳤다.

"야, 재밌었냐?"

나는 아무 말 없이 고개를 들어 베짱이를 쳐다봤다.

"뭐야? 여행 잘하고 와서 표정이 왜 그래?"

우리가 탄 은색 승용차가 영종대교 위를 달리기 시작했다. 무시무시한 소리를 내며 더 빠른 속도로 달려가는 차들이 양옆에서 우리를 앞질러갔다.

"잘 놀았어. 잘 보고, 잘 놀고 그랬지. 스위스에서는 산꼭대기에도 가고, 패러글라이딩도 하고, 내 맘대로 다 했지. 가고 싶으면 가고, 하고 싶으면 하다가 인천공항에 내리니까 좀 답답해졌어. 여기선 내가 가고 싶은 데로 못 가잖아."

베짱이는 아무 말도 하지 않았다. 언제나 내 위주로 약속을 잡아주던 친구, 함께 하고 싶어도 할 수 없다면 나를 위해 쉽게 포기해주는 친구, 그리고 나를 위해 인천공항까지 달려와주는 친구니까 베짱이도 내 심정을 이해했을 것이다.

나는 더 이상 아무 말도 없이 그저 고개를 돌려 쌩쌩 지나다니는 자동차와 멀리 보이는 서울 풍경만 눈에 담았다. 모든 것이 다시 제자리다. 꿈만 같았던 날들은 추억이 되어버렸다. 스위스에서 만끽했던 자유로움은 이제 기억 속에서만 아련하게 존재할 것이다. 이따금 일상이 지겨울 때면 나는 그 기억을 하나씩 꺼내며 그때 내가 느꼈던 해방감, 인간다움, 자유로움을 곱씹고 있겠지. 마음이 복잡했다.

집에 도착하자마자 짐도 풀지 않은 채 침대에 누워버렸다. 즐거운 여행이었다. 한 번도 경험해보지 못했던 것을 하면서 적잖은 문화 충격도 받았다. 언제쯤 나도 이곳, 이 땅에서 그런 자유를 느껴볼 수 있을까? 왜 내가 사는 이곳에선 휠체어로 산을 오르고, 휠체어를 탄 채로 유람선을 타고, 휠체어를 탄 채 버스를 타는 일이 그리도 어려운 일일까? 문득 설움이 복받쳐 오르고 짜증이 났다.

스위스에서 돌아온 뒤 한동안 우울했다. 그리고 이상하리만큼 주변 환경을 관찰하는 일에 집착을 보였다. 특히 여행과 관련한 장애인 편의 시설에 더더욱 몰두했다. 직접 경험해본 우리나라 여행지의 장애인 편의 시설은 이제 겨우 뒤집기를 하는 갓난쟁이 수준에 불과했다. 무장애

여행지라고 떠들썩하게 홍보하는 곳을 가봐도 하나같이 포장만 그럴듯할 뿐이었다. 한 기차마을은 무장애 여행지로 선정되었지만 휠체어로 탈 수 있는 기차라곤 없었고, 갈대밭과 갯벌이 아름답기로 소문난 관광지의 전망대는 무장애 여행지라는 수사가 무색하게도 목숨을 걸어야 할 정도로 언덕길이 가파르고 위험했다.

한국에서 장애인 여행객은 소비자가 아니라 반드시 보호자를 동반해야 하는 환자다. 수동 휠체어로 완벽하게 혼자 다닐 수 있는 관광지는 어디에도 없다. 혼자서 사색을 즐길 만한 곳도 자연 체험, 문화 체험, 예술 체험을 할 만한 곳도 없다. 장애인 객실이 있다는 휴양림조차 혼자서 이용할 수 없을 정도다. 여전히 부족한 것이 너무도 많다.

국내 여행지를 다녀오면 그 끝엔 깊은 한숨만이 남았다. 만약 내가 스위스에 가보지 않았더라면 어느 정도 만족하며 불편함을 감내하려 했을지도 모르겠다. 하지만 이제는 모든 것이 눈에 거슬리기 시작했다. 그럼에도 내 여행은 계속될 것이다. 지금 당장은 어렵더라도 언젠가는 장애인을 위한 여행 문화가 발전하기를, 변화가 꿈틀대기를 기대하며 나는 자유롭기 위해서 여행을 계속 하고 있다. 어느 책에선가 "여행은 인간의 독선적 아집을 깬다"라는 구절을 본 적이 있다. 여행은 내가 사는 공간을 초월함과 동시에 틀에 갇힌 시각에서 벗어나게 하는 힘이 있다. 내가 스위스에서 받은 문화 충격은 내 가치관 전체를 흔들어놓았다. 자유로운 여행을 경험해본 장애인이 얼마나 적극적인 삶을 계획할 수 있는지 보여주고 싶었다. 그래서일까? 나는 이 땅에서도 나와 같은 사람들이 자유롭게 여행을 했으면 하는 작은 바람이 생겼다.

2015년 1월 1일. 떡국 한 그릇을 먹었더니 나이를 한 살 더 먹게 됐다. 있던 복도 사라진다는 아홉수가 되었다. 하지만 나는 매년 다를 게 없는 새해 첫날을 보내고 있었다. 책상에 앉아 2015년 한 해 날짜가 선명하게 새겨진 검은색 다이어리를 꺼냈다. 스물아홉, 20대의 피날레를 장식할 1년짜리 계획을 세워보았다. 논문 작성, 졸업, 생산성 있는 취미 만들기, 스위스 여행기 기록, 다이어트, 저질 체력 극복, 운동하기 등등 신년 계획을 하나씩 적어 내려갔다. 별로 거창할 것 없는 계획들을 다이어리에 쓰다가 잠시 펜을 입에 물고 고민에 빠졌다. 그러고는 마지막 신년 계획을 적었다.

'혼자서 유럽 여행.'

DEUTSCHLAND

일상의 온기와 자연의 소리를 만끽하는 곳
독일

도전! 망설임 따윈 없다

2015년 새해가 시작되자마자 유럽 여행을 준비했다. 진짜 혼자 간다. 그래서 더 오랜 기간 고민하고 준비했다. 매일 밤 노트북 앞에 앉아 어디를 갈지, 어떻게 갈지, 어디서 잘지, 무엇을 할지 궁리했다. 여행 기간은 한 달쯤. 봄엔 꽃도 피고 날씨도 좋겠지만 준비할 시간이 너무 짧았다. 여름은 해가 길어 여러 여행지를 방문하기 좋지만 땀으로 뒤범벅된 여행은 하고 싶지 않았다. 결국 날씨가 좀 선선해지는 9월로 낙찰. 지난해 스위스 여행도 9월이었다. 맑고 쾌청한 가을 하늘과 적당히 선선한 바람, 길지도 짧지도 않은 하루는 여행에 제격이었다.

첫 번째 여행지는 어디가 좋을까? 여행의 마지막은 어느 도시에서 보내면 좋을까? 우선 가장 가보고 싶었던 나라와 도시를 선정했다. 꼭 한번 가보고 싶었던 그놈의 복지 국가, 스웨덴. 얼마나 복지가 잘되었길래 동방의 작은 나라에까지 이렇게 소문이 자자한지 궁금했다. 그다음은 파리. 영화에서 보았던 파리 고유의 감성적인 분위기도 궁금했고, 한때 푹 빠져 있었던 뮤지컬 〈노트르담 드 파리〉의 배경인 노트르담 성당도 직접 보고 싶었다.

그렇게 매일 밤 여행 루트를 짜기 위해 사이버 유럽 여행을 하던 중 재미난 행사를 발견했다. 옥토버페스트 Oktoberfest는 세계적으로 유명한 맥주 축제다. '옥토버'면 10월이니 아쉽게도 여행 일정을 비껴갈 것만 같았다. 그런데 축제 정보를 확인해보고는 이게 무슨 일인가 싶었다.

'옥토버페스트 9월 19일~10월 4일.'

이것은 신이 내린 기회다. 세계적인 축제가 열리는데 어찌 그냥 지나칠 수 있을까. 나는 참새니까 방앗간을 지나칠 수 없었다. 그래, 여행의 마지막은 옥토버페스트가 열리는 뮌헨에서 보내자!

독일에서 축제를 즐기고 귀국하려면 독일항공을 타야겠지? 그런데 뮌헨으로 들어가서 뮌헨으로 나오는 건 영 재미가 없는데… 음, 어떡하지?

머릿속이 바쁘게 움직였다. 독일항공 홈페이지에 들어가 항공편도 검색해보았다. 프랑크푸르트, 뮌헨, 베를린? 독일이 얼마나 큰 나라인지 감조차 오지 않았다. 검색을 멈추고 세계 지도를 열었다. 프랑크푸르트는 어디고 뮌헨은 어딘지 아는 게 하나도 없었다. 모든 게 뒤죽박죽이었다. 이렇게 매일 밤 컴퓨터 앞에 앉아 엉망으로 꼬여버린 실타래를 풀듯이

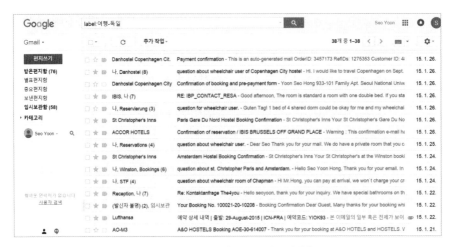

수십 통의 메일을 주고받으며 혼자 하는 유럽 여행을 석 달 동안 준비했다.

여행을 계획했다.

열흘 뒤 드디어 여행 루트를 완성했다. 그리고 석 달에 걸쳐 숙소와 교통편, 관광 명소 티켓을 예약하고, 장애인 여행 정보를 수집했다. 그렇게 프랑크푸르트-쾰른/아헨-몽샤우-브뤼셀-브루게/겐트-암스테르담-잔세스칸스-코펜하겐-스톡홀름-파리-뮌헨으로 이어지는 일정이 세워졌다. 2015년 9월 한 달 동안 나는 여섯 나라, 열다섯 도시를 탐방하기로 마음먹었다.

나를 버리고 갔다고!

출발 하루 전. 나를 배웅해주려고 루씨가 왔다. 루씨는 작년에 스위스에서 헤어진 다음 캐나다에서 두어 달을 보내고 한국으로 돌아왔다. 그리고 나와 함께 홍콩으로 먹방 여행을 다녀왔다. 루씨와 나, 두 프로 여행꾼들 입에 홍콩 음식이 어찌나 잘 맞던지 4박 5일 동안 바지가 터지도록 먹어댔다. 홍콩도 장애인이 여행하기에 꽤 괜찮은 곳이었다.

루씨는 내 가방에 있는 물건들을 하나하나 점검했다. 말은 하지 않았지만 내심 걱정되었던 모양이다. 루씨는 가방 속에서 튜브 고추장을 발견하고는 깔깔 웃었다.

"역시 한국인이야!"

루씨는 가방을 번쩍 들어보며 말했다.

"무거운데? 혼자서 어떻게 끌고 다니려고?"

여행 가기 한 달 전부터 커다란 가방을 어떻게 끌고 다닐지 연구를 많이 했다. 이리저리 머리를 굴린 끝에 휠체어 뒤에 커다란 여행 가방을 연결하면 기차놀이하듯 어디든 문제없이 다닐 수 있을 것이라 생각했다. 실제로 연습도 해보았다. 가방 손잡이에 고리를 걸고 휠체어와 연결해서 이리저리 움직이자 휠체어와 가방이 합체라도 한 듯 자유자재로 움직였다. 나는 물개박수를 치며 감탄했다. 혼자서 유럽 여행 가는 것쯤 별거 아니라 생각했다.

나는 가방을 휠체어 뒤에 연결해 루씨에게 자랑하듯 보여주었다. 그런데 짐이 꽉 차 무거워진 가방은 내 의지대로, 내 계획대로 움직여주지 않았다. 휘청거리더니 몇 발짝 가지도 못해 픽 쓰러졌다. 심지어 작은 턱을 지날 때도 속수무책으로 나뒹굴었다. 가방을 혼자서 끌고 다니지 못하면 한 달 동안 어떻게 여행을 다닐 수 있을까. 눈앞이 캄캄했다. 나와 루씨는 자정이 넘도록 26인치 여행 가방을 끌고 갈 방법을 터득해야만 했다.

다음 날 루씨와 나는 조금 이른 시간에 인천공항에 도착했다. 가방을 끌고 다닐 방법도 무사히 터득했고, 이제는 일정을 안전하게 마치고 돌아오기만 하면 된다. 출국장 앞에서 루씨와 짧은 포옹을 하며 작별 인사를 했다. 이제 아무도 없다. 오롯이 혼자서 헤쳐 나가야 하는 모험 같은 여행이 시작되었다.

인천에서 프랑크푸르트까지는 비행기로 열두 시간 정도 걸렸다. 긴 시간이었지만 잠도 오지 않았다. 불 꺼진 기내에서 연달아 두 편의 영화를 보았다. 이따금 승객들을 확인하러 지나다니는 승무원을 제외하고는 대부분이 나처럼 영화를 보거나 깊은 잠에 빠져 있었다. 꽁꽁 닫힌 창문 때문에 나는 시공간에 대한 감각도 없었다. 가만히 떠가는 비행기의 엔진 소리만 느껴질 뿐 내가 지금 어디에 있는지, 창밖은 밝은지 어두운지 조차 알 수 없었다. 영화 보는 것도 지루해질 때쯤 기내식이 제공되었다.

"어디쯤 왔나요? 몇 시간 남았나요?"

승무원은 표정에 큰 변화 없이 기내식이 담긴 쟁반을 건네며 답했다.

"얼마 남지 않은 것 같아요. 아마 네 시간 정도 남았을 거예요."

네 시간이라니... 점점 지겨워졌다. 나는 기내식을 먹는 둥 마는 둥 하곤 눈을 감고 잠을 청했다. 다시 눈을 떴을 때 곧 프랑크푸르트 공항에 도착한다는 안내 방송이 흘러나왔다. 독일 시간으로 오후 6시 50분이었다.

커다란 여행 가방을 끌고 입국장 밖을 나서기 전 크게 한숨을 쉬었다. 혼자서 숙소를 찾아가야 하는 첫 미션에 떨리기만 했다. 혹여 길을 잃을까 몇 번이고 지도를 살펴보았다. 지하철을 타고 프랑크푸르트 중앙역에 내려서 다시 트램이나 기차를 타면 숙소 근처에 내릴 수 있다. 몇 번이고 다시 확인했다.

지하철 표를 사기 위해 북적거리는 매표소 앞에 줄을 섰다.

"다음 손님."

내 차례가 오자 매표소 카운터 앞으로 무거운 가방을 끌고 다가갔다. 그러자 역무원이 나에게 손짓하며 말했다.

"잠시만요."

그는 나와 눈높이를 맞추기 위해 버튼을 작동시켜 카운터의 높이를 조절했다. 자동으로 움직이는 카운터 덕분에 나는 역무원과 쉽게 얼굴을 보며 이야기할 수 있었다.

"안녕하세요. 프랑크푸르트 역으로 가려고요. S-Bahn을 타면 갈 수 있다고 하던데, 휠체어로도 S-Bahn을 탈 수 있나요?"

나는 조마조마한 마음을 숨긴 채 태연하게 역무원에게 물었다. 프랑크푸르트에 도착하자마자 나는 모든 것이 낯설고 불안했다. 어떻게든 숙소까지 가야 한다는 생각뿐이었다.

"휠체어 서비스는 예약을 하셔야 합니다."

역무원은 단호한 표정으로 대답했다. 나는 가방에서 종이 한 장을 주섬주섬 꺼내 역무원에게 보여주었다.

"한국에서 이메일로 예약은 했는데요, 예약한 기차 시간이 너무 늦어서 30분만 앞당겼으면 해서요. 가능할까요?"

그랬다. 원리원칙이 정확한 독일에서 융통성을 요구하는 일은 쉽지 않았다. 역무원은 내가 건넨 예약증을 천천히 살펴보더니 어디론가 무전을 했다. 그리고 내게 프랑크푸르트 중앙역으로 가는 게 맞는지 물었다. 더 하고 싶은 말이 많았지만 나는 잠시 주춤거리다 고개를 끄덕였다. 그러자 그는 고개를 갸우뚱하더니 목적지가 어디냐고 물었고, 내가 프랑크푸르트 유스호스텔로 간다고 하자 무전을 멈추고 다시 내게 물었다.

"지도가 있나요? 숙소 근처 역으로 가는 게 빠를 텐데요."

나는 한 치의 망설임도 없이 손에 쥐고 있던 지도를 보여주며 숙소의 위치를 가리켰다. 역무원은 지도를 한참 살펴보더니 되물었다.

"왜 근처 역으로 가지 않고 프랑크푸르트 중앙역으로 가지요? 중앙역 에서 이곳까지는 꽤 거리가 먼데요."

사실 나도 알고 있었다. 하지만 이곳에 오기 전까지 아무리 수단과 방 법을 다 동원해도 근처 역에 휠체어 편의 시설이 있는지 확인할 수가 없 었다. 나는 억울한 마음을 조금 담아 역무원에게 하소연했다.

"근처 역 플랫폼에서 지상까지 나가는 휠체어 편의 시설이 있는지 없 는지 몰라서 중앙역으로 가려고 해요. 근처 역에 편의 시설이 있다면 당 연히 그쪽으로 가면 좋죠. 그런데 근처 역에는 편의 시설이 정확하지 않 아서요."

그땐 미처 몰랐다. 이 대답이 나를 불구덩이로 몰아넣을 줄은. 역무원 은 다시 어디론가 무전을 치더니 독일어로 한참을 이야기했다. 나는 눈 만 끔뻑거리며 역무원의 대화가 끝나기만을 기다렸다.

"고객님, 숙소 근처 프랑크푸르트 로칼 역^{Lokalbahnhof}으로 가시면 될 것 같네요. 역무원이 곧 와서 안내해줄 겁니다."

역무원이 웃으며 이야기했다. 좀 더 수월하게 숙소에 갈 수 있다는 생 각에 기분이 좋아졌다. 모든 게 다 순조로워 보였다. 한 달 동안 속성으 로 익힌 독일어로 '당케'를 연신 외치곤 매표소 근처에서 다른 역무원을 기다렸다.

잠시 후 역무원이 터덜터덜 걸어와 플랫폼으로 안내해주었다. 지하철

하루에도 몇 차례 프랑크푸르트 중앙역에 드나들며 역무원과 친해졌다. 하이델베르크, 카를스루에 그리고 마지막 아헨으로 떠나던 날, "Bon Voyage"를 외치던 그의 모습을 잊을 수 없다.

을 기다리는 동안 역무원과 이런저런 이야기를 했다. 어디서 왔냐고 묻기에 한국에서 왔다고, 북한에서 온 것은 아니니 안심하라고 했다. 역무원은 시답잖은 내 농담에 웃음이 터졌다. 혼자 여행 왔냐고 묻기에 그렇다고 하자 엄지를 척 내밀었다.

잠깐 잡담하던 사이 지하철이 들어온다는 안내 방송이 플랫폼에 울려 퍼졌다. 역무원은 내 가방을 객차에 옮겨주고는 객차 내 승무원에게 내 상황을 이야기했다. 그러곤 승무원이 잘 안내해줄 것이라며 나를 안심시키고, 즐거운 여행이 되라는 인사를 남기고 사라졌다. 정말로 시작부터 순조로운 여행이었다. 예상보다 빨리 프랑크푸르트 시내로 들어왔다. 숙소에도 일찍 도착할 수 있겠다는 생각에 첫 장기 여행의 낯섦과 두려움은 온데간데없이 사라졌다.

"이번 역은 프랑크푸르트 로칼 역입니다."

안내 방송을 듣고는 내릴 준비를 했다. 때마침 승무원이 내게 와 말을 걸었다.

"여기서 내리면 유스호스텔까지 금방 갈 수 있어요."

승무원은 무거운 내 여행 가방을 대신 내려주고 내가 안전하게 하차하도록 도와주었다. 나는 승무원에게 고맙다고 인사하고는 가방을 끌고 사람들을 따라 출구로 향했다. 그런데 뭔가 이상했다.

'어? 왜 표지판이 없지? 엘리베이터 표지판이나 휠체어 표지판이 하나도 없는데? 뭐지?'

갑자기 불안감이 엄습해왔다. 혹시나 하는 마음에 사람들을 따라 지상으로 향하는 출구 끝까지 가보았으나 그곳에는 멈춰버린 에스컬레이터와 계단뿐이었다. 저 계단만 오르면 되는데, 엘리베이터가 없어서 나갈 수가 없는 상황이었다. 플랫폼 반대편 끝까지 가보았지만 역시 아무것도 없었다. 순간 머릿속이 텅 비어버렸다. 그저 멍하니 플랫폼에 멈춰서 있었다. 말도 제대로 통하지 않는 낯선 도시 지하에 그대로 갇혀버린 것이다.

사람들에게 도움을 요청해봐야겠다는 생각에 주위를 두리번거렸지만 늦은 밤 플랫폼에는 아무도 없었다. 그렇게 40분이 지나도록 나는 아무것도 할 수 없었다. 열차가 몇 대 오긴 했지만 어디로 가야 할지, 어떻게 해야 할지 모르는 상황에서 열차를 또 탈 수도 없었다.

'아, 독일 철도청 이 자식들.'

두려움과 분노가 걷잡을 수 없이 커져만 갔다. 나를 이 꼴로 만든 역무원에게 화가 치밀어 올랐고, 단 한 사람도 내가 내린 역에 엘리베이터가 없다는 말을 해주지 않았다는 사실에 분노했다. 기필코 이 지하에서 탈출해야만 했다. 절실했다. 다음 열차를 타고 어디든 엘리베이터가 있는 역에서 내리기로 마음먹고 승강장으로 다가섰다. 얼마 지나지 않아 지하철이 들어온다는 안내 방송이 들려왔다.

'다 죽었어.'

나는 결의를 다지며 열차가 들어오기만을 기다렸다. 플랫폼에 열차가 멈추자 나는 승무원이 있는 1번 객차 근처로 가서 손을 흔들었다. 열차 안에 있던 승무원이 창문을 열며 무슨 일이냐고 물었다.

"휠체어 서비스를 신청했는데, 당신들 직원이 나를 여기 버리고 갔어요! 이 역에 내리면 된다고 하더니 여긴 엘리베이터도 없어요! 지상으로 나가야 하는데 40분째 이곳에 갇혀 있다고요! 어떻게 엘리베이터도 없는 역에 나를 버리고 갈 수 있냐고요!"

나는 플랫폼이 떠나가라 소리쳤다. 승무원은 눈이 휘둥그레져 되물었다.

"엘리베이터가 없다고요?"

"네! 없어요. 없다고요. 나는 지금 여기 갇혔다고요!"

승무원은 어디론가 급히 무전을 쳤다. 긴 대화가 끝나고 승무원이 내게 말했다.

"숙녀분, 죄송해요. 이 역은 무인역이라 도와줄 사람이 아무도 없어요. 엘리베이터도 없어요. 반대편에서 다음 지하철을 타고 프랑크푸르트 남역Frankfurt Süd으로 가면 돼요. 거기는 엘리베이터가 있어요."

나는 아무도 믿지 못하는 상황이었다. 그의 말조차 의심스러워 되물었다.

"남역에는 엘리베이터가 있는 거죠? 확실해요?"

승무원은 고개를 끄덕이며 단호한 표정으로 대답했다.

"네, 남역에는 확실히 엘리베이터가 있어요. 죄송해요, 숙녀분. 저쪽에서 다음 지하철을 타세요."

이미 출발 시각을 훌쩍 넘겨버린 열차의 문이 닫히더니 이내 출발해 버렸다. 나는 열차에서 뿜어 나오는 바람을 맞으며 한숨만 크게 쉬었다.

서럽고 힘들어 울컥 눈물이 날 것만 같았다. 하지만 아무도 없는 역사 안, 반대편 플랫폼에 서서 남역으로 가는 지하철을 기다리는 수밖에 없었다.

고맙게도 나의 절규를 들었던 승무원의 조치로 남역으로 가는 길은 순탄했다. 지하철이 도착하자 승무원이 내려 나를 안내해주었고, 남역에 하차해서도 역무원의 안내를 받으며 지상으로 탈출할 수 있었다.

이미 10시 반이 넘은 시각, 프랑크푸르트의 밤은 내게 너무 어두웠다. 엎친 데 덮친 격으로 프랑크푸르트 시내는 축제 준비로 버스도 트램도 다니지 않았다. 지도를 보아도 어디가 어딘지 파악조차 불가능했기에 스마트폰 지도 앱을 열어 첨단 기술의 도움을 받았다. GPS를 활용해 프랑크푸르트 남역과 숙소의 거리를 살펴보았다. 도보 25분. 커다란 가방을 끌고 25분을 가야만 했다. 달리 방법이 없었다. 그냥 애초 계획대로 프랑크푸르트 중앙역으로 가지 않은 내가 원망스러웠다. 그랬더라면 이런 고생은 하지 않아도 되었을 텐데. 나는 무거운 가방을 끌고 스마트폰에 의존해 무작정 길을 나섰다. 억울하고 속상하고 화나는 감정을 애써 다스리며 길을 따라 한참을 갔다.

'안 돼. 첫날부터 이렇게 안 좋은 기분으로 있을 순 없어. 그냥 액땜한 거라 생각하자. 그래도 너무 짜증나잖아! 아니야, 아니야. 즐겁게 여행을 해야지. 이너 피스inner peace, 이너 피스…'

울컥울컥 치솟는 마음을 잠재우며 하염없이 밤길을 걸었다.

"헐!"

잠시 후 나는 내 앞에 펼쳐진 광경에 외마디 탄식을 내뱉었다. 목적지를 얼마 남기지 않고 마주한 거리는 맥주를 파는 펍으로 가득한 골목이었다. 술집이 늘어선 골목을 지나야 한다는 것보다 더 큰 걱정거리가 있었으니, 그것은 바로 유럽 여행을 해본 사람이라면 이해할 악마의 돌길이었다. 왜 꼭 불행은 손잡고 몰려오는가. 하지만 달리 선택권이 없었다. 나는 눈을 질끈 감고 굳은 마음으로 악마의 돌길을 향해 돌진했다. 오돌토돌, 뾰족뾰족, 우당탕탕. 돌길을 지나는 동안 엉덩이가 쪼개지는 기분이었다. 커다란 가방은 울퉁불퉁한 돌길에 요란한 춤을 추며 내 맘처럼 움직여주지 않았다. 끙끙거리며 가방을 끌고 돌길을 가로지르길 10여 분, 드디어 그 끝에서 숙소를 마주할 수 있었다. 실로 감격스러운 순간이었다.

"안녕하세요? 오늘 숙박한다고 예약했던 사람인데요. 미스 홍이에요."

나는 호스텔 문을 열고 들어가자마자 숨 쉴 틈도 없이 이야기했다.

"안녕하세요, 미스 홍! 늦으셨네요."

리셉션에 있던 펑키한 여직원이 나를 반겼다.

"이리로 오세요. 장애인 화장실이랑 샤워실이 있는 층에 묵는 게 편하실 것 같아서 1층으로 배정했어요. 방 열쇠는 여기 있고요. 아침 식사는 지하 식당에서 드시면 돼요. 언제든 필요한 게 있으면 말씀하세요."

직원은 카드키를 건네주면서 능숙한 설명을 끝내곤 리셉션으로 돌아갔다. 조심스레 방문을 열고 들어가니 이층 침대가 두 개 보였다. 내가 사용할 침대 맞은편에는 러시아에서 온 여자가 누워 있었다. 내가 부스

럭거리는 소리에 깼는지 내게 인사를 건넸다.

"안녕하세요?"

"아, 안녕하세요? 제가 시끄럽게 굴었죠? 미안해요."

그녀는 괜찮다는 말만 하곤 등을 돌려 다시 잠을 청했다. 나는 짐 정리를 미루고 곧바로 침대에 누워버렸다. 열두 시간 비행보다 세 시간 동안 프랑크푸르트 시내를 헤맸던 게 더 힘들었다. 첫날부터 이렇게 힘들줄은 상상도 못 했다. 첫날부터 일진이 사나운 게 영 불안했다.

'어떻게든 되겠지. 일단 자자. 내일 일은 내일 걱정해야지.'

나는 불안한 상상을 몰아내려 머릿속 스위치를 꺼버리고 애써 잠을 청했다.

아헨, 쾰른, 몽샤우

프랑크푸르트에서 기차로 두 시간 반 거리의 아헨^{Aachen}. 작은 도시지만 공업 기술과 학문을 배울 수 있는 아헨 공대가 있어 유명하다. 아헨을 두 번째 목적지로 정한 이유가 있다. 우선 대성당이 있는 쾰른^{Köln}에서 가깝고, 브뤼셀로 가는 기차를 타기 쉬우며, 꼭 한번 가보고 싶었던 몽샤우 ^{Monschau}에도 쉽게 갈 수 있기 때문이다.

아헨에 도착하자마자 숙소에 커다란 여행 가방을 던져두고는 다시 기차역으로 향했다. 해가 지기 전 쾰른에 가서 대성당을 보고 싶었기에 서둘러 움직여야만 했다. 이미 오후 2시가 넘었지만 프랑크푸르트에서 아헨으로, 그리고 아헨에서 쾰른에 가기 위해 바쁘게 움직이다 보니 배꼽시계가 울리는 줄도 몰랐다. 기차를 기다리는 틈에 허기가 느껴져 역사

아헨 중앙역. 숙소는 언제나 역에서 가까운 곳이었다. 도보 2분 거리에 있는 숙소 로비에서 샌드위치에 질려버린 나는 치즈 프레첼에 고추장을 듬뿍 발라 먹었다. 나도 어쩔 수 없는 한국인이다.

안 매점으로 향했다.

　샌드위치, 샌드위치, 샌드위치... 며칠째 아침, 점심, 저녁 할 것 없이 샌드위치만 먹느라 질려버린 탓에 진열되어 있는 여러 종류의 샌드위치를 보자마자 한숨이 나왔다. 그렇다고 달리 먹을 것도 없었다. 무엇을 먹을까 한참을 고민하던 중 컵에 담긴 과일과 뮤즐리가 보였다. 귀리와 요거트, 몇 가지 과일이 층층이 담긴 게 너무 예뻐 보였다. 나는 뮤즐리 하나를 집어 들고 쾰른으로 향하는 기차에 올랐다.

　아헨에서 쾰른까지는 기차로 30분 정도 걸렸다. 그사이 뮤즐리를 싹싹 비웠지만 여전히 속이 허전했다. 그렇다고 샌드위치를 또 먹고 싶진 않았다. 무언가 뱃속을 든든히 채워줄 식사를 하고 싶었다. 쾰른 역에 내려 쾰른 지도를 받기 위해 관광안내소로 갔지만 어마어마하게 늘어선 사람들을 보곤 입이 딱 벌어졌다. 포기하고 쾰른 역을 빠져나오자마자 눈앞에 쾰른 대성당 Kölner Dom이 펼쳐졌다. 고개를 힘껏 젖혀야지만 대성당의 꼭대기가 겨우 보일 정도였다. 실로 어마어마하게 거대했다. 흑색과 짙은 황갈색의 벽면, 하늘을 뚫을 듯 높게 서 있는 성당 지붕은 사람 손으로 만들었다는 게 믿기지 않을 만큼 정교하고 아름다웠다.

조금 더 가까운 곳에서 대성당을 마주하고 싶어 길을 건넜다. 성당으로 바로 이어지는 좁은 골목길을 지나 쾰른 대성당 입구에 섰다. 다시 한 번 고개를 들어 성당 꼭대기를 쳐다봤다. 끝이 보이지 않을 정도로 거대한 모습에 숨이 막힐 듯한 감동이 밀려왔다. 그 앞에 서 있는 내가 개미처럼 느껴질 만큼 웅장하고 압도되는 느낌이었다.

사람들을 따라 대성당 안으로 들어갔다. 위용이 넘치던 겉모습과 달리 대성당 안은 너무나도 평화로웠다. 사람들은 발소리도 내지 않고 성당 내부에 담긴 이야기 하나하나 귀 기울이며 감상했고, 조용히 앉아 기도하는 사람들도 있었다. 나는 사람들을 따라가다 말고 스테인드글라스 앞에 멈춰 섰다. 다섯 개의 창에는 구약성경과 신약성경에 나오는 열여덟 가지 에피소드가 담겨 있었다. 유리 사이로 비치는 빛에 매료되어 한참을 그곳에 멈춰 있었다.

다시 사람들의 발길을 따라가다 보니 게로 Gero의 십자가가 나타났다. 오늘날까지 전해지는 가장 오래된 나무 십자가상이라고 한다. 푸른 벽

유럽에서 마주한 여러 성당 중에서 쾰른 대성당은 결코 잊지 못한다. 그 웅장함과 압도적인 자태에
숨이 멎을 뻔했으니까.

쾰른 대성당 내부

면 앞 십자가에 매달린 예수님의 모습을 보고 있노라니 신자가 아님에도 알 수 없는 평안함이 전해졌다. 종교가 주는 안식이 이런 것인지는 모르겠지만, 3세기를 지나는 동안 거친 세월과 마주했던 쾰른 대성당의 압도적인 겉모습과 달리 그 내부는 엄마 품처럼 너무도 안락했다.

대성당을 빠져나와 한참 길을 따라가다가 뒤를 돌아보았다. 지붕 사이로 거대하게 우뚝 솟은 대성당이 보였다. 어디서나 보이는 높은 성당 꼭대기 덕에 길 잃을 일은 없겠다는 안도감이 생겼다. 나는 허기를 채우려고 대성당 뒷골목을 누비다가 브라우하우스 지온 ^{Brauhaus Sion}이라는 식당 테라스에 자리를 잡았다. "1318년부터^{Seit 1318}"라는 입구의 문구가 인상적이었다. 쾰른의 대표 볼거리가 대성당이라면, 쾰른의 대표 먹거리는 소시지와 쾰른 맥주다. 나는 곧바로 손을 들어 웨이터에게 사인을 보냈다. 저 멀리서 내 사인을 본 웨이터가 눈썹을 찡끗거렸다. 독일에 며칠 있으면서 나는 기다림을 배웠다. 식당 테이블에 앉은 손님은 큰 소리로 웨이터를 부르지 않는다. 잠시 앉아 기다리다 보면 웨이터가 알아서 온다.

"주문하시겠어요?"

"소시지가 유명하다고 하던데 추천해주세요."

웨이터는 망설임 없이 메뉴판을 넘기더니 독일어로 쓰인 메뉴 하나를 손가락으로 짚었다.

"이 소시지 요리 하나와 맥주 한 잔이요."

나 역시 망설임 없이 주문했다. 이른 저녁 시간, 식당에는 사람이 거의 없었다. 테라스에 앉아 골목길을 오가는 사람들을 구경하며 소시지

쾰른의 대표 먹거리인 소시지와 맥주

요리와 맥주가 나오기만을 기다렸다. 말 한마디 나눌 상대도 없어서 그런지 그 어느 때보다 주변 풍경이 눈에 잘 들어왔다. 지나가는 사람들 발소리가 귓가에 생생히 들릴 만큼 골목길은 조용했고, 멀리 보이는 쾰른 대성당의 첨탑은 파란 가을 하늘과 묘한 조화를 이뤘다.

이튿날 아침, 몽샤우로 떠나기 위해 숙소 근처 정류장에서 아헨 버스 터미널로 가는 버스를 기다렸다. 공대로 유명한 도시여서 그런지 정류장마다 학생으로 보이는 젊은 사람들이 상당히 많았다. 나는 정류장 안쪽에서 쌀쌀한 가을바람을 피했다. 하나둘 사람들이 모이더니 어느새 정류장이 가득 찼다. 조급한 한국인의 성미는 어디 가질 않는 모양이다. 나는 버스가 오는 방향과 정류장에 설치된 전광판을 연신 번갈아 보며 빨리 버스가 오기만을 기다렸다.

버스를 기다리며 사진으로 보았던 몽샤우의 풍경을 떠올렸다. 푸른 자연과 오래된 유럽풍 건축물이 있는 작은 마을, 마치 밤이면 요정들이 잔치를 벌일 것만 같은 동화 속 마을의 모습이 그려졌다. 지루하게 버스를 기다리는 동안 머릿속은 몽샤우에 대한 기대로 가득했다. 그때 길 건너편에서 맥주병을 들고 비틀거리는 취객이 정류장을 향해 걸어왔다. 오전부터 술에 취해 비틀거리는 탓에 그는 사람들의 시선을 한 몸에 받았다. 나 또한 취객을 쳐다보게 되었다. 그런데 그 순간 취객과 눈이 마주쳤고, 그는 슬금슬금 내게로 다가왔다.

'오 제발, 제발, 제발, 나한테 오지 마...'

나는 취객이 다가오지 않기를 바라며 재빨리 시선을 돌렸다. 하지만 나는 이미 그의 타깃이었다. 애써 시선을 돌려봤자 소용없었다. 한 손에 술병을 든 주정뱅이가 비틀거리며 내 앞에 섰다.

"아가씨, 안녕?"

술 냄새가 풍겨왔다. 나는 시선을 피하며 그의 말을 알아듣지 못하는 척했다. 그러자 그는 계속해서 내게 말을 걸어왔고, 사람들의 시선은 일제히 나와 취객에게 쏠려 있었다. 나는 계속되는 취객의 이야기에 아무런 대꾸도 하지 않으며 난처한 표정으로 그를 외면했다. 그저 취객이 내 앞에서 빨리 사라져주기만을, 1초라도 빨리 버스가 오기만을 기다렸다. 아무런 대꾸도 않는 나에게 취객은 버럭 소리를 질렀다.

"헤이! 내가 말을 하잖아!"

두려움이 밀려왔다. 어떻게 해야 할지 난감했다. 하지만 소리 지르는 주정뱅이의 몹쓸 행동을 참을 수 없었다. 그래서 그를 쏘아보며 말했다.

"저리 가요. 당신과 이야기하고 싶지 않아요."

나의 대답에 취객은 묘한 웃음을 내보였다. 나는 분명하게 느낄 수 있었다. 내가 받을 모멸감, 창피함, 부끄러움을 그는 알고 있었다. 사람 많은 곳에서 나에게 창피를 주려고 일부러 그런 것이었다. 이게 말로만 듣던 인종차별인가. 나는 고개를 들어 그를 노려보며 더 단호하게 이야기했다.

"가시라고요."

나보다 몇 배나 더 큰 몸집, 잔뜩 취해 초점을 잃은 눈동자와 한 손에 쥔 술병을 보니 심장이 덜컥 내려앉았다. 싫다는 의사를 호기롭게 표현했지만 너무나도 무서웠다. 그때 정류장 벤치에 앉아 버스를 기다리던 청년 몇 명이 일어나 내 옆으로 걸음을 내디뎠다. 정확하게는 주정뱅이를 응시하며 한 걸음 다가왔다. 그 모습을 본 취객은 알 수 없는 혼잣말을 하며 재빠르게 자리를 떴다. 나는 주정뱅이가 시야 밖으로 사라지는 모습을 확인하고 나서야 안도의 한숨을 내쉬었다. 그 순간의 공포와 모멸감, 그리고 아무것도 할 수 없었던 상황에 화가 나 주먹을 불끈 쥐었다. 끓어오르는 분노를 꾹꾹 누르고 있던 찰나 아헨 버스 터미널로 가는 버스가 도착했다.

여의도 환승 센터를 방불케 하는 어마어마한 공간에 수십 대의 버스가 일렬로 들어섰다. 사람들은 익숙하게 자신의 버스를 기다리고 또 버스에 올라 목적지로 향했다. 나는 아헨 버스 터미널에 내리자마자 몽샤우로 가는 66번 버스 정류장을 찾아 헤맸다. 수십 개의 정류장을 일일이 살펴봐야 하는 건 아닌지 머릿속에 하얘지기 시작했다. 몽샤우로 가는 버스는 한 시간에 한 대뿐이라 정류장을 찾아 헤매다 버스를 놓치기라도 하면 꼼짝없이 한 시간을 더 기다려야만 했다. 나는 무작정 터미널 안쪽으로 향했다. 마침 길가에 나와 담배를 피우고 있는 버스 기사를 발견하고는 다가가 물었다.

"66번 버스를 타려고 하는데요, 정류장이 어딘지 아세요?"

그는 담배를 걸친 손가락으로 방향을 가리켰다. 다행히 그리 멀지 않은 곳이었다.

66번 버스 정류장 앞에는 시동이 꺼진 버스가 한 대 서 있었다. 어디로 가는지, 어디서 왔는지 알 수 없는, 번호도 없는 버스 옆에 서서 출발 시간이 되기만을 기다리는 수밖에 없었다. 시간이 조금 흐르자 어디서 나타났는지 몇몇 사람이 정류장 주위를 서성였다. 나와 같은 곳으로 가는 사람들일까? 아니면 내가 엄한 정류장에 있는 것일까? 주머니에서 휴대폰을 꺼내 시계를 보았다. 출발 4분 전. 여전히 버스 문은 굳게 잠겨 있었고, 나는 조금씩 초조해졌다. 나는 서 있는 사람들을 돌아 정류장 안내판으로 다가가 내가 있는 이곳이 66번 버스 정류장이 맞는지 다시 한 번 확인했다. 66번 버스 정류장이 확실했다. 그렇다면 저 번호도 없는 버스가 66번이겠지? 아니면 어쩌지?

때마침 멈춰 있던 버스로 운전기사가 돌아왔는데, 나는 그 모습에 싱긋 웃음이 터졌다. 아까 나에게 66번 버스 정류장을 알려준, 담배 피우던 그 버스 기사였다. 그는 사람들 사이를 지나 버스 문을 열고 시동을 걸었다. 행선지를 알리는 버스 번호가 버스 전면 전광판에 표시되었다.

'66 Monschau.'

버스를 타려고 나는 뒷문 앞에 조용히 섰다. 버스 기사는 사람들이 전부 승차한 것을 확인하고 나서야 뒷문을 열어주었다. 아무 말도 아무런 표정도 없이 그저 내 휠체어가 버스에 오를 수 있게 경사로를 열어주고 닫아주었다.

"Danke schön(정말 고맙습니다)."

서투른 독일어를 구사하는 내 모습이 재밌었는지 무표정한 버스 기사

몽사우, 유럽 여행 중 가장 아름다웠던 곳

는 멋쩍은 미소를 보였다.

버스는 아헨의 좁은 골목길을 여럿 지나고, 벌판이 보이는 넓은 길을 지나고, 굽이굽이 산등성이를 지나 종점인 몽샤우까지 한 시간이 넘게 달렸다. 버스가 비탈길 작은 정류장에 멈추자 사람들이 줄지어 내렸다. 버스 기사는 두리번거리는 나에게 여기서 길을 따라가면 몽샤우가 나올 것이라 했다.

버스 기사의 말대로 사람들을 따라 길을 가다 보니 아기자기한 독일 풍 옛 건물들이 나타나기 시작했다. 높은 산 아래 있는 몽샤우는 시골 느낌이 물씬 풍기는 작은 마을이었다. 삐뚤삐뚤한 돌길 위를 천천히 지나 골목길을 한참 따라갔다. 어릴 적 만화영화 〈빨간 머리 앤〉에서 보았던 풍경이 눈앞에 나타났다. 오래된 집들, 현관 앞에 놓인 꽃과 작은 벤치, 그리고 목각 인형과 꽃밭으로 꾸민 테라스가 무척이나 이색적이었다.

내가 몽샤우에 갔던 날은 유럽 여행 기간 중 가장 맑았던 날이었다. 몽샤우 관광안내소에 들러 지도를 한 장 받아들고는 마을 여행을 시작했다. 눈부시게 밝은 태양이 몽샤우 전체를 감싸고 있었다. 적당히 따뜻한 기온, 선선한 가을바람이 여행하기에 안성맞춤이었다. 나는 길을 따라 산 방향으로 향했다. 시원한 물줄기가 흐르는 작은 강을 따라, 곧게 뻗은 나무 옆 아늑한 인도를 따라 한참을 올라갔다. 저 멀리 작은 오두막과 햇볕이 선명하게 드리운 숲이 한 폭의 풍경화를 방불케 했다. 가던 길을 멈추고 흐르는 강물 소리와 바람에 속삭이는 나뭇잎 소리를 들었다. 프랑크푸르트에 도착하자마자 겪었던 고단함, 아헨 버스 정류장에서 마주했던 취객의 무례함으로 상했던 기분이 강물에 말끔히 씻겨 내려가는 것 같았다. 아무런 생각도, 걱정도 들지 않을 만큼 고요하고 평화로운 분위기에 취해 한참 동안 그곳에서 눈앞의 풍경을 감상했다.

혼자 떠났던 유럽 여행 중 가장 아름다웠던 여행지가 어디였냐고 묻는다면 나는 주저 없이 몽샤우를 꼽을 것이다. 자연의 아름다움, 그리고 고유의 정취가 물씬 풍기는 몽샤우의 모습을 다시 떠올리는 것만으로도 가슴이 따뜻해진다. 치열한 일상을 살다 보면 가을날 몽샤우에서 느꼈던 온기와 자연의 소리가 그리워지곤 한다. 여행의 따스한 느낌이랄까? 그 느낌은 일상에서는 찾을 수 없다. 그 느낌을 결코 잊을 수 없어 또다시 짐을 싸고 여행을 떠나려는 것인지도 모르겠다.

BELGIUM

낯선 이와 친구가 되는 곳
벨기에

브뤼셀, 난리 블루스

브뤼셀은 나에게 매우 끔찍한 도시다. 아주 난리 블루스를 췄던 곳이다. 한편으로는 사람 냄새가 뭔지, 사람의 온기가 뭔지 깨닫게 해준 곳이기도 하다.

몽샤우에서 돌아온 다음 날 아헨에서 브뤼셀로 가기 위해 기차를 탔다. 독일 철도청Deutsch Bahn 기차를 타고 브뤼셀 남역으로 갔다. 기차를 타고 브뤼셀에 오는 내내 영국인 아저씨의 소름 돋는 허무 개그에 맞장구를 쳐줘야만 했다. 과도한 리액션을 보이며 아저씨의 이야기를 듣다 보니 어느새 기차는 브뤼셀 도착을 앞두고 있었다. 창밖의 풍경은 어수선했다. 건물 벽면 곳곳의 그래피티와 선로 위 낡고 오래된 기차가 가장 먼저 눈에 들어왔다.

브뤼셀 남역을 빠져나와 숙소가 있는 그랑플라스La Grand-Place 근처로 향했다. 어수선했던 브뤼셀의 첫인상과 달리 순조롭게 그랑플라스 근처 역에 도착하게 되어 안도했지만, 악몽은 그때부터였다. 지하철역을 벗어나 그랑플라스로 향하는 길은 끔찍했다. 프랑크푸르트에 도착했던 날 밤 여행 가방과 함께 지나가야 했던 그 돌길과는 비교도 안 될 정도로 얼기설기 울퉁불퉁하게 만든 돌길이었다. 나는 다시 한 번 눈을 질끈 감고 지옥의 가시밭길, 아니 돌길로 뛰어들었다.

무거운 여행 가방은 자꾸만 돌 틈에 걸려 넘어지려 했고, 휠체어 바퀴도 튀어나온 돌 때문에 제대로 전진하지 못했다. 도대체 그랑플라스는 어디 있는 거야? 나는 무시무시한 돌길을 피해 작은 시계 가게 앞에서 가던 길을 멈추고 지도를 확인했다. 비슷한 골목이 너무나도 많아 지금 내가 어디에 있는지조차 가늠할 수 없었다. 마음이 복잡해져 그냥 다 접어버리고 한국으로 돌아가고 싶다는 생각마저 들었다.

"숙녀분, 무슨 일이에요? 도와줄까요?"

한껏 멋을 부린 요사스런 턱시도를 입은 중년 남자가 시계 가게에서 나왔다.

"아, 죄송해요. 영업을 방해하려고 한 건 아니고요, 길을 좀 찾으려고 잠깐 멈췄는데... 문을 막고 있었다면 죄송합니다."

나는 복잡한 심경을 숨기지 못하고 횡설수설했다.

"길을 찾고 있었군요. 어디로 가나요?"

그에게 지도를 보여주며 호텔이 있는 곳을 손가락으로 짚었다. 그의 안내를 들은 뒤 나는 감사 인사를 하고는 다시 무거운 가방을 끌고 길을 나섰다. 요사스런 턱시도의 중년 남자는 길을 나서는 내 뒤통수에 "웰컴 투 브뤼셀!"이라는 인사를 남겼고, 나는 고개를 돌려 싱긋 미소를 보였다.

호텔로 가는 길은 너무도 험난했다. 비슷한 골목 사이마다 수많은 인파가 쏟아져 나왔다. 방향조차 파악할 수 없을 만큼 관광객이 많았고, 나는 그들 사이를 요리조리 피해 다니며 호텔로 향했다. 웅성거리는 사람들 틈으로 거대한 광장이 보였다. 나는 그곳이 그랑플라스임을 직감하고는 얼마 남지 않은 고지를 향해 다시 길을 나섰다. 돌길 틈에 자꾸만 빠져버리는 가방 때문에 손목이 시큰거렸다. 이를 악물고 전진하다 보니 골목길 끝에서 호텔 간판이 보였다. 여전히 어마어마한 인파가 가로막고 있었다.

그때 '뚝!' 하고 무언가 부서지는 소리가 났다. 혹시 휠체어가 고장 난 건 아닐까 싶어 여기저기 고개를 돌려서 보았지만 멀쩡했다. 소리의 정체는 여행 가방이었다. 여행 가방 바퀴가 브뤼셀 돌길을 이기지 못하고 장렬히 전사하고 만 것이다. 여섯 개 나라 중 이제 겨우 두 번째 나라에 왔는데 어째서 이런 시련이! 알 수 없는 뻐근함이 등과 목을 지나 머리끝으로 용솟음쳤다. 하지만 달리 방법이 있을까. 호텔에 도착하는 것만이 유일한 방법이었기에 나는 바퀴 하나가 나가떨어진 가방을 억지로 끌고 겨우 호텔에 도착했다.

호텔 방에 들어서자마자 가방을 내동댕이치고는 침대에 벌러덩 드러누웠다. 찌릿찌릿 통증이 느껴지는 왼쪽 손목을 흔들며 다시 한 번 마음을 다스렸다. 괴롭고 짜증도 나고 서글프고 억울하기까지 했지만 여기서 포기할 수는 없었다. 깊은 한숨을 한번 내쉬고는 다음 날 가려고 했던 브루게Brugge와 겐트Gent행 기차표를 끊기 위해 호텔에서 가까운 브뤼셀 미디 역으로 향했다.

벨기에는 독일과 룩셈부르크, 프랑스, 네덜란드 사이에 있지만 불어를 사용한다. 불어를 너무 만만하게 봤던 것일까. 영어로도 충분히 의사소통이 가능할 것이라고 자만했던 것일까. 기차표를 발매하는 게 영 쉽지 않았다. 한참 동안 기계를 뚱땅뚱땅 만진 후에야 겨우 브뤼셀-브루게-겐트 노선 기차표를 샀다. 기계가 요란한 소리와 함께 뱉어낸 기차표를 들고선 역무원에게 다가가 물었다.

"안녕하세요? 휠체어 탑승 서비스를 예약하려고 하는데 어디서 하면 되죠?"

역무원은 어리둥절한 표정으로 잠시 나를 쳐다보더니 대답했다.

"혼자 가나요? 휠체어 서비스는 전화로만 예약할 수 있어요."

"역에서는 예약이 불가능한가요?"

"네, 오로지 전화로만 예약할 수 있어요. 번호를 적어드릴게요."

"제가 불어를 할 줄 몰라서 그런데 대신 전화로 예약해주실 수 있을까요?"

"상담원이 영어를 할 수 있어요. 전화하시면 됩니다."

역무원은 불어를 못해도 괜찮다는 표정으로 내게 대답해주었다. 뭔가 제대로 매듭을 짓지 못한 채 돌아서야 하는 발걸음이 무겁기만 했다. 나

좌_ 브뤼셀, 혹독했지만 새로운 인연을 만난 곳
우_ 생미셸 성당

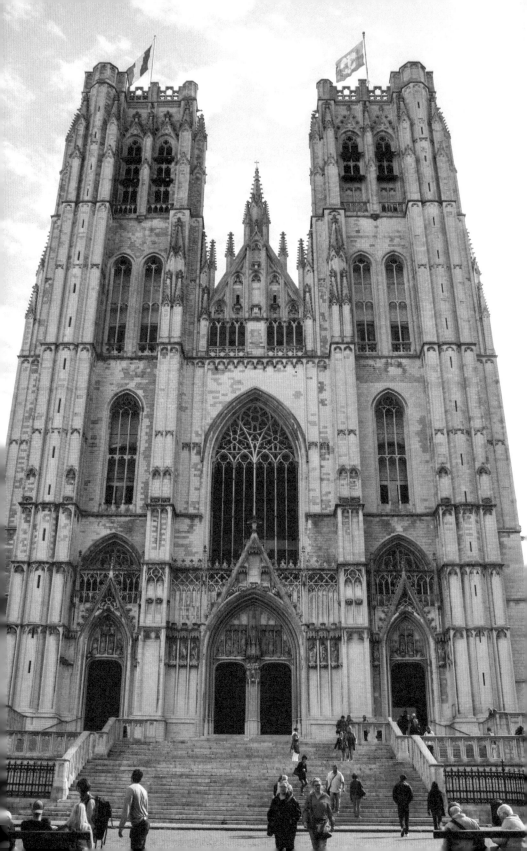

는 가까운 공중전화로 가 통화를 시도했다.

'?!'

도무지 알아들을 수 없는 불어로 시작하는 안내 음성에 당황한 나머지 수화기를 내렸다. 시작부터 일이 꼬여서야 되겠는가. 나는 다시 역무원을 찾아다녔다. 인파로 북적거리는 브뤼셀 미디 역에서 관광객을 안내해주던 역무원의 모습은 더 이상 보이지 않았다. 나는 전화번호가 적힌 메모지를 손에 쥐고 역을 빠져나왔다. 나는 호텔 직원이 알려준 관광안내소로 가기 위해 그랑플라스 방향으로 길을 나섰다. 어디서 이런 인파가 몰려왔는지 의심스러울 정도로 골목마다 사람들로 가득했다. 나는 골목길을 따라 그랑플라스에 들어서자마자 그 이유를 알게 되었다. 벨기에 맥주 축제 준비가 한창이었다.

얼른 예약을 끝내고 맥주 축제를 즐기고 싶은 마음에 이리저리 고개를 돌리며 관광안내소를 찾았다. 분명 그랑플라스에 있다고 했는데 주변 골목길까지 구석구석 뒤져도 도무지 나오질 않아 축제 현장 주변에 있던 경찰에게 물어 오래된 대리석 건물에 있는 관광안내소를 찾았다. 현대식으로 개조된 나무 문으로 관광객들이 드나들었지만 나는 그 앞에서 아무것도 할 수 없었다. 브뤼셀의 지옥 같은 돌길을 몇 바퀴 돌아 겨우 찾은 그 안내소 입구에는 내가 도저히 올라갈 수 없는 계단이 여러 개 놓여 있었다. 쥐고 있던 메모지가 구겨질 만큼 손에 힘이 들어갔다. 시큰거렸던 왼쪽 손목은 더 아파오는 것 같았고, 이렇게 고생하는 게 무슨 의미인지 혼란스러워졌다. 울컥하는 감정을 꾹 누르며 다시 경찰을 찾아갔다.

"실례합니다. 관광안내소 앞에 계단이 있어서 못 들어갔는데요, 혹시 근처에 다른 관광안내소가 있나요?"

"계단이 있다고요? 오 저런, 어떤 도움이 필요한 거죠? 제가 해결해줄 수 있는 일인가요?"

"기차표를 예약했는데요, 휠체어 서비스는 전화로만 예약할 수 있다고 하는데 제가 불어를 못해서요. 그래서 관광안내소에 가서 부탁을 하려고 했는데... 저길 들어갈 수가 없네요..."

그 순간 나도 모르게 눈물이 터져 나왔다. 젠장. 늘 그랬다. 모든 일에 최선을 다해보지만 내가 뛰어넘지 못하는 물리적 한계와 마주할 때마다 눈물이 터져 나왔다. 스스로 극복할 수 없는 좌절감 때문인지도 모른다. 내가 눈물을 흘리자 경찰은 몹시 당황하며 나를 경찰서로 데려갔다.

경찰서에는 소지품을 잃어버려 신고하러 온 관광객 몇 명과 관광객의 물건을 훔치다 걸린 절도범 한 명만 있을 뿐 굉장히 조용했다. 이깟 예약이 뭐라고 눈물이 쉴 새 없이 흘러나오는지, 아무리 멈춰보려 해도 계속해서 흐르는 눈물 때문에 무척이나 민망했다. 하염없이 흐르는 내 눈물에 경찰관이 어쩔 줄 몰라 했기에 나는 그를 안심시켜야만 했다.

"제가 오늘 브뤼셀에 도착했는데, 도착하자마자 많은 일이 있었어요. 괜찮아요. 조금 힘들어서 그래요."

경찰관은 정말 괜찮은지 몇 차례 되묻고는 내가 건넨 메모지를 들고 사무실로 들어갔다. 경찰관이 돌아올 때까지 나는 우두커니 있었다. 눈물이 끝도 없이 흐르다가도 별것도 아닌 일로 경찰서까지 와서 울고 있는 내 모습이 주책맞게 느껴져 헛웃음이 터져 나오기도 했다. 검은 머리 동양 여자가 초점도 없는 눈빛으로 계속해서 눈물을 흘리고 있어서인지 지나가는 경찰관마다 내게 말을 걸었다. "괜찮아요?" "무슨 일이에요?" "도움이 필요하세요?" "왜 그래요?" 나는 그럴 때마다 "괜찮아요. 당신 동료가 문제를 해결해주러 사무실로 들어갔어요"라며 자동응답기처럼 대답했다. 한참 뒤 메모지를 들고 갔던 경찰관이 나왔다. 난처한 표정으로 쓰고 있던 모자를 벗더니 내 옆에 무릎을 꿇고 앉았다. 그는 결과적으로 예약을 하지 못했다며 미안해했다. 전화를 해보니 개인 정보가 많이 필요했고, 휠체어에 대한 자세한 정보를 요구했다고 한다. 그리고 난처한 표정으로 머뭇거리더니 이렇게 말했다.

"상담원이 브루게나 겐트는 브뤼셀보다 더 오래된 도시여서 혼자 다니는 게 더 힘들 거라고 하네요. 그리고 본인이 직접 전화하는 편이 좋겠다는군요. 예약을 못 해서 미안해요."

멍하니 있는 내게 경찰관은 전화번호가 적힌 메모지를 돌려주었다. 나는 어떤 말도 할 수 없었다. 겨우 정신을 차린 뒤 고맙다는 인사를 남기고 경찰서를 빠져나오는데 오히려 눈물이 나지 않았다. 그렇게 또 체념해버린 것인지도 모른다. 휠체어를 탄 이후 포기도 빨라졌다. 최선을 다해도, 지독하게 애써도 되지 않는 일이 있다는 것을 알고 난 뒤로는 체념하는 법을 배웠다.

경찰서를 나와 길에서 잠시 멈춘 나는 가방 속에서 환불조차 되지 않는 브루게−겐트행 기차표를 꺼내 보았다. 30유로 정도의 왕복 기차표는 인생 수업료라 생각하고 쓰게 삼키기로 마음먹었다. 찢어버리기엔 아쉬워 다시 가방에 넣고 아무 생각 없이 길을 따라 호텔로 향했다. 불과 반나절도 안 되는 짧은 시간 동안 브뤼셀에서 일어난 이 모든 상황이 싫었다. 아니, 브뤼셀에 있는 것조차 싫어졌다. 호텔 방에 돌아와 침대에 벌러덩 누웠다. 지끈거리는 머리와 시큰거리는 손목을 부여잡고 멍하니 벽만 바라보았다. 통째로 날아가버린 계획 때문에 당장 내일 무엇을 해야 할지 고민에 빠졌다.

그냥 다음 목적지인 암스테르담으로 떠나버릴까? 그래도 브뤼셀에 왔는데 뭐라도 하고 가고 싶었다. 무엇을 할 수 있을지, 무엇을 할 수 없을지도 모르는 상황에서 나는 아무렇게나 스마트폰으로 브뤼셀 여행을 검색했다. 그러다 발견한 'Brussel Free Walking Tour(브뤼셀 무료 도보 투어)'! 나는 참가했던 사람들의 후기를 읽기 시작했다. 휠체어도 할 수 있는지 궁금했다. 꼼꼼히 후기를 하나둘 읽어가던 중 휠체어를 이용한 사람이 만족했다는 평가를 보았다. 예스! 나는 한 치의 망설임도 없이 도보 투어를 예약했다. 드디어 내일 할 일이 생겼다. 그러자 마음이 금세 풀어졌다. 이왕 브뤼셀에 있는 동안 도보 투어도 하고 와플도 먹고 감자튀김도 먹고 닥치는 대로 뭐라도 해보자는 마음뿐이었다.

도보 투어 모임 장소는 그랑플라스 앞이었다. 지옥의 돌길을 또 가야한다는 게 서글펐지만 그래도 뭔가 할 일이 생겨 기분이 좋아졌다. 나는 신이 나 침대 위를 뒹굴거렸다. 그러던 찰나 문득 가방 속에 넣어둔 기차표가 떠올랐다.

　나는 브루게-겐트행 기차표를 침대 위에 꺼내놓았다. 기차표를 보고 있자니 한숨이 절로 나왔다. 30유로면 두 끼 식사는 충분히 할 수 있는 돈이다. 커피도 열 잔이나 마실 수 있는 돈이다. 그냥 휴지처럼 버리기엔 너무 아까웠다. 나는 다시 스마트폰을 꺼내들었다. 유럽 여행 정보를 찾았던 인터넷 커뮤니티에 글을 올렸다.

　"브뤼셀에서 브루게-겐트행 기차표 나눔 해요. 와플이나 맥주 한 잔이랑 교환하면 더 좋고요."

　기차표와 맥주 한 잔을 바꾸겠다니 이 무슨 얼토당토않은 이야기인가. 큰 기대는 없었지만 그대로 휴지 조각이 되는 것보다는 누군가에게 의미 있게 쓰이길 바라는 마음이었다. 쓰디쓴 인생 수업료와 맥주 한 잔 정도면 기차표가 그래도 가치 있게 쓰이는 건 아닐까, 뭐 그런 마음도 들었다.

브뤼셀에서 만난 남자

다음 날 아침, 무료 도보 투어에 가기 전 기차표의 새 주인을 로비에서 기다렸다.

"저기... 기차표 나눔 하시는 분 맞으시죠?"

내 또래로 보이는 검은 외투 차림의 여자가 다가왔다. 표를 건네주자 그녀는 커피라도 대접하겠다며 나를 카페로 데려갔다.

"아니, 근데 왜 기차표를 주시는 거예요?"

양손에 커피를 들고 자리로 돌아온 그녀는 의아해했다. 나는 전날 있었던 일들을 이야기했다. 그녀는 커피를 들이키며 연신 "어머나" "세상에"라는 탄식을 내뱉었다. 그러곤 잠시 잔을 내려놓더니 내게 물었다.

"제가 진짜 받아도 되는 건지 모르겠어요."

"받아도 돼요. 어차피 휴지 조각이 될 운명이었는데, 저를 대신해서라도 알차게 여행해주신다면 그걸로 충분해요. 겐트랑 브루게 가서 신나게 구경하고 오세요."

왠지 모를 뿌듯함이 밀려왔다. 무용지물이 될 기차표의 운명을 바꿔서일까, 아니면 누군가의 여행에 내가 작은 추억으로 새겨질 수 있어서일까. 우리는 낯선 나라, 낯선 도시에서 기차표 하나를 두고 많은 이야기를 나누었다. 서로의 여행 목적지, 다녀왔던 곳, 추천하는 여행지 등 여행이라는 공통분모 하나로 쉽게 이야기를 나누고 공감대를 만들어갈 수 있었다. 여행을 하다 보면 이렇게 작은 인연을 만들 기회가 많다. 그 인연은 짧을 수도, 길게 이어질 수도 있다. 인연이 어떻게 연장되는지는 그리 중요하지 않다. 분명한 것은 아무리 작은 인연이라 해도 서로의 추억 속에 어떻게든 존재할 수밖에 없다는 것이다. 이것 또한 여행의 묘미가 아닐까?

우리는 서로의 여행이 즐겁고 알차기를 바라는 마지막 인사를 나누고 자리를 떴다. 나는 또다시 지옥의 돌길을 따라 그랑플라스로 향했다. 먼 발치에서 빨간색 우산이 보였다. 빨간 우산에는 '무료 도보 투어'라 적혀있었다. 나는 우산을 향해 천천히 다가갔다. 조금 어색했지만 기대도 되었다.

"안녕하세요? 도보 투어 하러 왔는데요."

"네! 안녕하세요. 곧 시작하니까 멀리 가지 마시고 이 근처에 머물러주세요. 시작하면 다시 부르도록 할게요!"

빨간 우산을 든 여자가 대답했다. 한마디만 듣고도 나는 그녀가 얼마나 유쾌하고 활기찬 사람인지 알 수 있었다. 잠시 후 사람들을 부르는 소리가 들렸고 빨간 우산 주변으로 삼삼오오 모여들었다. 빨간 우산을 들고 있던 여자는 자신을 말가리라고 소개했다. 그녀는 둥글게 모여 있는 사람들에게 활기찬 목소리로 물었다.

"자, 다들 모이셨군요. 미국에서 오신 분 계신가요? 영국? 이탈리아? 스페인? 프랑스? 중국? 일본? 또 어디가 있을까요? 브라질? 멕시코?"

그녀는 사람들이 어디서 왔는지 맞추는 퀴즈를 하는 듯했다.

"한국이요!"

기다려도 한국은 나오지 않기에 내가 손들며 말했다.

"한국! 반가워요. 또 어디서 오셨을까요?"

말가리는 양손을 쭉 뻗어 사람들의 대답을 유도했다. 한 시간 정도 함께할 일행의 어색한 분위기를 풀어주려고 애써 과한 동작으로 이야기했다.

"대만이요."

맞은편에서 커다란 카메라를 목에 걸고 있는 남자가 손을 들며 대답했다.

"대만! 반가워요. 자, 그럼 이제 브뤼셀 무료 도보 투어를 시작해볼까요? 준비되었나요?!"

말가리는 실로 재미난 가이드였다. 처음 참가한 사람도 어색하지 않도록 잘 이끌어주었다. 무료 도보 투어는 팁으로 운영된다. 참가는 무료

좌_ 말가리와 함께한 브뤼셀 도보 투어
우_ 그랑플라스에 있는 브뤼셀 시청

지만 가이드의 재량에 따라 마지막에 팁을 주는 시스템이다. 그래서인지 말가리는 노련하게 사람들의 흥미를 유발하며 열정적으로 이끌어나갔다. 그랑플라스를 지나 세르클라에스 Everard t'Serclaes 청동 동상 앞에 섰다. 말가리는 세르클라에스 동상의 무릎을 만지면 행운이 온다고 말하며 일행에게 무릎을 만질 수 있도록 시간을 주었다. 하지만 나는 꽤나 높은 턱 때문에 세르클라에스 동상을 멀찍이 바라볼 수밖에 없었다. 빠르게 움직여야 하는 도보 투어 특성상 시간을 지체할 수 없기도 했다. 말가리는 내가 멈춰 선 것을 보고는 재빨리 다가와 말을 걸었다.

"어라, 여기 턱이 있었네요. 어떻게 하면 올라갈 수 있을까요?"

그녀는 내 휠체어를 둘러보며 어떻게든 나를 높은 턱 위로 올려 세르클라에스 동상을 만져볼 수 있게 해주려고 했다. 나는 조금 번거롭기도 해서 괜찮다고 얘기했다. 그러자 말가리는 잠시 나를 쳐다보더니 잽싸게 동상으로 뛰어갔다. 그녀는 동상 무릎을 손으로 비비더니 곧바로 나에게 뛰어와 내 손을 잡았다.

"제가 세르클라에스의 행운을 대신 배달해주었으니 이제 당신도 행운이 가득할 거예요!"

마치 승리의 전사라도 된 듯 그녀는 늠름하게 말했다. 나는 웃음이 터져 나왔다. 고맙다고 인사하며 한국에도 코를 만지면 아들을 낳을 수 있다는 돌하르방이 있다고 이야기해주었다. 그러자 말가리는 크게 웃더니 아들을 낳으려면 한국에 가야겠다고 맞장구를 쳤다.

어느새 일행 대부분이 세르클라에스의 행운을 받고선 말가리 주변으로 모여들었다. 말가리는 걸음을 재촉하며 다음 행선지로 안내했다. 빠르게 움직이는 사람들 틈에서 지옥의 돌길을 가야 했던 터라 나는 자꾸만 뒤처졌다. 울퉁불퉁한 돌길 때문에 엉덩이가 남아나질 않았다. 곤장을 맞으면 이런 느낌일까.

"괜찮아요? 도와줄까요?"

출발 전 맞은편에 서 있었던 대만 남자가 말을 걸었다.

"아, 아니요. 괜찮아요."

나는 그의 호의를 조심스럽게 거절했다. 말가리는 다음 목적지 앞에서 내가 제대로 오고 있는지 확인하려고 목을 길게 빼고 주위를 두리번거렸다. 나는 말가리가 안심하도록 손을 높이 들어 흔들어 보였다. 카메라를 든 남자는 나와 나란히 일행의 맨 뒤에 서서 말가리가 있는 곳으로 걸어갔다.

"대만에서 오셨어요?"

정적이 흐르는 어색한 분위기를 깨보려고 말을 걸었다.

"네."

"아, 네... 혼자 오셨어요?"

나는 이 어색한 공기가 싫어서 그냥 아무렇게나 대화를 이어갔다.

"네. 그쪽도 혼자 오셨어요?"

"네. 혼자 왔어요."

나는 말가리가 잘 보이는 곳에 멈춰 서며 대답했다. 이번 목적지는 오줌싸개 소년 동상이었다. 브뤼셀의 명물답게 오줌싸개 동상 앞은 사람들로 가득했다. 나는 사진으로 보았던 것보다 너무너무 작은 크기에 한 번 놀랐고, 귀여운 옷을 입고 있는 모습에 또 한 번 놀랐다. 오줌싸개 소년 동상 앞에서 말가리는 이 동상에 얽힌 이야기를 짤막하게 해주었다. 프랑스와의 전쟁 중 프랑스군이 불을 지른 자리에 어린 소년이 소변으로 불을 꺼버려 벨기에를 위기에서 구했다는 믿거나 말거나 하는 이야기였다. 그리고 오줌싸개 동상은 기념일마다 옷을 갈아입는데 그 옷이 수백 벌에 달할 만큼 패셔니스타라고 한다.

말가리의 설명이 끝난 뒤 오줌싸개 소년 동상을 카메라에 담기 위해 사람들이 모여 있는 곳으로 향했다. 정신없이 사진을 찍고 있는 관광객들 뒤에서 기회가 오기만을 기다리고 있는데, 그때 내 옆에 있던 대만 남자가 다시 말을 걸어왔다.

"잘 안 보일 것 같은데, 제가 찍어줄게요."

그는 말이 끝나기 무섭게 내 손에 있던 카메라를 받아들고선 동상 앞에 몰려 있는 사람들 사이로 파고들었다. 나는 복잡하게 모여 있는 사람들 틈에서 몇 발자국 물러났다.

"같이 왔어요?"

어느새 말가리가 내 옆에 와서 물었다.

"아뇨. 오늘 여기서 처음 봤어요."

"그렇군요. 친절한 사람이네요."

이윽고 대만 남자가 돌아와 카메라를 건네주었다.

"찍긴 했는데 마음에 들지 모르겠네요. 확인해보세요."

예상외의 크기에 놀란 오줌싸개 소년 동상.
크리스마스에는 산타 복장을 입는다고 한다.

나는 남자가 찍은 사진을 확인하곤 고맙다고 인사했다. 나와 남자, 그리고 몇몇 사람이 어색한 분위기 속에서 말가리 옆에 서 있었다. 말가리는 다음 장소로 이동하겠다고 우렁차게 외치고는 앞장서 걸음을 내디뎠다. 사실 브뤼셀 도보 투어는 휠체어에게 그다지 친절한 편은 아니었다. 이따금 나타나는 높은 언덕길 때문에 나는 계속 뒤처졌다. 그럴 때마다 말가리는 나를 도와주었고, 몇몇 일행도 내가 뒤처지지 않도록 함께 걸어갔다.

"잠시 이 카페에서 휴식하도록 할게요. 커피도 있고, 주스도 있고, 탄산음료도 있고, 벨기에 맥주도 있으니 원하는 것으로 드세요. 20분 뒤 카페 입구에서 다시 만나요!"

사람들은 착한 학생들처럼 이구동성으로 '네'라고 대답했다. 친구나 가족과 함께 온 사람들은 삼삼오오 테이블에 자리를 잡았다. 나는 입구가 잘 보이는 곳에 자리 잡고 메뉴판을 살펴보았다.

"저도 여기 앉아도 될까요?"

고개를 들자 커다란 카메라를 목에 건 대만 남자가 서 있었다.

"아, 네. 앉으세요."

남자는 자리에 앉자마자 목에 걸고 있던 커다란 카메라를 테이블에 내려놓고는 메뉴판을 읽기 시작했다. 나는 메뉴판에 적힌 음료를 하나하나 살피다 마음에 쏙 드는 음료를 발견했다. 벨기에에 가면 꼭 한번 마셔봐야 한다는 체리 맥주!

"다 고르셨어요?"

메뉴판을 보던 남자가 물었다.

"네, 저는 체리 맥주를 마시려고요. 벨기에 체리 맥주가 유명하다고 하더라고요."

내 대답이 끝나자마자 남자는 자리에서 일어나더니 카페 직원이 있는 바에 가서 주문을 하고 돌아왔다.

"대신 주문해줘서 고마워요."

남자는 어깨를 으쓱하며 괜찮다는 몸짓을 보이곤 내게 물었다.

"혼자서 여행한다고요? 얼마나요? 어디어디 가보셨어요?"

"혼자서 한 달 정도 유럽 여행을 할 예정이에요. 브뤼셀에는 어제 왔고요, 그전엔 독일에 있었어요. 이제 암스테르담에 갔다가 덴마크, 스웨덴, 프랑스에 간 다음 뮌헨에서 옥토버페스트를 즐기고 한국으로 돌아갈 예정이에요."

혼자서 유럽 여행을 하는 사람들은 여행지에서 만난 다른 여행자들에게 항상 이렇게 브리핑을 하게 된다.

"저는 뮌헨에 갔다 왔어요. 거기에 BMW 박물관이 있는데 정말 멋지더라고요. 아, 저도 곧 네덜란드에 간답니다. 암스테르담은 아니고 로테르담^{Rotterdam}으로요."

그는 신이 난 듯 이야기했다. 우리가 대화를 나누는 동안 웨이터가 체리 맥주와 벨기에 맥주를 한 잔씩 내려놓고 갔다. 체리 맥주는 실망스러운 맛이었다.

"왜요? 체리 맥주 맛이 이상한가요?"

"음... 유명하다고 해서 주문했는데, 그냥 체리 맛이 나는 맥주네요."

그는 내 대답에 피식 웃음을 터뜨렸고, 그런 맥주는 대만에서도 판다고 말했다. 짧은 휴식 시간 동안 우리는 많은 이야기를 나눴다.

남자의 이름은 이안Ian이었다. 지금은 학생이고, 무려 한 달 반이 넘는 시간 동안 유럽 여행을 할 예정이라 했다. 이안은 호텔이나 호스텔 같은 숙소를 잡지 않고 여행지에 실제 거주하고 있는 현지인의 집에 머무르는 방식으로 여행을 한다고 했다. 나는 그 말을 듣고 눈이 휘둥그레졌다. 내가 알지 못했던 방식의 여행 이야기를 듣노라니 마치 신문물을 접하는 것처럼 흥미로웠다. 대신 이안은 숙박을 제공하는 현지 호스트를 위해 항상 선물을 준비해 간다고 했다. 처음에는 아무것도 모르고 빈손으로 갔지만, 나중에 친구들에게 예의 없다는 질타를 받고서야 정신을 차렸다고 했다. 이안은 대만에 돌아가면 첫 번째 호스트에게 선물을 보내줄 것이라고 했는데, 내가 펑리수를 선물하는 게 어떠냐고 제안했다. 이안은 내 입에서 펑리수라는 단어가 나오자 토끼 눈을 하고는 어떻게 펑리수를 아느냐고, 먹어본 적이 있느냐고 물었다. 파인애플 맛을 가장 좋아한다고 하자 이안은 더 크게 놀란 눈으로 나를 쳐다봤다. 나는 그의 표정이 재밌어 쩐주나이차珍珠奶茶와 함께 마시면 더 맛있지 않느냐고 되물었다. 이안은 나의 (얕은) 대만 관련 지식에 놀랐는지 연신 눈을 끔뻑였다.

브뤼셀에 와 고달픈 첫날을 보냈다. 그리고 쌉싸름했던 인생 수업료를 진한 한 잔의 커피와 바꿨다. 그리고 낯선 도시에서 만난 낯선 이와 서로의 여행에 대해 이야기를 나눴다. 어떤 공통점도 없이 다른 세계에 살던 사람이었지만, 나와 이안은 '여행'이라는 관심사 하나로 금방 친구가 될 수 있었다. 나는 그저 체리 맛이 날 뿐인 맥주를 마시며 이안의 이야기에 귀를 기울였다. 내가 알지 못했던 이안의 여행 방식에 점점 빠져들고 있을 때 카페 입구에서 말가리의 목소리가 들려왔다.

"자, 투어 다시 시작합니다. 나오세요. 휴식 시간은 끝났어요. 어서 나오세요."

우렁찬 말가리의 음성에 이안과 나는 이야기를 멈추고 카페 밖으로 나왔다. 삼삼오오 흩어졌던 도보 투어 일행이 말가리 주변으로 몰려들었다. 맥주를 연신 마셨는지 얼굴이 발그레한 사람도 눈에 띄었다. 우리는 말가리를 따라 다음 목적지, 그다음 목적지에 들렀다. 처음보다 한결 편안해진 일행들은 서로 사진을 찍어주기도 하고, 시답잖은 농담을 나누기도 했다.

정신없이 지나간 도보 투어였지만 그래도 덕분에 엉망진창이었던 내 브뤼셀 여행이 한결 흥미로워졌다. 말가리 그리고 일행들과 마지막 인사를 나눈 뒤 이안이 내게 물었다.

"이제 뭐할 거예요?"

"딱히 정해놓은 건 없는데... 벨기에에 왔으니까 뭐, 와플도 먹고 감자 튀김도 먹고 그러지 않을까요?"

나는 시원찮게 대답했다. 전날 혹독한 시간을 보냈던 터라 도보 투어 말고는 아무런 일정도 잡지 않았다. 어쩌면 호텔 방에 처박혀 짐이나 미리 싸두려고 했는지도 모르겠다.

"저도 같이 가도 돼요?"

이안의 말에 나는 적잖이 당황하여 선뜻 대답을 못 했다.

"제가 브뤼셀에 어제 밤늦게 도착해서 도보 투어 말고는 아직 아무것
도 못 했거든요. 와플이랑 감자튀김이랑 같이 먹으러 가도 되죠?"

그는 내 대답을 기다렸다. 사실 나는 아무것도 하고 싶지 않았다. 지
옥의 돌길이 깔려 있는 그랑플라스 주변을 다니는 것도 힘들었고, 전날
의 악몽이 떠올라 브뤼셀이 싫었다. 그래서 둘러대기 시작했다.

"사실 제가 좀 피곤해서 호텔에 가서 쉬고 싶은데요... 휠체어 배터리
도 바꿔야 하고... 지금 당장 와플이나 감자튀김을 먹으러 가지는 않을
것 같은데..."

"그러게요. 투어가 힘드네요. 저도 조금 쉬고 싶네요. 그럼 일단 호텔
로 가죠. 호텔이 어디예요?"

이안은 내 말에 아랑곳하지 않고 내 앞에 서서 출발을 기다렸다. 나는
하는 수 없이 그와 함께 호텔로 향했다. 이안은 나를 따라 걸으며 한참
동안 이런저런 이야기를 했다. 나는 그와 이야기를 나누면서도 이 상황
을 어떻게 해야 할지 몰라 머릿속이 복잡했다. 호텔로 가는 동안 결정을
내려야만 했다.

'그래. 딱히 할 것도 없는데. 그놈의 와플, 그놈의 감자튀김 어디 한번
먹어보자!'

금세 호텔에 도착했다. 이안은 고개를 들어 호텔 건물을 한번 훑어보
더니 숙소가 좋다고 했다. 내 대답을 기다리는 눈치였다.

"그럼, 저는 쉬러 들어갈게요."

"네. 몇 시에 가실래요?"

이안이 물었다. 와플과 감자튀김을 먹으러 가는 시간을 정해야 하는 것인가. 나는 휴대폰을 꺼내 시간을 확인했다. 11시 40분이었다.

"한 시에 뵙죠. 그땐 식사 시간이 지났으니 사람들이 많지 않겠죠. 어디서 볼까요?"

"여기 로비로 올게요. 쉬어요. 저도 어제 늦게 도착해서 조금 쉬었다 올게요."

그는 어서 들어가라는 손짓을 했다. 나는 짧게 인사하고 호텔 방으로 들어왔다. 방으로 들어오자마자 침대 한쪽에 벌러덩 누워버렸다. 왼쪽 손목이 다시 시큰거렸다. 고장 난 가방을 끌다 고장 나버린 왼쪽 손목을 이리저리 돌리며 하염없이 천장만 바라봤다. 브뤼셀은 휠체어로 다니기 쉽지 않은 곳이었다. 친절한 사람들의 도움을 받아 투어를 잘 마무리하긴 했지만 혼자서는 두 번 다시 오고 싶지 않을 만큼 힘겨웠다. 침대에 누워 있던 나는 서서히 긴장이 풀려서인지 깜빡 잠이 들어버리고 말았다.

흠칫 눈을 떴다. 부랴부랴 시간을 확인해보니 다행히 약속 시간 5분 전이었다. 엘리베이터를 타고 로비에 가보니 이안이 소파에 앉아 휴대폰을 들여다보고 있었다.

"이안."

나지막이 이안의 이름을 불렀다. 이안이 자리에서 일어나 내게 다가오며 말했다.

"잘 쉬었어요? 일찍 나왔네요. 그럼 뭐부터 먹을까요? 와플? 감자튀김?"

"여기 1유로짜리 와플 가게가 있어요. 거기 가요."

전날 부서진 가방을 끌고 호텔을 찾을 때, 전화번호가 적힌 메모지를 들고 관광안내소를 찾을 때, 그리고 무료 도보 투어를 할 때 지났던 그 길에 1유로 와플 가게가 있던 것이 떠올랐다.

"1유로요? 정말 저렴하네요. 어서 가죠."

이안은 신이 난 듯 빨리 가자고 재촉했다. 기억을 더듬어 1유로 와플 가게가 있는 골목으로 갔다. 골목에 들어서자마자 길게 늘어선 줄 때문에 와플 가게를 한눈에 알아볼 수 있었다. 크림, 시럽, 초콜릿, 누텔라와 여러 가지 과일이 잔뜩 올라간 거대한 와플부터 아무것도 없는 심심하게 생긴 와플까지 다양한 와플 모형이 가게 앞에 놓여 있었다. 심심하게 생긴 와플만 1유로일 뿐 토핑이 올라갈 때마다 가격은 천차만별로 달라졌다. 나는 크림과 초콜릿, 과일이 올라간 거대한 와플을 골랐고 이안은 한번 먹으면 헤어 나올 수 없다는, 중독성이 강한 누텔라가 잔뜩 발린 와플을 골랐다.

우리는 가게 앞 노천 테이블에서 와플을 먹었다. 크림의 부드러움과 초콜릿의 달콤함, 과일의 상큼함과 와플의 고소함이 어우러지는 게 아주 맛있었다. 와플을 찢지도 못하는 가냘픈 포크를 던져버리고 싶은 마음을 참으며 크림 산에 숨어 있는 와플을 야금야금 먹고 있는데, 갑자기 이안이 와플을 먹다 말고 가방 속에서 물티슈를 꺼냈다. 그는 물티슈를 한

그랑플라스 뒷골목에 있는 1유로 와플 가게

장 뽑더니 내 머리카락을 닦기 시작했다.

"정말 미안해요. 제가 당신 머리카락에 초콜릿을 묻혔어요. 제가 닦을게요. 화내지 마요, 제발."

나는 당황한 그의 모습이 우스웠다. 그래서 그에게 머리를 좀 더 들이밀며 장난을 쳤다.

"세상에... 일부러 그런 거죠? 아주 깨끗하게 닦아요. 방금 샴푸한 것처럼 뽀송하게 닦아야 돼요. 초콜릿 냄새 나면 화낼 거예요."

이안은 포크를 입에 문 채 물티슈로 내 머리카락을 닦으며 어이가 없다는 듯 웃었다. 나는 이안이 머리카락을 깨끗이 닦을 수 있도록 고개를 반쯤 꺾은 상태로 있었다. 그때 와플 가게 맞은편에 길게 늘어선 줄이 눈에 띄었다. 그리고 감자튀김이 담긴 고깔을 들고 나오는 사람들이 보였다.

"감자튀김이다!"

내 말에 이안은 머리카락을 닦다 말고 고개를 돌려 맞은편을 보았다.

"사람들이 엄청 줄 서 있는 거 보니까 유명한 곳인가 봐요. 우리도 빨리 가서 줄 서요."

나는 이안을 재촉했다. 맞은편 감자튀김 가게 줄에 합류한 우리는 감자튀김을 들고 나오는 사람들 손만 쳐다보았다. 사람들마다 케첩, 마요네즈, 머스터드, 알 수 없는 오렌지색 소스 등을 감자튀김에 뿌려서 나왔다. 우리는 차례를 기다리면서 어떤 소스를 선택할지 고민했다. 그런데 문제는 불어로 적혀 있는 메뉴판이었다. 어느 게 케첩인지, 어느 게 마요네즈인지 읽을 수가 없었다. 점점 우리 앞의 사람들이 줄어 드디어 순서

원하던 오렌지색 소스 대신 시큼한 머스터드가 잔뜩 올려진 벨기에 감자튀김

가 다가왔지만 나는 사람들로 붐비는 좁은 가게에 들어가지 못했다.

"꼭 오렌지색 소스로 받아와요."

결국 이안에게 주문을 부탁했다.

"으... 저도 불어 못하는데, 어떡하죠? 오렌지색 소스가 아니면 어떡해요?"

이안은 초조해하며 감자튀김 가게로 들어갔다. 채 5분도 지나지 않아 가게에서 나온 이안의 손에는 노란색의 시큼한 머스터드가 잔뜩 얹힌 감자튀김이 들려 있었다. 실패다. 갓 튀겨 바삭하고 고소한 감자튀김은 기가 막힌 맛이었다. 하지만 시큼한 머스터드를 먹을 때마다 나는 자동적으로 얼굴이 일그러졌고, 이안은 그런 내 모습을 보며 깔깔 웃었다.

이안과 나는 그렇게 하루 종일 그랑플라스 일대를 돌아다녔다. 혼자였다면 가보지 못했을 좁은 언덕길에 있는 벨기에 초콜릿 가게에도 가보았다. 우리는 함께 길을 걸으며 달콤한 초콜릿 몇 조각을 먹었다. 함성 소리와 함께 10인 자전거를 몰고 언덕을 오르는 사람들에게 박수 치며 응원도 했다. 갑작스럽게 내리는 소나기를 피해 들어간 작은 천막 아래에서 비가 지나가길 기다리기도 했다. 추위를 피할 겸 카페에 들어가서는 장장 세 시간 동안 수다를 떨기도 했다. 커피 타임을 마치고 나오니 벌써 사방이 어두워지고 있었다. 우리는 근처 벼룩시장을 둘러보았다.

"홍합 요리 먹어봤어요?"

나는 벼룩시장에 전시된 맥주잔에 든 양초를 만지작거리며 이안에게 물었다.

"홍합이요? 아니요."

이안은 양초 하나를 집어 들고 요리조리 살피며 대답했다.

"여기 홍합 요리가 유명하대요. 홍합 요리 맛집도 있다 하고요."

"오, 정말요? 먹어보고 싶은데요? 같이 갈래요?"

우리는 홍합 요리 식당이 늘어선 좁은 골목길을 걸었다. 호객 행위를 하는 사람들 때문에 한 걸음 내딛기도 힘든 상황이었다. 나는 그들을 무시하고 앞장서 갔다.

"고맙지만 나중에 다시 올게요. 고맙습니다. 미안하지만 조금 더 가볼게요."

이안은 뿌리치지 못하고 한 명 한 명에게 말을 건네며 좀처럼 길을 빠져나오지 못했다. 나는 골목 끝에서 이안이 오기만을 기다렸다. 기다리는 나를 본 이안은 호객 행위 하는 사람들에게 쩔쩔매며 연신 미안하다 말하고는 뛰어왔다.

우리는 사람들이 적당히 있는 식당 테라스에 자리를 잡았다. 이미 전날 홍합 요리를 먹어본 나는 스테이크를 시켰고, 이안은 홍합 요리를 시켰다. 우리는 식사하면서 더 많은 이야기를 나눴다. 딱 맞는 것은 아니지만 분명히 아시아인들끼리만 느낄 수 있는 문화적 공감대가 있었다. 이런저런 이야기를 하던 중 이안은 자기 친구들, 특히 여자 사람 친구들이 빅뱅과 비스트에 미쳐 있다며 도무지 이해할 수 없다고 했다.

"빅뱅이 어때서? 나도 좋아하는데 왜?"

나는 나지막이 발끈했다.

벨기에식 홍합 요리와 스테이크를 먹으며 이안과 파리에서의 재회를 기약했다.

"워우, 미안해요. 빅뱅 좋아요. 나도 빅뱅 좋아해요."

이안은 흠칫하더니 맞장구치듯 대답했다. 한참 홍합을 먹다가 이안이 아주 조심스럽게 말했다.

"물어보고 싶은 말이 있는데, 물어봐도 될지 모르겠어요."

"말해봐요."

"한국에선 여자들이 성인이 되면 모두 성형외과 가서 수술한다고 하던데, 진짜예요?"

나는 얼토당토않은 질문에 터져 나오는 웃음을 꾹 참아야 했다.

"내 얼굴을 봐요. 이게 어떻게 성형한 얼굴일 수가 있는지."

내 대답에 이안은 크게 웃었다. 나도 웃음이 터질 것 같았지만 꾹 참고 무표정하게 이안을 바라보기만 했다. 깔깔거리며 웃던 이안은 아무 표정도 반응도 없는 나를 보더니 손에 쥐고 있던 포크와 나이프를 내려놓고는 어쩔 줄 몰라 했다.

"오, 미안해요. 아니 그게... 당신이 성형을 잘못했다고 생각한 게 아니라... 뭐라고 말해야 하지... 아무튼 웃어서 기분 상했다면 정말 미안해요."

그는 난처한 표정으로 연신 사과했다.

"큭큭큭. 장난이에요, 장난."

나는 꾹 참았던 웃음을 터뜨렸다. 이안은 그제야 안도의 한숨을 내쉬더니 다시는 이런 질문을 하지 않겠다고 했고, 나는 대체 어디서 그런 황당무계한 이야기를 들었냐며 사실이 아니라고 말해주었다.

식사가 끝나자 웨이터가 디저트로 티라미수 한 조각을 내왔다. 나는 포크로 티라미수를 뜨며 이안에게 물었다.

"그래서 내일은 로테르담에 가고, 또 어디로 가요?"

이안은 로테르담에서 독일을 거쳐 파리로 간다고 했다. 나도 파리에 가는 터라 이안에게 파리에서 어디에 갈 건지 물어보았다. 그는 루브르 박물관과 에펠탑에 꼭 가보고 싶다고 했다. 나는 반가워서 신이 난 목소리로 이야기했다.

"저도 루브르 박물관 하고 에펠탑에 갈 거예요. 사실 파리에서 가장 가고 싶은 곳은 노트르담 성당이지만요."

"정말요? 파리는 언제 가세요? 파리에서 다시 만나면 좋을 것 같은데 일정이 겹치진 않겠죠?"

"음, 한 열흘 후쯤 도착할 것 같아요. 스톡홀름에서 저녁 비행기로 파리로 갈 예정이에요."

"저는 일주일 후에 파리로 가요. 가서 일주일 정도 머물다가 대만으로 돌아가는데, 어쩌면 파리에서 다시 만날 수도 있겠네요!"

"정말요? 여행지에서 만난 사람이랑 또 만난다는 게 쉬운 일은 아닌데 다시 만난다면 정말 신기하겠네요. 혹시 파리에서 만나게 되면 루브르에 같이 갈래요? 파리에 친구가 있기는 한데 그 친구는 낮에 근무를 해야 해서 루브르에는 혼자 갈 것 같은데, 같이 갈래요?"

"좋아요! 그럼 파리에 도착하기 전에 연락 줘요. 루브르에 꼭 같이 가요!"

우리는 파리에서 다시 만나기로 약속했다. 브뤼셀에서의 첫날은 악몽 같았다. 슬픔과 좌절에 빠져 있을 뻔했지만 우연히 한 여행자를 만났다. 짧은 시간이었지만 낯선 도시에서 서로를 알아가며 새로운 관계를 맺었다. 다른 나라, 다른 세계에서 살던 사람이었다. 딱히 공통점도 없었지만 '여행'이라는 관심사 하나로 우리는 친구가 되었다. 내가 혼자 여행을 오지 않았더라면 절대 만나지 못했을 사람이었는지도 모른다. 어쩌면 이것이 혼자 하는 여행의 매력이 아닐까?

NETHERLANDS

사랑을 싹트게 만드는 곳
네덜란드

암스테르담엔 혼자 오지 않으리

브뤼셀 미디 역에서 기차를 타고 암스테르담으로 이동했다. 고속열차가 아니라 이곳저곳 멈춰 서는 느림보 완행열차였다. 나는 기차 안에서 비구름에 어둑해진 창밖을 바라보았다. 요란한 소리를 내며 철길을 달리는 완행열차 창에 빗방울이 하나둘 부딪히기 시작했고, 창밖으로 초원 위에서 거대한 풍력발전기가 돌아가는 모습이 보였다.

나는 암스테르담으로 가는 세 시간 동안 많은 생각을 했다. 휠체어를 타면서부터 어떤 삶을 선택해야 할지 고민에 빠졌던 순간들이 떠올랐다. 미궁 속을 걷는 기분이 든 적도 있었다. 남들과 다른 출발선에 선 것이라기보다는 달리다 넘어져 일어나지 못하는 상황 같았다. 절뚝거리는 다리로 사람들과 경쟁해야 하는 것만 같았다. 남들보다 두 배, 세 배

완행열차 창밖으로 펼쳐진 풍경

는 더 노력해야 겨우 쫓아갈 수 있을 따름이었다. 그대로 증발해버리고 싶을 만큼 좌절했던 순간도 많았다. 스스로 채찍질하며 상처내고, 그 상처가 굳으면서 나는 단단해졌다. 더 단단해지고 더 단단해지려고 했다. 언제인가 내 삶에 굳은살이 생기고부터는 경쟁을 포기하게 되었다. 남들처럼 사는 것, 남들이 기준이 되는 그런 삶을 포기하게 되었다. 그것을 포기하는 순간 비로소 나는 내 삶을 마주하게 되었다. 남들의 시선에 좌지우지되는 것이 아니라 내가 하고 싶고 살고 싶은 그런 삶을 살게 되었다. 그런 삶을 살기 시작하면서 나는 행복이라는 단어를 마음속에 새길 수 있었다.

내가 사고로 다치기 전, 주말이면 온 가족이 전국 팔도로 여행을 다녔다. 봄이면 아빠와 함께 산에 올라 두릅을 땄고, 여름이면 검정색 자동차 타이어 튜브를 타고 물놀이를 했다. 가을엔 밤을 따러, 겨울엔 눈썰매를 타러 갔다. 두릅 맛이 뭔지도 모르던 그때는 그저 듬뿍 찍은 양념장 맛으로 두릅을 먹었다. 언젠가 부모님, 오빠와 함께 차를 타고 가면서 벌써 20년이 지난 오래된 여행 이야기를 한 적이 있다. 차를 타고 가는 내내 부모님은 내 기억 보따리 속 이야기를 들으며 즐거워하셨다. 그 작고 어린 딸이 폭풍 같고 악몽 같던 시기를 보내고 이렇게 커서 담담하게 추억을 이야기할 때 부모님은 어떤 기분이셨을까. 가시 박힌 손가락에 굳은살이 생기면서 통증이 덜해지듯이, 만지면 부서질까 사랑으로 키웠던 어린 딸이 이제 고통을 딛고 씩씩하게 살아가는 모습에 조금 덜 아프셨을까.

어쩌면 내가 받은 사랑이 나를 더 크게 만들었을 것이다. 추억 상자

속에 묻혀 있던 오래된 추억을 꺼내어보니 나는 그 어린 시절부터 여행을 하고 있었다. 어설픈 손으로 아빠와 함께 두릅을 딸 때부터, 한여름 개울가에서 놀다 새까맣게 타버렸을 때부터, 밤송이를 따러 가서 잠자리에 한눈을 팔았을 때부터, 눈썰매를 타다 얼굴이 눈 범벅이 되었을 때부터 나는 여행을 하고 있었다. 어쩌면 그 어린 시절의 행복을 더 느껴보고 싶어서 지금도 여행을 멈추지 못하는 것일는지도 모른다.

기차는 빗속을 뚫으며 암스테르담으로 달려가고 있었다. 오만 가지 생각에 사로잡혀 눈시울이 붉어졌다. 암스테르담에서는 그리고 남은 여행지에서는 또 어떤 어려움이 나를 기다리고 있을지 덜컥 겁도 났다. 하지만 나는 나를 믿는다. 도움을 받을 수도, 청할 수도 있지만 일단 나를 믿어보기로 했다. 이미 한바탕 눈물을 쏟아보았으니 두 번, 세 번이 어려울까. 하늘이 무너져도 솟아날 구멍이 있다는데, 이 한 몸 무사히 한국으로 돌아갈 길이 없을까. 나는 스멀스멀 올라오는 두려움을 눌러보려고 스스로를 다독였다.

먹구름 사이로 한 줄기 햇빛이 초원을 비췄다. 아주 밝고 따뜻한 빛이었다. 창밖엔 일렬종대로 서 있는 꽃밭이 보였다. 노란색, 주황색, 보라색, 흰색, 빨간색 꽃이 초원에 물감을 칠한 듯 선을 그리고 있었다. 색색의 꽃 그리고 풍차. 여기는 네덜란드다.

암스테르담 중앙역에 내려 숙소를 찾아갔다. 수많은 운하와 작은 배가 운치 있었다. 도심의 자전거 도로에서는 자동차가 신호를 기다리듯 자전거 탄 사람들이 빨간불에 멈춰 서 있었다. 신호가 바뀌자 수십 대의

암스테르담 담(Dam) 광장

자전거가 빠르게 움직였다. 낯설고 신기한 풍경이었다. 바퀴가 고장 난
가방을 끌고 숙소를 향해 직진 또 직진했다. 인도 옆 자전거 도로에는 굉
장히 빠른 속도로 자전거가 끝도 없이 지나갔는데, 재미난 모양의 자전
거도 눈에 띄었다. 커다란 바구니가 달린 세발자전거 앞에는 장난감을
가지고 노는 아이 둘이 타고 있었다. 안장이 매우 높은 남성용 자전거 뒤
에는 헬멧을 쓴 꼬마가 편안한 자세로 타고 있었다. 그 밖에도 짐을 싣고
달리는 네발자전거, 아주 작은 노점상 점포가 달린 자전거 등등 암스테
르담에는 생전 처음 보는 자전거가 많았다.

숙소에 도착하자마자 휴대폰을 꺼내 메일함을 뒤졌다. 네덜란드에 온 데는 목적이 따로 있었다. 암스테르담에는 휠체어째 탈 수 있는 자전거와 장애인들의 네덜란드 여행을 도와주는 사회적 기업이 있다. 유럽 여행을 떠나기 몇 달 전 나는 그 사회적 기업 담당자에게 메일을 보냈다. 장애인 여행을 어떻게 운영하는지, 암스테르담에서 휠체어를 탄 장애인이 즐길 수 있는 것들은 무엇인지 직접 보고 싶다고 했다. 며칠 동안 마음 졸이며 답장을 기다렸는데, 다행히 내 진심이 잘 전달되었는지 담당자는 흔쾌히 승낙했다. 나는 암스테르담 숙소에서 짐도 풀지 않은 채 메일부터 보냈다. 담당자에게 암스테르담에 도착했다는 소식과 함께 숙소 주소를 보내주었다.

다음 날 아침 담당자가 숙소로 찾아왔다. 작은 가방을 멘 금발의 곱슬머리 여자였다.

"안녕하세요? 메일 드렸던 서윤입니다."

그녀를 보자마자 손을 내밀어 악수를 청했다.

"서…윤? 제 발음이 정확한지 모르겠네요. 만나서 반가워요. 베로니카예요."

"아무렇게나 불러도 괜찮아요. 그냥 윤이라고 불러주세요."

우리는 잠시 숙소 로비에 앉아 장애인 여행에 관해 이야기를 나누었다. 나는 비장애인인 그녀가 장애인 여행 사업을 한다는 것도 신기했다. 유럽에는 장애인 여행과 관련한 조직과 체계가 꽤 발달되어 있다. 그녀 역시 유럽의 접근 가능한accessible 관광 네트워크에 소속되어 많은 프로젝

성냥갑 같은 건축물, 운하 사이사이를 잇는 보트, 그리고 자전거의 도시 암스테르담

트를 함께한다고 했다. 뜻이 맞는 사람들 그리고 장애인들과 조직을 이뤄 장애인의 '관광권'을 진전시키는 일을 할 수 있다는 것이 몹시 부러웠다. 해외여행을 다니는 내게 당신은 부자니까 여행을 다니는 것 아니냐며 손가락질하는 사람도 있었고, 장애인이 무슨 여행이냐며 여행은 사치라고 비꼬는 사람도 있었다. 하지만 엄연히 장애인에게도 다른 평범한 사람들처럼 보고 즐기고 느낄 수 있는 관광권이 있다.

베로니카는 한국은 어떤지 물었다. 어떤 여행지가 있는지, 암스테르담처럼 운하가 있는지, 휠체어를 타고 갈 수 있는 여행지도 많은지 물었다. 일본에 대해서는 알고 있지만 한국 사람을 만난 것도, 한국에서 장애인 여행 관련 일을 하는 사람을 만난 것도 처음이라고 했다. 그럴 만도 하다. 나는 휴대폰을 꺼내 제주도에서 찍은 사진을 보여주었다. 한국의 아름다움이 고스란히 녹아 있는 경복궁과 한복 사진도 보여주었다. 베로니카는 놀란 눈으로 한국에선 장애인 관광이 무척 쉬워 보인다고 했다. 나는 잠시 아무 말도 하지 못했다. 아주 괜찮은 나라라고 할 수도, 그렇다고 아주 열악한 나라라고 할 수도 없었다.

"최근에 관심이 생기고 조금씩 발전하고 있어요. 저도 관심 있는 사람 중 하나고요. 당신이 네덜란드에서 접근 가능한 여행을 소개하는 사람이라면, 한국에서 제가 그 일을 하고 싶어요. 조직도 만들고 싶고 일본, 중국, 대만, 필리핀, 태국 등 여러 아시아 국가의 장애인 관광 업체들과 연계도 하고 싶어요. 휠체어를 타는 한국의 장애인들도 유럽 여행을 가고 싶어 하죠. 하지만 두려워해요. 제가 오늘 당신을 만난 것도 그 때문이에요. 암스테르담의 장애인 관광 시설은 어떤지, 무엇을 할 수 있는지 직접 보고 싶었어요. 그리고 한국에 돌아가면 한국의 장애인들에게 말해주고 싶어요. 당신과 당신의 일을, 그리고 암스테르담은 걱정 없이 갈 수 있다는 것을요."

동양의 작은 나라에서 휠체어를 타고 온 여자의 진심이 전해졌던 걸까. 베로니카는 흥미로운 얼굴로 나를 쳐다보며 고개를 끄덕였다. 그러곤 자리에서 벌떡 일어나며 말했다.

"그럼, 자전거 가게부터 가보죠. 휠체어가 탈 수 있는 자전거가 궁금하다 했죠? 미리 자전거 가게 사장님께 연락드렸어요. 아마 바로 탈 수 있을 거예요."

나는 베로니카를 따라서 암스테르담 도심을 가로질러 갔다. 그녀는 원래 자전거를 타고 다니지만 휠체어로 다녀야 하는 나 때문에 자전거를 두고 왔다고 했다. 몇 개의 운하를 지나고 기차가 다니는 굴다리를 지나 암스테르담 중앙역 뒤편으로 향했다. 한적한 골목길에서 'STAR BIKE'라는 자전거 대여소 간판이 눈에 띄었다.

가게에는 신기한 자전거가 많았다. 2인용 자전거, 인력거처럼 생긴 자전거, 바구니가 달린 자전거, 전기 자전거, 그리고 휠체어가 통째로 올라가는 자전거가 있었다. 그 자전거의 이름은 '벨로Velo'라고 했다. 가게 주인이 세팅을 마친 뒤 나는 조심스럽게 자전거에 올랐다. 베로니카도 신기하게 쳐다보며 말했다.

"실제로 탑승하는 걸 보는 건 처음이네요. 사진을 찍어도 될까요? 너

스타바이크, 암스테르담. 휠체어로 탑승할 수 있는 자전거 벨로

무 신기하네요."

"얼마든지요. 떨리네요."

베로니카가 자전거를 탄 내 모습을 카메라에 담고 있는 동안 주인이
내 뒤편 안장에 올랐다.

"자, 준비됐어요? 이제 출발해볼까요?"

주인은 페달을 힘차게 밟으며 천천히 자전거를 움직였다. 페달을 밟
을 때마다 속도는 점점 빨라졌다. 공중에 떠 있는 기분이었다. 귓가에는
거칠게 몰아치는 바람 소리만 들릴 뿐이었다. 탁 트인 시야가 오랜만이
었다. 항상 남들보다 낮은 시야에서 무언가를 올려다봐야 했지만, 이 자
전거에서는 다른 사람과 똑같은 높이로 모든 것을 느낄 수 있었다. 자전
거 가게 주인은 나를 자전거에 태운 채 큰길로 향했다. 자전거를 끌어줄
사람이 없어 암스테르담 전체를 돌아보지는 못했다. 이럴 때는 혼자 여
행을 온 게 조금 아쉽다. 주인은 곧 방향을 돌려 다시 가게로 자전거를 몰
았다. 베로니카가 놀란 표정으로 나와 주인을 번갈아 쳐다보며 말했다.

"와, 이거 정말 멋진데요? 매번 예약만 대신해주었지 실제로 보긴 처
음인데, 정말 멋져요."

주인은 나를 자전거에서 내려주며 말했다.

"이 자전거를 타고 암스테르담 시내에 가면 사람들이 엄지를 번쩍 들
고는 멋지다고들 해요. 지난번에는 특수학교 학생들이 와서 체험을 했
는데, 다들 너무 좋아하더라고요."

"그러게요. 다음엔 저도 일행을 만들어 와야겠어요. 이 자전거를 타고

암스테르담 투어를 하지 못한 것이 너무 아쉽네요."

나는 자전거에서 내리며 말했다.

"하하. 그렇게 하세요. 기억하고 있을게요. 꼭 다시 오세요."

주인은 환한 미소를 지으며 내게 이야기했다. 그녀가 이렇게 휠체어 용 자전거를 대여하게 된 데에는 사연이 있다고 했다. 사촌이 사고로 휠체어를 타게 되었는데, 가끔씩 사촌이 가게에 놀러 와도 그 어떤 자전거도 탈 수 없다는 것이 늘 마음에 걸려서 이 자전거를 구입했고, 자신의 사촌처럼 휠체어를 타는 장애인에게도 자전거를 탈 수 있는 기회를 만들어주고 싶었다고 했다. 그리고 나는 머나먼 한국에서 벨로를 타보기 위해 암스테르담에 갔다. 정말 좋은 경험이었다. 이런 자전거가 한국에도 있다면 얼마나 좋을까.

나와 베로니카는 주인에게 작별 인사를 하고 다시 암스테르담 중심가로 왔다. 베로니카는 거리를 걸으며 네덜란드 장애인 관광에 대해 이야기해주었다. 그녀는 네덜란드의 장애인 관광은 여전히 갈 길이 멀고 발전해야 할 것이 많다고 했다. 그런 그녀의 말을 들으며 먼 길이라도 좋으니 한국에서도 장애인 관광을 위한 그런 길을 한번 만들어보면 좋겠다는 상념에 빠졌다.

베로니카의 설명을 들으며 암스테르담 중심가를 둘러보다 보니 어느덧 정오가 지났다. 오후 출근을 위해 가봐야 한다는 베로니카에게 나는 감사의 표시로 한국에서 사온 자개 거울을 선물로 주었다. 그녀는 무척이나 기뻐했다. 우리는 그렇게 다음 만남을 기약하며 작별했다.

다시 혼자다. 베로니카는 내게 휠체어로도 운하 투어를 할 수 있다며 배 타는 위치를 설명해주었다. 암스테르담은 곳곳이 좁은 수로로 이어져 있어서 마치 수맥 위에 생긴 도시 같다. 고깔에 담긴 감자튀김을 야금야금 먹으며 수로를 따라가다 보니 베로니카가 알려준 운하 투어 업체가 나타났다.

"운하 투어를 하려고 하는데요, 여기서 휠체어 탑승이 가능하다고 해서 왔어요."

보이지 않는 매표소 창구 안에서 불쑥 손이 나타나더니 얇은 종이 티켓을 내밀며 가격을 말했다. 표를 건네받고선 배 시간을 확인하려고 돌아서는데 누군가 다급히 나를 불렀다.

"헤이! 어서 타세요. 다음 배에는 리프트가 없어요. 이 배에만 리프트가 있답니다. 어서 타야 해요. 곧 출발한다고요."

배에서 달려나온 직원이 나를 재촉했다. 나는 주위를 둘러볼 틈도 없이 직원의 손에 이끌려 배에 올랐다. 갑판에 숨겨진 뚜껑을 열자 휠체어한 대는 아주 쉽게 올라탈 수 있는 리프트가 나타났다. 내가 배에 올라 자리에 앉자마자 기다렸다는 듯 이내 배가 출발했다. 천장이 투명한 유리로 된 배를 타고 한 시간여 동안 여러 개의 운하를 구경했다. 다리 위에서 보던 암스테르담과 배 위에서 보는 암스테르담은 마치 다른 도시처럼 느낌이 무척 달랐다. 배가 지나가자 물가 주변에 앉아 있던 사람들이 손을 흔들어주었다. 나도 손을 흔들며 화답했다.

한 달간 혼자 여행하며 가장 외로웠던 순간이 언제였느냐고 묻는다

휠체어 리프트가 설치된 보트를 타고 즐긴 암스테르담 운하 투어

면, 나는 망설임 없이 운하 투어 때를 꼽을 것이다. 너무나도 아름답고 사랑스러운 풍경이 끊임없이 펼쳐졌지만 그 순간을 공유할 수 있는 사람이 없다는 게 무척이나 아쉬웠다. 여행 중 만난 누군가가 그랬다. 암스테르담은 사랑의 도시라고, 없던 사랑도 싹트게 할 만큼 너무 예쁜 도시라고. 나는 운하 투어를 하면서 그 말을 이해할 수 있었다. 예쁘고 사랑스러운 도시. 운하 투어를 하는 동안 나는 다음번 암스테르담 여행은 이 아름다운 경치를 함께 보며 이야기하고 공유할 수 있는 사람과 반드시 같이 오리라 마음먹었다.

윈드밀! 윈드밀!

네덜란드에 와서 풍차를 안 보고 떠난다는 건 말도 안 되는 일이다. 나 역시 어느 여행자들처럼 네덜란드에서의 마지막을 풍차가 있는 잔세스 칸스 Zaanse Schans 마을에서 보내기로 했다. 암스테르담에서 기차로 25분 거리에 있는 잔세스칸스 마을은 네덜란드 현지에서도 아름답기로 유명한 인기 여행지라고 한다. 이른 아침 기차를 타기 위해 암스테르담 중앙역으로 향했다. 사람들을 따라 줄 서서 기차표를 구매하려는데 역무원이 나를 만류했다.

"고객님, 잔세스칸스로 가는 직통 열차가 없어요. 근처 역에 내려서 버스를 타거나 걸어가야 하는데, 버스에 휠체어 탑승이 가능한지 확실하지 않네요. 그리고 걸어서 간다 해도 20분 정도 걸리는데 괜찮을까요?"

청천벽력 같은 이야기였다. 사전 조사할 때는 이런 이야기가 전혀 없었는데, 이게 무슨 일이람? 당황한 나머지 얼음이 되어버린 나를 보고 역무원이 다시 말했다.

"혹시 잔세스칸스로 가는 버스가 있는지 한번 알아볼게요. 잠시만요."

한참 동안의 통화를 마친 그녀가 웃으며 말했다.

"중앙역에서 바로 가는 버스가 있다고 하네요. 물론 휠체어도 탑승 가능하고요. 여기서 50분 정도 걸린다고 하지만 그래도 버스를 타는 편이 더 편할 것 같은데, 어떠세요?"

땡. 그녀의 말에 나는 비로소 얼음에서 풀려날 수 있었다. 그녀는 버스 번호가 적힌 메모지를 건네주며 정류장 위치를 상세히 알려주었다. 중앙역 반대편에 있는 버스 정류장으로 가는 길에 편의점에 들러 간식도 샀다. 쿠키와 복숭아 두 개 그리고 와인. 솔로 여행의 즐거움은 아무 데서나 아무렇게 술을 마셔도 상관하는 사람이 없다는 것이다. 나는 간식거리가 든 봉지를 가방에 쑤셔 넣고는 다시 정류장을 향해 갔다.

다행히 잔세스칸스로 가는 버스 정류장을 쉽게 찾을 수 있었다. 온몸을 도화지 삼아 요란하게 문신을 한 중년 남자가 버스 정류장에 서 있었다. 나는 그의 옆에서 버스가 오기만을 기다렸다. 버스가 올 시간이 가까워지자 사람들이 하나둘 몰려들었다. 그중에는 방울 달린 털모자를 쓰고 한 손에 흰 비닐봉지를 들고는 끊임없이 주위를 두리번거리는 동양인 여자도 있었다. 누가 봐도 일본 사람이었다.

몇 분 지나지 않아 잔세스칸스로 가는 버스가 도착했다. 나는 뒷문으로 잽싸게 버스에 올랐다. 아까부터 초조한 듯 이리저리 두리번대던 일본 여자는 좀처럼 버스에 오르지 못하고 문 앞에서 버스 기사에게 물었다.

"윈드밀? 윈드밀?"

윈드밀^{windmill}은 영어로 풍차. 버스 기사가 고개를 까딱이며 타라는 신호를 보냈다. 그러자 그녀는 활짝 웃으며 버스에 올랐다. 정류장에서 부터 그녀의 모습을 보며 왠지 나를 보는 것만 같아 계속 눈길이 갔다. 버스에 오른 그녀와 눈이 마주치자 나는 멋쩍은 미소를 보였다. 내 앞자리에 앉은 그녀에게 조심스럽게 말을 걸었다.

"풍차 보러 가요? 혼자?"

내 질문에 그녀는 기다렸다는 듯 몸을 돌려 대답했다.

"네! 윈드밀! 윈드밀 보러 가요. 당신도 혼자 가요?"

"네, 저도 혼자 가요. 같이 다니실래요? 서로 사진도 찍어주면 좋을 것 같은데."

며칠 혼자 여행하면서 사람 사귀는 재주가 늘었다. 그녀는 고개를 연신 끄덕이며 좋다고 했다. 그녀의 이름은 카츠미였다. 원래 후쿠오카에 살았지만, 지난달까지 캐나다에서 워킹홀리데이를 하고, 지금은 워킹홀리데이를 하며 모아둔 돈으로 유럽 여행을 하고 있다고 했다. 카츠미는 암스테르담에 이어 핀란드, 이탈리아, 스위스, 독일을 여행할 계획이었다. 내가 독일 몽샤우에 반드시 가고 싶었던 것처럼 카츠미는 핀란드의 산타 마을에 꼭 가고 싶어 했다. 우리는 잔세스칸스로 가는 내내 이야기를 나눴다. 정류장에서 초조하게 주위를 두리번거리던 카츠미는 긴장이

잔세스칸스 풍차마을

풍차마을 안내소에 가면 휠체어로 접근할 수 있는 풍차가 소개된 지도가 있다.
운하와 어울리는 아기자기한 풍차마을. 카츠미와 나는 한동안 서로의 사진을 찍어주며 여행을 즐겼다.

조금 풀렸는지 이내 나에게 넋두리를 했다. 혼자서 여행하는 건 너무 외롭다며, 이렇게 여행 친구를 만나게 되어서 기분이 좋다고 했다. 그리고 나에 대해서도 많은 것을 물었다.

카츠미와 떠드는 사이 버스는 잔세스칸스에 도착했다. 버스에서 내려 좁은 오솔길을 따라가자 그림책에서나 보던 풍차가 들판 위에 서 있었다.

"너무 예뻐!"

나와 카츠미는 동시에 소리를 지르며 풍차를 향해 달려갔다. 마치 그림 속을 뛰어다니는 것만 같았다. 초록 동산 위에서 빙글빙글 돌아가는 풍차를 보니 네덜란드에 왔다는 것이 실감 났다. 나는 풍차 옆 호숫가의 조그만 나무 부두로 갔다. 카츠미는 풀밭을 뛰어다니며 사진 찍느라 정신이 없었다. 풀밭에는 아이보리 빛깔 양들이 풀을 뜯고 있었다. 나는 부두 끝자락에 서서 주변을 바라보았다. 여러 도시를 다녔지만 단 한 곳도 같은 느낌이 없었다. 어쩜 이렇게 다를 수 있을까. 심지어 고작 다섯 개밖에 되지 않는 풍차의 모양도 제각기 달랐다.

"카츠미! 풍차에 올라가볼래요?"

나는 풀밭을 뛰어다니는 카츠미에게 소리쳤다.

"네!"

카츠미는 한 마리 양처럼 폴짝폴짝 뛰어왔다. 풍차 내부는 겉모습과 달리 투박했다. 문을 열고 들어가자 서걱서걱 톱질하는 소리와 진한 톱밥 냄새뿐 인기척도 느낄 수 없었다. 풍차가 한 바퀴 돌 때마다 풍력으로 나무가 잘려나갔는데, 나는 무언가에 홀린 듯 멍하니 그 모습을 지켜보았다. 새삼 인간의 능력이 대단하게 느껴졌다.

풍차 구경을 끝내고 카츠미와 벤치에 앉아 점심을 먹었다. 카츠미는 흰 비닐봉지에서 크루아상을 꺼냈다.

"카츠미, 와인 마실래요?"

내가 와인 병을 꺼내 들자 카츠미는 놀란 눈을 했다.

"에에? 낮부터 술을 마신다고요? 하하, 대단해요!"

점심을 먹고 있자니 구경꾼이 찾아왔다. 거위였다. 애처로운 눈빛으로 과자를 탐내는 모습에 나는 한 조각을 떼어 바닥에 던져주었다. 그러자 어디선가 거위 한 마리가 또 나타났다. 거위 두 마리가 애처로운 눈빛으로 나와 카츠미를 쳐다보며 울었다.

"안 돼. 이건 너네 점심이 아니야. 내 거야. 저리 가. 못 줘!"

카츠미는 크루아상을 한입 베어 물며 거위를 약 올렸다. 이번에는 청둥오리가 나타났다. 그리고 곧 또 다른 새가 등장했다. 잔치라도 열린 것마냥 동네의 모든 동물이 몰려들어 우리의 점심을 노렸다. 동물에 둘러싸인 우리 모습에 관광객들이 지나가며 폭소를 터뜨렸다. 하지만 나와 카츠미는 진지했다. 점심을 지키고야 말겠노라고.

점심을 먹은 뒤 우리는 가볍게 산책을 하고 암스테르담행 버스에 올랐다. 돌아가는 버스에서도 수다 삼매경을 이어갔다. 여행 일정을 얘기하다 보니 뮌헨에서 하루가 겹쳤다. 암스테르담에서 내리면서 우리는 뮌헨에서 다시 만날 날을 약속하며 헤어졌고, 실제로 노이슈반슈타인 성 Schloss Neuschwanstein이 있는 퓌센으로 가는 기차에서 재회했다.

DENMARK
SWEDEN

세상과 사람을 만나는 곳

덴마크 | 스웨덴

코펜하겐의 두 남자

코펜하겐에서 두 남자를 만났다. 덴마크에서 자랐지만 한국을 너무 좋아하는 남자와 한국에서 자랐지만 덴마크를 너무 좋아하는 남자. 코펜하겐에서 만난 이 두 남자는 너무도 다른 삶을 살고 있었다. 나는 이 두 남자와 코펜하겐 도심 투어를 했다. 코펜하겐의 일상은 지루하다고 말하는 남자 1호와 코펜하겐의 일상은 너무나 아름답다고 말하는 남자 2호. 나는 짧은 기간 코펜하겐을 여행하면서 두 남자를 통해 너무나도 다른 느낌의 코펜하겐을 알게 되었다.

남자 1호는 한국어보다 영어가, 영어보단 덴마크어가 더 쉬운 남자다. 그는 입양인이다. 그런 남자 1호는 자신이 한국인이라 당당히 말한다. 그는 덴마크 한인입양인협회를 통해 처음 한국을 방문했다. 그런 다음 한국어를 배우기 위해 또 한 번 한국을 방문했고, 그다음에는 휴가를 받아 한국에 여행을 다녀왔다. 그는 한국인이었다. 그동안 모르고 자랐던 한국의 문화를 배우고 익히며 코펜하겐의 작은 마을에서 어렴풋한 향수를 느끼며 살고 있었다.

이따금 남자 1호는 내게 사진을 보여주며 자랑을 하곤 했다. 한국인들에게 코펜하겐 생활을 알려주는 홈페이지를 구축 중이라고 이야기하기도 했고, 얼기설기 썬 배추와 붉은 고춧가루 양념을 보여주며 김치를 담근다고도 했다. 또 어떤 날에는 매운 라면 사진을 보여주기도 하고, 삼겹살을 먹기 위해 무쇠 불판을 주문했다고 자랑하기도 했다. 그는 그냥 그런 한국인이었다.

그런 남자 1호를 코펜하겐에서 다시 만났다. 오후 3시, 퇴근을 한 남자 1호는 자전거를 타고 내가 머물고 있는 숙소로 왔다. 수줍게 인사하고선 내게 무얼 하고 싶냐고 물었다. 내 대답은 간단했다.

"시티 투어."

그는 재미없다는 표정으로 나를 쳐다봤다. 나는 태연한 표정으로 손가락을 까딱거리며 빨리 데려가줄 것을 요구했다. 그는 피식 웃더니 이내 자리에서 일어나 나를 데리고 코펜하겐 시내로 향했다. 그는 무미건조한 말투로 말했다.

"코펜하겐엔 볼 게 없어."

"거짓말하지 마. 뉘하운^{Nyhavn} 항구도 있고, 저번에 탑 사진도 보여줬잖아. 빨리 데러가 달라고!"

나는 남자 1호를 재촉했다. 손님이 왔는데 어째서 제대로 가이드를 해주지 않느냐며 투덜투덜 농담을 했다.

"여기가 시청이고 맞은편이 티볼리^{Tivoli} 공원인데, 저기 가고 싶어?"

"저기 가면 뭐가 있는데?"

"저런 거."

남자 1호는 손가락으로 공원 숲에 불쑥 솟아 있는 놀이기구를 가리켰다.

"글쎄... 근데 티볼리 공원이 코펜하겐에서 유명하지 않아?"

"유명해. 저것밖에 없으니까. 근데 안 갔으면 좋겠어. 정말 할 게 없거든."

남자 1호가 본심을 드러냈다. 나는 순순히 알았다고 했다. 시청을 지나 시내로 향하는 길에서 그는 시큰둥하게 안내해주었다.

"여기가 시내야. 이게 다야. 저쪽에 가면 레고 가게가 있어. 레고 알지? 그게 덴마크에서 만드는 건데..."

"우와! 저건 뭐야?"

나는 남자 1호의 설명을 듣는 둥 마는 둥하며 주변을 두리번거리다 독수리 모양의 분수를 발견했다. 관광객 몇몇이 그곳에서 사진을 찍고 있었다.

"저게 뭐야? 응응? 가이드가 설명을 해줘야지, 뭐하는 거야."

"그냥 분수."

그는 호주머니에 두 손을 찔러 넣고 나를 한심하게 내려다보며 대답했다. 나는 고개를 홱 돌려 괘씸한 그를 째려봤다.

"어머~ 저게 분수구나. 분수네, 분수야. 독수리 모양 분수네. 와아~ 멋있다아~"

나는 영혼 없는 목소리로 이야기했다. 그런 내가 우스꽝스러웠는지 그는 웃음을 터뜨렸고, 고개를 절레절레 저으며 다시 걸음을 내디뎠다. 시내 중심가를 거쳐 코펜하겐에서 가장 유명하다는 뉘하운에 도착했다.

"여기가 뉘하운이야."

"뭐야? 설명이 그게 다야?"

그는 어깨를 으쓱하더니 다시 항구로 향했다. 그러곤 사람만 많을 뿐 볼 것도 없다며 뉘하운 거리를 계속 걸어갔다. 나는 그런 그를 아랑곳하지 않고 사진을 찍으며 뉘하운을 둘러보았다. 항구를 따라 줄지어 서 있는 건축물들이 눈길을 사로잡았다. 거리는 작은 테라스 테이블에 앉아 차를 마시며 가을 햇살을 즐기는 사람들로 가득했다. 남자 1호는 여기저기 사진을 찍는 내 옆에 아무 말 없이 서 있다가 내가 다시 출발하면 나란히 걸었다.

그렇게 항구의 끝에 다다르자 그곳에는 파도가 넘실거리는 바다와 또 다른 모습의 코펜하겐이 있었다. 시끄럽던 뉘하운 거리와 달리 항구 끝에는 사색을 즐기는 사람들이 모여 있었고, 항구 왼쪽엔 세련되고 독특한 느낌의 현대식 건물인 코펜하겐 국립극장 Skuespilhuset이 있었다.

바다를 가로질러 보이는 코펜하겐에는 건물마다 각자의 색깔이 있고 지붕 높이부터 창문까지 모두 제각각이었다. 마치 넓은 공간에 전시해

뉘하운 항구. 코펜하겐에서 각자의 삶을 사는 두 남자를 만났다.

둔 현대미술 작품 같았다. 잠시 풍경 감상에 빠진 내 곁으로 남자 1호가 다가왔다. 그는 손가락으로 항구 맞은편을 가리키며 말했다.

"저기 저 앞에 건물 보여? 저곳은 코펜하겐 길거리 음식이 모인 곳이야. 아마 세계 모든 나라 음식을 팔걸? 태국 음식도 있고, 일본 음식도 있고... 아, 한국 음식도 있어. 예전에 코펜하겐에서 호떡이 엄청 인기 있었는데, 그 호떡 가게도 저기 있었어."

그는 독수리 분수를 보았을 때, 뉘하운에 들어왔을 때와 사뭇 달랐다. 내게 자신이 발견한 코펜하겐 속 한국을 이야기하는 듯했다. 그 뒤로도 그는 코펜하겐 도심을 돌며 자신이 발견한 한국을 소개해주었다. 수만 리 떨어진 이 도시에서 한국을 발견하며 살아가는 소소한 재미를 이야기해주는 것만 같았다.

우린 편의점에 들러 맥주를 샀다. 해질녘 공원에 앉아 숲 사이로 사라지는 태양을 바라보며 이런저런 이야기를 나눴다. 남자 1호는 덴마크에서의 생활도 좋지만, 한국에서 직업을 가지고 일을 하며 살아보고 싶다고 했다.

"하하. 한국에서는 오후 3시에 절대 퇴근 못 해. 상상조차 할 수 없는 일이야. 야근도 엄청 자주 하고. 또 휴가도 1년에 열흘 정도가 전부일 수도 있는데 버틸 수 있겠어?"

그는 토끼 눈을 하고 나를 쳐다봤다. 아직 그가 배워야 할, 알아가야 할 한국 문화가 무수히 많다. 어쩌면 모르는 게 나을지도 모른다. 그가 상상하는 것 이상으로 고달픈 한국 사회의 이면을 보고 실망할까 봐 걱정스러웠다. 그 역시 어느 정도는 짐작하고 있었지만, 한국 사회에서 비주류로 사는 일은 만만치가 않다. 입양인들에겐 어쩌면 더 혹독할지도 모른다.

예전에 다른 입양인 친구가 이런 말을 한 적이 있다. 자신이 자란 나라에서 자신은 이방인이었다고. 그런데 자신이 태어난 나라에서도 자신은 이방인이라고. 어쩌면 나 역시 자각하지 못하는 선입견이 있을지도 모른다. 그가 받을 상처를 섣불리 재단해버린 것일지도 모른다. 하지만 자신이 태어난 나라에 돌아왔다가 크게 실망하며 떠난 사례를 여러 번 봐왔기 때문에 나는 남자 1호의 한국 생활을 쉽게 환영할 수 없었다.

"한국에 살지 않으면 어때. 휴가를 길게 받아서 올 수 있잖아. 여기서 한국 문화를 즐기고, 한국 사람들에게 코펜하겐의 생활을 알려주고 그러면 되지 않겠어? 난 충분히 훌륭하다 생각하는데."

그는 아무 말도 하지 않았다. 나는 그런 그에게 환하게 웃으며 뼈가 가득한 말을 했다.

"휴가 받아서 서울 오면 꼭 미리 알려줘. 내가 가이드 해줄게. 오늘 네가 했던 것처럼 똑같이 해줄 거야."

굳은 표정으로 있던 그가 내 말에 웃음을 터뜨렸다.

남자 1호는 한국인이다. 덴마크에서 자랐지만 자신이 태어난 한국을 사랑하는 사람이다.

여기 또 다른 한국 남자가 코펜하겐에 살고 있다. 남자 2호는 한국이

지긋지긋해 모든 것을 포기하고 코펜하겐으로 왔다. 그는 포토그래퍼다. 사진 찍기를 좋아하고, 사진 속에 사람을 담고 그 사람의 삶을 담아내기 좋아하는 사람이다.

나는 그에게 코펜하겐 가이드와 사진 촬영을 부탁했다. 숙소 앞에서 처음 만난 그는 내게 코펜하겐이 좋은 이유를 이야기했다. 여유로운 생활이 좋고, 자신의 개성을 쉽게 드러낼 수 있어서 좋고, 작은 일이라도 자신이 하는 일을 인정받을 수 있어서 좋다고 했다. 나는 우연찮게 남자 1호와 갔던 길을 그와도 걸어가게 되었다. 그는 티볼리 공원을 가리키며 말했다.

"저기가 티볼리 공원인데요, 1800년대에 지어졌다고 해요. 안에 놀이 기구도 있고 공원도 있고 작은 호수도 있어서 코펜하겐 사람들이 나들이 하러 많이 가죠. 저도 친구들이랑 가끔 가는데, 한국의 에버랜드와는 비교할 수 없을 정도로 규모가 작아요. 그래도 코펜하겐 사람들은 무척 좋아해요."

이번에는 티볼리 공원 맞은편에 있는 시청을 가리키며 이야기했다.

"여기는 시청인데요, 지은 지 100년도 더 되었어요. 여기서 결혼식을 많이 하는데, 한국과 달리 덴마크 사람들은 결혼식을 간단하게 하더라고요. 아, 저건 안데르센 동상이에요. 〈인어 공주〉 아시죠?"

횡단보도 앞에 잠시 멈춰 서 있을 때 그에게 어째서 코펜하겐에 살게되었느냐고 물었다. 그의 대답은 단순했다.

"행복해서요."

신호등에 초록불이 켜졌다. 우리는 길을 따라 시내로 향했다. 남자 1호와 보았던 독수리 분수가 나타났다. 나는 분수를 보자마자 웃음이 터졌다. 그런 내 모습에 남자 2호는 고개를 갸우뚱거렸다. 나는 잠시 그와 이야기를 나누고 싶었다. 어째서 이 먼 곳에서 사는 게 행복한지 듣고 싶었다.

"주변에 커피가 맛있는 카페가 있나요?"

"네! 제가 잘 아는 곳이 있어요. 가시죠."

남자 2호는 손을 내밀어 나를 카페로 인도했다. 인적 없는 좁은 골목길에 오래된 벤치와 테이블이 놓인 작은 카페가 보였다. 관광객으로 붐비는 시내 중심가나 관광지가 아닌, 코펜하겐 사람들의 일상이 묻어나는 그런 조용한 골목길이었다.

남자 2호가 양손에 커피를 들고 내가 자리 잡은 테이블로 왔다. 향이 진한 커피였다. 남자 2호가 자랑스럽게 추천할 만큼 아주 맛있었다. 나는 따뜻한 커피 잔을 손으로 감싸며 그에게 물었다. 무엇이 그를 코펜하겐에 살게 했느냐고. 어째서 이 한국 남자는 덴마크를 사랑하게 되었는지 무척 궁금했다.

코펜하겐에서 그는 포토그래퍼로 활동하고 있지만, 만약 한국에 있었더라면 절대 포토그래퍼로 활동할 수 없었을 것이라 했다. 기껏해야 '시다바리'나 하며 경력자들의 보조 역할을 하고 있었을 것이라 했다. 한국에서 그는 재능도 가능성도 인정받지 못했다. 먼저 일을 시작한 선배들은 그가 찍은 사진, 사진 속에 담긴 이야기를 언제나 무시했다. 언제까지

우연히 보게 된 경찰 행진. 여행은 뜻대로 흘러가지는 않는다. 하지만 때론 그것이 좋다.

로센보르 궁전과 장미 정원

나 보조 역할만 하기를 기대했고, 자신의 개성이 드러나는 작품은 기술적인 표현이 부족하다는 이유로 저평가당했다.

이번엔 그가 내게 왜 혼자서 여행을 하느냐고 물었다. 단순한 이유였다. 하고 싶었고, 또 혼자서 할 수 있다는 걸 보여주고 싶었다. 내가 경험한 한국도 그의 경험과 비슷했다. 장애인도 여행을 하고 싶어 하며 그래서 편의 시설이 중요하고 매우 필요하다고 말하는 내게 돌아온 대답은 "장애인이 무슨 여행이냐? 배부른 소리 한다"였다. 그때 나는 스물넷, 지금 내 앞에 있는 남자 2호 또래였다.

"한국에서 장애인은 개성이 없어야 해요. 사람들은 장애인이 약자면 약자답게 불쌍하고 측은하기만을 바라죠. 심지어 장애인 스스로 그렇게 살아야 한다고만 생각해서 집 밖으로 나오지 않는 사람도 많아요. 도무지 이해할 수가 없어요. 왜 내 삶을 내가 원하는 대로 살지 못하게 하는지, 왜 남들이 만들어놓은 족쇄에 갇혀 살아야 하는지 말이죠."

남자 2호는 커피 잔을 내려놓더니 소리쳤다.

"맞아요! 개성이 없어요. 자신의 개성을 드러내면 이상한 사람 취급해요. 그래서 여기로 온 거예요. 덴마크에서 사는 동안 누구도 저를 이상한 사람으로 취급하지 않았어요. 저는 아직도 덴마크어를 잘 못해요. 그래도 노력하는 저를 보며 괜찮다고 해줘요. 제 경력이 짧든 길든 제 사진을 좋아하는 사람은 저를 찾아와요. 스펙 따위보다 나를 있는 그대로 봐주는 느낌이랄까?"

남자 2호와는 통하는 구석이 있었다. 우리는 조용한 골목길 작은 테이블에 앉아 세 시간이 넘도록 쉴 새 없이 떠들었다.

"장애가 있다고 하면 사람들은 환자 취급을 해요. 의사소통도 결정도 혼자서 할 수 없는 사람 취급을 하죠. 그래서 내 결정보다 보호자의 결정을 먼저 물어봐요. 그럴 땐 진짜 화가 나요. 나도 하나의 인격체인데 말이죠. 걷는 거 빼곤 혼자 다 할 수 있는데 아무것도 못 하게 해요. 걷지 못한다는 것, 장애가 있다는 것, 그거 그냥 조금 불편한 거거든요. 근데 그걸 몰라, 사람들이. 그래서 작정하고 왔어요. 조금 불편하면 어때요. 혼자서도 할 수 있는데. 안 그래요? 저 말고도 많은 장애인들이 도전해보면 좋겠어요. 혼자서 유럽 여행? 그거 별거 아니란 걸 알게 되면 좋겠어요."

남자 2호는 내 말이 끝나기 무섭게 휴대폰을 꺼내들었다. 그는 내 이야기를 잊을 수 없다며 내가 한 말을 고스란히 휴대폰에 메모한 다음 휴대폰 화면을 내게 보여주었다.

"못 걷는다는 장애는 그저 약간의 불편함일 뿐 혼자서도 해외여행을 충분히 할 수 있다. 그리고 '할 수 있다'는 믿음을 주고 싶다."

나는 그가 보여준 휴대폰 화면 속 메모를 읽어내려갔다. 내가 다 읽자 그는 자리에서 일어났다.

"자, 이제 다시 가시죠."

남자 2호의 삶을 보며 많은 생각이 들었다. 우리는 생각을 말하지 못하게 하는 사회, 개성을 드러내지 못하게 하는 사회, 창의력을 규격에 어긋난 것으로 보는 사회, 새로움을 미친 짓으로 보는 사회에 살고 있다. 그런 사회 속에서 나도 남자 2호도 적잖은 고통을 받아왔다. 그리고 나

뒷골목 작은 카페테라스에서 남자 2호의 인생을 들었다. 10년 후 그의 미래가 궁금해졌다.

는 그 속에서 뻔뻔하게 희망을 찾기로 했고, 남자 2호는 그런 사회를 버리고 이곳 덴마크로 왔다. 그것이 그의 돌파구이자 행복의 추구라면 누가 그를 비난할 수 있을까. 나는 모든 것을 버리고 행복을 좇는 삶을 사는 그가 조금은 부러웠다.

Hej! Stockholm

유럽 여행을 준비하면서 꼭 한번 가보고 싶었던 나라가 스웨덴이다. 뉴스에서 떠들어대는 복지 국가, 그놈의 복지 국가가 뭔지 한번 느껴보고 싶었다. 스웨덴의 수도 스톡홀름의 첫인상은 강렬했다. 무거운 26인치 여행 가방을 끌고 스톡홀름 공항에서 시내로 가는 길이었다. 지도 한 장 들고 숙소를 찾아가는 일이 다시금 긴장되는 순간이었다. 프랑크푸르트에서 그러했듯 브뤼셀에서도 암스테르담에서도 코펜하겐에서도 숙소를 찾아가는 첫걸음은 언제나 험난했다. 나는 긴장되는 마음을 가다듬고 스톡홀름 중앙역으로 가는 기차에 올랐다. 창밖은 화창했다. 스웨덴에서 쉬이 볼 수 없는 맑은 날이었다. 햇볕은 따사롭다 못해 강렬해 눈이 부실 정도였다. 왠지 느낌이 좋았다.

"도움이 필요하세요?"

스톡홀름 중앙역에 도착해 버스 정류장을 찾으려 기웃거리고 있는데 노란색 조끼를 입은 자원봉사자가 내게 다가왔다. 나는 갑작스런 그의 등장에 흠칫 놀랐지만 그의 미소에 긴장을 풀었다.

"네, 숙소에 가야 하는데 버스 정류장이 어딘지 모르겠어요."

나는 손에 든 지도를 보여주며 숙소의 위치를 가리켰다. 그는 잠시 생각하더니 자신을 따라오라며 앞장서 길을 안내했다. 내가 가방을 끌고 그의 뒤를 따르려던 순간 그가 걸음을 멈추고 돌아보며 말했다.

"제가 가방을 가지고 갈게요. 숙녀분은 그냥 따라오세요. 아, 그리고 스톡홀름에 오신 걸 환영해요!"

환영한다니, 여행하면서 처음 듣는 말이었다. 사소한 말이었지만 광대가 씰룩거릴 만큼 기분이 좋았다. 자원봉사자는 나를 버스 정류장까지 인도해주고 버스가 올 때까지 담소를 나누며 함께 있었다. 그는 이 도시의 아름다움을 이야기해주었다. 친절한 사람들, 여유로움, 자연, 깨끗하고 맑은 물. 자신이 살고 있는 도시에 대한 애틋한 사랑이 묻어나는 이야기들이었다. 이윽고 버스가 도착했고, 나는 버스에 올라 그에게 손을 흔들며 작별 인사를 했다. 마지막까지 친절했던 그는 스톡홀름에서 행복한 추억을 만들길 바란다고 인사했다. 버스를 타고 숙소로 가는 내내 그의 말이 맴돌았다. 뭘까, 이 황송한 기분은.

스톡홀름에서 지낼 숙소는 부둣가에 정박한 커다란 선박이었다. 나는 끙끙거리며 가방을 끌고 리셉션으로 향했다. 가파른 언덕길을 오르는데 숙소 앞 벤치에서 맥주를 마시던 청년이 말을 걸었다.

"도와줄까요?"

"아니요, 괜찮아요. 제가 할 수 있어요."

어디서 튀어나온 용기인지 나는 단호하게 대답했다. 그래도 계속 신경이 쓰였던 모양인지 내가 문 앞에 다다르자 그는 한 손에 맥주를 든 채 벤치에서 일어나 문을 열어주었다.

"하아. 고마워요. 친절하시네요."

나는 크게 숨을 몰아쉬곤 그에게 감사 인사를 했다. 그러자 그는 어깨를 으쓱했다.

"신사라면 당연한 일인 걸요."

나는 그의 말에 크게 웃음을 터뜨릴 뻔했다. 스톡홀름의 첫인상이 좋아서였을까. 사소한 농담마저 유쾌했다. 숙소에 들어서자 검은 옷차림의 직원이 다가왔다. 영국식 악센트가 아주 강해 그의 말을 알아들으려면 귀를 쫑긋 세워야만 했다. 컴퓨터를 두드리던 그가 예약자명을 보고는 당황한 표정으로 입을 열었다.

"세...오요온...?"

"그냥 홍이라고 불러주세요. 윤이라고 하셔도 돼요."

"그래요, 미스 홍. 자, 방으로 갑시다. 제가 안내할게요."

그는 주먹만 한 쇠방울이 달린 열쇠 꾸러미를 들고 나오더니 배로 이어지는 나무다리 하나를 건너 갑판으로 향했다. 갑판에 서 있는데, 잔잔하게 요동치는 파도의 느낌이 고스란히 전해졌다. 리프트를 타고 배 지

바다 위에 떠 있는 커다란 선박이 내가 묵은 숙소다. 오래된 호스텔이었지만 휠체어 탄 손님을 위해
모든 것이 갖추어져 있었다. 주말 벼룩시장에 갔다. 토스트 하나를 사 들고 지나가던 길에 하우스 맥주
바자에서 시음용 맥주 한 잔을 받아들고는 근처 항구에 자리를 잡았다. 스톡홀름은 평화로웠다.

하실로 가자 여러 개의 방과 화장실이 나타났다. 영국식 악센트가 강한 직원은 복도 맨 끝에 있는 방문을 열어주었다.

휠체어 한 대가 겨우 들어갈 만큼 좁은 방이었다. 한낮에도 천장 조명을 켜놔야 할 만큼 실내는 어두웠다. 나는 잠시 침대에 누워 지도를 펼쳐 들었다. 스웨덴에 꼭 한번 오고 싶다는 생각만 있었을 뿐 어디로 가야 할지, 무엇을 해야 할지 아무런 계획도 없었다. 지도를 한번 쓱 보았지만 마음에 드는 곳을 찾지 못해 그냥 침대 구석에 던져놓았다. 아무도 없는 방에 누워 창밖에서 들려오는 파도 소리에만 귀를 기울였다. 파도 소리에 맞춰 배가 흔들렸고, 침대 위에 누워 있는 내 몸도 흔들거렸다. 마치 바다로 모험을 떠나는 기분이 들었다. 파도 소리 말고는 아무런 소리도 들리지 않았지만, 그 고요함이 적막하지 않고 편안했다. 아무것도 하고 싶지 않을 만큼.

그렇지만 언제까지 침대에 누워 파도 소리만 들으며 나른하게 있을 수는 없었다. 구석에 처박아둔 지도를 들고 밖으로 향했다. 계획도 없고 갈 곳도 없어 무작정 관광안내소부터 찾았다. 그곳에 가면 신선한 정보가 많을 테고, 장애인 여행 정보도 있을 것이라 생각했다. 숙소를 나와 아무 생각 없이 길을 따라가다가 왠지 신기한 기분이 들었다. 음? 어째서 보도블록이 없지? 지나온 길을 돌아보았다. 차도와 인도는 경계의 높이가 매우 낮았고 서로 다른 모양으로 구분돼 있었다. 잠시 가던 길을 멈추고 주위를 둘러보았다. 자동차보다 많은 자전거와 유모차가 거리 곳곳에서 보였다. 바퀴 달린 모든 것이 편안해 보였다. 어떤 어려움도 불편함

꼭 한번 가보고 싶었던 스웨덴. 평등과 사람이 먼저인 그들의 철학이 복지국가를 만들었다.

도 없어 보였다.

관광안내소에 들어서자 수많은 책자와 광고가 눈에 들어왔다. 나는 한쪽 벽 앞에 서서 벽을 가득 메운 광고판을 하나하나 읽어내려갔다. 그 중 '아바ABBA 박물관'이 눈에 띄었다. 아바는 내가 태어나기도 전에 이미 전 세계를 휩쓴 유명한 스웨덴 그룹이다. 아바의 명곡은 뮤지컬과 리메이크를 통해 익히 들어왔다. 그래! 여기 가보자! 나는 아바 박물관 안내 책자를 집어 들곤 안내원들이 있는 자리로 향했다.

"저, 혹시 접근 가능한 관광 지도나 안내서가 있나요?"

내 질문에 안내원은 고개를 갸우뚱거리며 그게 뭐냐고 되물었다.

"그러니까 장애인들을 위한 관광 지도 같은 거요. 예를 들면 휠체어가 갈 수 있는 길이나 화장실을 표시해둔 지도 같은 거 말이에요."

내가 설명해도 안내원은 여전히 이해하지 못하는 듯했다. 그녀는 자신보다 더 잘 아는 사람을 불러주겠다며 사무실로 들어갔다. 곧 슈트를 멋지게 갖춰 입은 여자가 나왔다. 그녀는 작은 책자를 하나 보여주었는데, 거기에는 박물관, 시청 등 공공시설에 설치된 편의 시설 정보가 담겨 있었다.

"이것도 유용하긴 한데, 관광객을 위한 것은 없나요? 관광지 내 편의 시설 정보가 담긴 거요."

내 이야기에 슈트 차림 여자도 고개를 갸우뚱거렸다.

"혹시 무슨 불편한 점이 있으셨나요? 죄송하지만 저희는 접근 가능한 관광 지도라는 게 없는데, 그런 게 꼭 필요한가요?"

이상하리만큼 턱도 장애물도 없었다.

스톡홀름 감라스탄(Gamla Stan) 지구. 중세 분위기가 그대로 남아 있는 구시가지와 기념품 가게가
묘한 대비를 이룬다.

경계가 없는 보도는 유모차를 끌거나 휠체어를 타는 사람 혹은 커다란 트렁크를 끌고 다니는
여행객에게 편안함을 제공한다.

스톡홀름에서 가장 기억에 남는 것은 바다가 보이는 항구에 앉아 흘러가는 구름을 보며 생각에
잠겼을 때다. 그동안 우려했던 모든 것이 하찮아질 만큼 생각보다 세상은 좁았다.

순간 머리를 한 대 얻어맞은 느낌이었다. 생각해보니 스톡홀름 공항에 내려서 숙소를 찾아가고, 이곳에 와서 지도를 찾는 그 순간까지 단 한 번도 편의 시설의 필요성을 느끼지 못했다. 내 자신이 너무도 바보 같다는 생각이 들었다. 나는 괜찮다고 말하고는 관광안내소를 빠져나왔다. 문 앞에 서서 주변을 둘러보았다. 계단보다 경사로가 더 많이 보였다. 그 경사로에는 나처럼 휠체어를 탄 사람도 있었고, 아이를 태운 유모차도 보였다.

버스를 타기 위해 한 블록 더 갔을 때는 더욱 신기한 장면이 펼쳐졌다. 버스를 기다리는 여러 대의 유모차가 있었다. 버스가 도착하자 사람들은 너 나 할 것 없이 유모차가 버스에 오르도록 경사판을 열어주었다. 따로 요청할 것도 없이 굉장히 자연스러웠다. 내가 버스를 탈 때도 마찬가지였다. 버스가 도착하자 정류장에 서 있는 나를 발견한 승객이 자연스레 경사판을 열어주었다. 내가 내릴 때도 마찬가지였다. 어디서 이런 교육을 받는 것인지, 아니면 이런 것을 시민의식이라고 하는 것인지 황당할 정도로 놀라웠다. 더욱 놀라운 것은 대수롭지 않다는 듯한 사람들의 쿨한 태도였다. 연대에서 비롯된 복지 국가란 이런 사소함에서부터 시작되는 게 아닐까?

이튿날. 스톡홀름의 주말은 매우 적막했다. 오전 10시가 넘었지만 거리에는 사람이 거의 보이지 않았다. 나는 다시 관광객의 마음으로 관광을 하기로 했다. 오늘의 목적지는 바사 박물관^{Vasa Museum}과 아바 박물관.

숙소 근처 정류장에서 수상버스를 타고 그뢰나 룬트^{Gröna Lund}로 향했다. 스톡홀름에 있는 작은 놀이공원인 그뢰나 룬트는 주말이면 사람들로 북적인다. 아이들 손을 잡고 온 사람들, 친구나 연인과 함께 온 사람들이 눈에 띄었다. 그중 재미난 광경이 있었으니, 한 손으로는 유모차를 끌고 다른 한 손으로는 신이 나 통제가 안 되는 두 자녀를 이끌고 온 아빠의 모습이었다. 그런 아빠들이 그뢰나 룬트 곳곳에 있었다. 아빠 둘이 유모차를 끌면서 나란히 걷는 모습도 보였다. 신난 아이들만큼 신나 보이는 아빠도 보였다. 떼쓰며 우는 아이를 자연스럽게 안아 달래는 아빠도 있었다.

예전에 스웨덴에서 생활하는 저자의 책을 읽은 적이 있는데, 스웨덴에선 주말이면 유모차를 끌고 공원에 나오는 아빠들의 모습을 쉽게 볼 수 있다고 했다. 아이를 태운 유모차를 세워두고 라테 한 잔을 마시며 다른 아빠들과 수다를 떠는 '파파라테'가 일상이라고 했다. 내겐 낯선 풍경이었지만 남성 육아휴직 제도가 당연시되는 성 평등 1위 국가 스웨덴에서는 너무도 일상적인 풍경이었다.

그뢰나 룬트에서 항구를 따라 바사 박물관으로 향했다. 행운의 여신이 나의 편인지 그날도 무척 화창했다. 바사 박물관은 스웨덴 국왕 구스타프 2세^{Gustav II} 재위 시절인 1625년에 건조된 바사^{Vasa} 호가 전시된 곳이다. 스톡홀름의 명물인 바사 호는 1628년 진수식을 하고 채 30분도 지나지 않아 포문으로 치달은 바닷물 때문에 첫 항해를 끝마치기도 전에 침몰해버렸다. 1956년 발트 해에서 발견된 바사 호는 침몰 333년 만에

구스타프 2세가 건조한 바사 호

발트 해를 정복하고 싶었던 구스타프 2세의 꿈은 너무나도 짧게 끝나버렸다.

인양되었음에도 발견 당시 선두, 선미, 측면의 정교한 나무 장식까지 95 퍼센트가량 보존되어 있었다. 4층 빌딩과 맞먹는 수준인 길이 69미터, 높이 48.8미터의 이 거대한 전함은 인양 작업에만 무려 5년이 걸렸다. 발트 해를 장악하려 했던 구스타프 2세의 야망은 수포로 돌아갔지만, 그 덕분에 500여 년 전 바다를 지배하고자 했던 바이킹의 장대한 포부를 눈으로 확인할 수 있게 된 것인지도 모른다.

아바 박물관은 바사 박물관 근처에 있었다. 스웨덴 팝의 전설인 아바는 그 인기가 실로 대단했다. 지금까지도 아바의 노래는 사람들의 추억 속에 존재하고, 또 그들을 실제로 보지 못한 후세대도 여전히 그들의 노래를 익숙하게 듣고 있다. 내가 중학생이었을 때 라디오에서 흘러나오는 아바의 노래를 흥겹게 따라 부르는 엄마의 모습을 보았다. 그때 처음으로 아바라는 가수를 알았다. 그리고 고등학교 시절, 아일랜드 그룹 웨스트라이프Westlife가 아바의 노래를 리메이크했다. 그 무렵 나는 아바의 명곡을 즐겨 들었다. 〈Honey Honey〉〈Dancing Queen〉〈Mamma Mia〉〈Voulez Vous〉〈Gimme! Gimme! Gimme!〉 등 오리지널은 물론 아바의 노래를 재편곡한 신세대 가수들의 노래도 많이 들었다. 그래서인지 아바 박물관 앞에서 흘러나오는 노래가 낯설지 않았다.

아바 박물관에는 그들의 음악을 사랑했던 많은 이들의 발길이 이어졌다. 이미 입구에서부터 흥겨워 춤을 추며 들어오는 사람도 많았다. 박물관에는 아바의 모든 것이 담겨 있었다. 공연 당시 쓰던 복장과 소품부터 시작해 명곡이 탄생한 부스를 그대로 재현해놓은 장소, 관람객의 흥을 돋워주는 아바 음악 디스코장까지 있었고, 아바 멤버가 되어보는 체험도 할 수 있었다. 아바의 음악에 흥겨워진 사람들은 너 나 할 것 없이 한데 어우러졌다. 처음 보는 사람들과 디스코장에서 춤도 췄다. 아바가 누군지도 모르는 꼬마도 신나는 음악에 그저 엉덩이를 흔들었다. 용기를 내어 아바 홀로그램 사이에서 새로운 멤버가 되어 〈맘마미아〉를 열창한 사람에게는 환호와 박수갈채가 이어졌다. 만약 음악이 언어라면 아바 박

세계를 주름잡았던 그룹 아바의 일대기를 볼 수 있는 아바 박물관

물관에 있던 다양한 사람들, 나를 포함한 세계 각국 사람들은 모두 같은 언어를 공유하고 있었을지도 모른다.

　파리로 출발하는 날, 아침 일찍 체크아웃을 준비하기 위해 샤워장으로 향했다. 이른 아침부터 길 떠나는 사람이 많아서인지 열 개 남짓한 샤워 부스는 사람들로 가득했다. 샤워 부스 문을 걸어 잠그고, 옷가지를 한쪽에 가지런히 두었다. 물은 따뜻하다 못해 뜨거웠다. 나는 이리저리 손잡이를 돌려가며 적당히 피로를 풀어줄 만한 따뜻한 온도를 찾았다. 따뜻한 물에 머리를 감았더니 샤워 부스는 안개가 낀 듯 뿌옇게 김이 서렸다. 이제 비누칠을 하려고 보글보글 거품을 내고 있는데 어디선가 요란한 소리가 들려왔다.

　'띠리리리리리리리링!'

　화재경보기 소리였다. 나는 일단 거품이 잔뜩 묻은 손만 헹군 채 샤워 부스 안에서 어쩔 줄 몰라 했다. 방 안에 있던 사람들, 샤워장에 있던 사람들이 "오 마이 갓!"을 외치며 밖으로 뛰쳐나가는 소리가 들렸다. 심장은 터질 듯 콩닥거렸고, 머릿속은 새하얘졌다. 그래도 이대로 죽을 수는 없다며 커다란 수건으로 몸을 가린 채 샤워 부스 문을 열고 나갔다. 사람들은 비누 거품을 씻어내지도 못한 채 수건 한 장 걸치고 소리를 지르며 밖을 향해 뛰어갔다. 나는 뛰어나가는 사람들을 가로질러 리프트로 향했다. 카드를 삽입하고 리프트를 조작하는데 리프트가 작동하지 않았다. 욕이 절로 튀어나왔다. 이대로 죽나 싶어 등골이 오싹해졌다. 나는 다시 복도로 뛰쳐나왔다. 사람들은 갑판으로 올라가는 가파른 계단을 통해 빠져나갔다. 내가 망연히 그 모습을 보고 있자 밖으로 나가던 남자 두 명이 다가왔다.

"저희가 도와줄게요. 같이 나가요."

"아, 그게... 계단이 너무 가팔라서 다 같이 위험해질 것 같아요. 차라리 나가서 빨리 직원을 불러주세요. 안에 제가 있다고 꼭 와달라고 전해주세요."

두 남자는 직원을 불러올 테니 그곳에 꼭 붙어 있으라고 말하곤 계단을 성큼성큼 뛰어올라갔다. 두 남자가 사라진 계단에는 아무도 없었다. 멈출 줄 모르는 화재경보기 소리에 더해 밖에선 귀를 찢을 것처럼 요란한 소방차 소리가 들려왔다. 배 안에 혼자 남겨진 나는 정말 무서웠다. 샤워장 수증기 때문인지, 화재 때문인지 모를 하얀 연기가 복도를 뒤덮었고, 그 속에서 나는 누군가 와주기만을 바랄 뿐 아무것도 할 수 없었다.

그때 계단 위에서 발소리가 들렸다. 검은 유니폼을 입은 직원이 계단을 내려오면서 나를 발견했다.

"걱정 마세요. 누군가 너무 뜨거운 물을 사용해서 수증기가 화재경보기를 울린 것일 뿐이에요. 종종 있는 일이니까 들어가서 다시 샤워해서도 돼요."

너무나도 태연한 직원의 태도에 나는 입을 다물지 못했다.

"그럼 이거 화재 아니에요? 오작동이에요?"

"오작동은 아니고요, 화재 센서가 온도로 감지하다 보니까 갑작스럽게 너무 뜨거운 물을 틀면 화재경보기가 울리곤 해요. 센서가 예민해서 이런 일이 종종 있으니까 걱정 안 하셔도 돼요. 도대체 어느 샤워 부스에서 뜨거운 물을 쓴 거지?"

순간 어처구니가 없어서 그랬는지, 아니면 안도가 되어서 그랬는지 헛웃음이 나왔다. 기가 막힌 이 상황에 화가 나는 게 아니라 그저 우스웠다. 나는 수건으로 수줍게 몸을 가린 상태로 다시 샤워 부스로 돌아갔다. 복도에서는 안도하며 다시 할 일을 마치려고 들어오는 사람들의 발소리가 들렸다. 평화로웠던 스톡홀름의 첫인상과 달리 스톡홀름에서의 피날레는 심장이 내려앉을 만큼 아주 짜릿했다.

그날 저녁, 파리로 떠나는 비행기 앞에서 나는 두 사람에게 메시지를 보냈다. 첫 번째 메시지의 수신자는 파리에서 미생으로 살고 있는 후배였다.

— J, 저녁에 파리에 도착해. 내일 저녁에 만날까?

— 네, 언니! 내일 봐요. Bon Voyage!

두 번째 메시지의 수신자는 이안이었다.

— 이안, 오늘 저녁에 파리에 가요.

— 나는 벌써 파리에 왔어요. 숙소가 어디예요? 내일 갈게요. 같이 루브르에 가야죠.

이안과 다시 만날 약속을 잡고 파리행 비행기에 몸을 실었다.

FRANCE

진한 여운이 남는 곳

프랑스

파리의 인연

자정이 조금 못 되어 겨우 파리 숙소에 도착했다. 직원의 안내에 따라 여덟 명이 한 방에 묵는 숙소로 들어갔다. 직원은 네 개의 이층 침대가 놓인 기다란 방 끝 쪽의 창가 근처 침대를 가리켰다.

"저기 침대 B를 사용하시면 돼요."

나는 방 안을 둘러보았다. 햇빛이 잘 들어오는 창가 침대가 마음에 들긴 했지만, 여덟 명이 함께 쓰는 좁은 방에서 휠체어가 오도 가도 못할 것만 같았다.

"저, 침대 B가 창가 쪽에 있어서 휠체어가 드나들면 사람들이 불편할 거 같은데요, 혹시 여기 문 쪽에 있는 침대 D가 비어 있다면 이곳을 이용해도 될까요?"

"아, 네. 그러세요. 문제없어요."

직원은 흔쾌히 비어 있는 침대 D를 사용하라고 했지만, 나는 너무 쉽게 대답하는 그가 왠지 미심쩍어 다시 한 번 물었다.

"확실한가요? 원래 침대 B를 배정받았으니까 당신이 전산 변경 같은 문제들을 잘 해결해주세요. 그럼 저는 침대 D를 사용할게요."

"문제없어요. 저만 믿으세요. 그럼 잘 자요."

그는 엄지손가락을 치켜세우더니 방문을 닫고 사라졌다. 그제야 겨우 긴장이 풀려 가방이며 카메라며 온갖 짐을 침대 위에 던져놓았다. 이층 침대의 일층을 쓰는 나는 위를 올려다보았다. 닫힌 커튼 사이로 노트북을 두드리는 여자의 모습이 살짝 보였다.

"안녕하세요? 제가 너무 시끄러웠죠?"

인사를 건네자 그녀는 커튼을 조금 들추더니 짧게 인사했다.

"아니에요. 괜찮아요. 반가워요."

여덟 명이 지내는 방 안엔 나와 이층의 여자뿐이었다. 어느덧 막바지로 치닫는 여행에 피로가 쌓였는지 나는 잠옷도 갈아입지 않고 침대에 누워 잠이 들었다.

오전 8시. 요란하게 울리는 알람을 황급히 껐다. 침대 커튼을 슬며시 걷어보니 간밤에 다른 투숙객이 한 명 더 들어왔음을 알 수 있었다. 조용히 세면도구를 챙겨 나가고 싶었던 내 바람과 달리 우당탕탕 요란한 소리를 내며 겨우 방을 빠져나왔다.

오전 9시 반. 이안과의 약속 시간까지 30분이 남았다. 아침 식사를 하려고 식당으로 내려갔다. 접시에 빵을 담고 햄 두 장을 담았다. 버터도 고르고 치즈도 골랐다. 한 손엔 접시, 한 손엔 커피 잔을 들고 뒤뚱뒤뚱 빈자리를 찾아 나섰지만 식당 안은 사람들로 가득했다. 자리를 찾아 두리번거리는데 웬 동양인 여자가 나를 뚫어져라 쳐다보는 게 느껴졌다. 나는 그녀의 시선을 피하지 않고 같이 쳐다봤다. 어디서 본 것 같은 얼굴인데... 브뤼셀에서 마주쳤던가? 어디서 봤지? 그녀도 나를 보며 고개를 갸우뚱거렸다. 그녀와 어디서 마주쳤는지 궁리하며 천천히 그녀에게 다가갔다.

"혹시..."

그녀가 한국말로 이야기했다. 알았다!

"프랑크푸르트!"

그녀는 버터를 바르던 나이프를 손에 쥐고 크게 웃음을 터뜨렸다.

"세상에... 진짜 세상이 좁아도 이리 좁을 수가! 여기 앉아도 되죠?"

그녀와 나는 프랑크푸르트 유스호스텔에서 우연찮게 같이 조식을 먹었다. 아헨 공대 교환학생이라고 한 그녀는 내 유럽 여행을 흥미로워했다. 단 하루, 그것도 겨우 30분간 함께 조식을 먹으며 이야기를 나눴던 것이 전부였다. 그런 그녀를 파리에서, 그것도 파리의 수많은 숙소 중에서 내가 묵는 바로 이 숙소에서, 그것도 조식 시간에 이렇게 다시 만날 줄이야.

"네, 앉으세요. 이렇게 또 뵈니까 반갑네요. 들어오시는데 정말 깜짝 놀랐어요. 너무 낯이 익어서 설마 같은 사람일까 했는데, 와 정말 세상 좁네요."

"파리엔 어쩐 일이에요?"

나는 딱딱한 빵을 나이프로 썰다 말고 손으로 뜯으며 말했다.

"아직 개강 전이라 여행 왔어요. 오늘 오후에 다시 아헨으로 가요."

그녀는 빵에 버터를 바르며 대답했다. 나는 그녀 앞에서 마치 커다란 광어의 배를 가르듯 빵 가운데를 손으로 뜯어 벌렸다. 그러곤 포크로 햄과 치즈를 대충 쑤셔 넣으며 말했다.

"아쉽네요. 미리 알았더라면 파리의 알짜배기 명소를 좀 물어볼 수 있었을 텐데. 그나저나 왜 이렇게 반갑죠? 정말 놀랐어요!"

"정말 너무 반가워요! 여행은 잘하셨어요? 어떠셨어요?"

나는 브뤼셀에서 있었던 일부터 코펜하겐에서 만난 두 남자 이야기, 스톡홀름에서의 화재경보기 오작동 사건까지 이야기해주었다. 그녀는 내 이야기에 발을 구르며 즐거워했다.

"어머, 벌써 10시가 다 되어가네. 저 먼저 가볼게요. 친구가 로비로 오기로 해서요. 여행 잘하고 가요. 공부도 잘 마무리하고요. 기회가 된다면 또 이렇게 우연히 만날 수 있겠죠?"

햄과 치즈를 대충 쑤셔 넣은 샌드위치를 반으로 썰어 양손에 쥔 채 그녀에게 인사하고 식당을 빠져나왔다. 사실 나는 그녀의 이름도 연락처도 모른다. 그저 아는 것이라곤 교환학생으로 아헨 공대에 왔다는 것뿐. 우연한 만남, 짧은 재회, 기약 없는 작별도 어색하거나 섭섭하지 않은 이유는 바로 여행자의 신분이기 때문이 아닐까. 인연이라면 또 만날 수 있을 것이다.

부랴부랴 로비로 가자 이안이 소파에 앉아 기다리고 있었다.

"헤이!"

나를 발견한 이안이 내게 다가오며 인사했다. 나는 그에게 다짜고짜 샌드위치부터 내밀었다.

"먹어요. 아, 다시 만나 반가워요."

우리는 파리 북역Gare du Nord 앞에서 버스를 타고 루브르로 향했다. 이미 루브르 박물관에는 엄청난 인파가 몰려 있었다. 끝이 보이지 않는 줄에 나와 이안은 입을 다물지 못했다.

"우리 오늘 안에 들어갈 수는 있는 거겠죠?"

내가 우려 섞인 목소리로 말했다. 자포자기하는 심정으로 이안과 나는 천천히 입구로 향했다. 긴 줄 끝에 멈춰 서서 차례를 기다리려고 하자 경비원으로 보이는 사람이 나를 불렀다. 경비원은 불어로 무어라 말했지만 도무지 무슨 소리를 하는 건지 몰라 나는 눈만 끔뻑였다. 답답해진 경비원은 자신을 따라오라고 손짓하고는 엄청난 인파를 가로질러 끝자락에 있는 입구로 나를 데려갔다. 그곳에는 휠체어나 유모차가 들어갈 수 있는 입구가 따로 있었고, 순식간에 나와 이안은 루브르 박물관에 들어설 수 있었다.

엄청난 규모, 엄청난 인파 속에서 나는 관람을 시작하기도 전부터 멀미가 났다.

"벌써부터 어지럽네요. 사람이 정말 너무 많아요."

"괜찮아요? 정말 사람이 많네요. 그래도 들어왔으니 가보죠."

이안은 지도를 보며 침착하게 앞장섰다. 루브르 박물관은 미로 같았다. 특히 휠체어나 유모차는 일반 통로와 다른 길을 이용해야 하는 터라 같은 길을 수차례 되돌아가야 할 만큼 복잡한 구조였다. 그래도 다행히 박물관 곳곳에 배치된 안내원들 덕분에 길을 잃지 않고 안전하게 관람을 마칠 수 있었다.

루브르 박물관에서 가장 처음 본 것은 쉴리관 0층에 전시된 고대 이집트 유물이었다. 4000여 년 전 이집트에서 만든 스핑크스는 기계로 만든 것처럼 정교하고 선명한 모습 그대로였다. 마지아 귀부인의 석관 Le Cercueil de la Dame Madja은 기원전 1500년경에 만들어진 것으로 추정되는데, 실로 어마어마하게 오래된 문화유산을 두 눈으로 볼 수 있다는 것 자체만으로도 감탄이 절로 나왔다.

나는 이안의 안내에 따라 박물관 관람을 이어나갔다. 그리스 신화 속 승리의 여신인 〈사모트라케의 니케 Victoire de Samothrace〉 조각상과 서양 미술사에 빠지지 않는 〈밀로의 비너스〉 조각상이 가장 기억에 남았다. 19세기 프랑스 미술계의 두 축인 신고전주의와 낭만주의 작품도 방대하게 전시되어 있었다. 특히 엄청난 크기를 자랑하는 〈나폴레옹의 대관식〉은 그림 앞에 서 있는 것만으로도 압도되었다. 프랑스 혁명을 상징적으로 나타낸 들라크루아 Eugene Delacroix의 작품 〈민중을 이끄는 자유의 여신: 1830년 7월 28일〉도 눈에 띄었다. 또한 밀레 Jean-Francois Millet의 익숙한 그

루브르 박물관은 관람하는 데만 하루가 꼬박 걸리는 곳이다. 미술사 책 한 권을 살짝 훑고 간다면 관람이 더 재밌어진다.

림 〈이삭 줍는 사람들〉과 〈만종〉도 볼 수 있었다.

네 시간이 넘게 관람했지만 나와 이안은 루브르 박물관의 슈퍼스타인 〈모나리자〉를 보지 못해 아쉬웠다. 지도를 따라 다니며 〈모나리자〉를 찾아 헤맸지만, 역시나 슈퍼스타는 쉽게 볼 수 없었다. 관람 막바지 나와 이안이 지쳐 나가떨어질 때쯤 한쪽 벽 앞에 웅성거리며 서 있는 한 무리의 사람들을 보았다. 그곳엔 그토록 보고 싶었던 〈모나리자〉가 투명한 액자에 담겨 고고히 전시돼 있었다. 수십 명의 관람객이 바쁘게 사진 촬영을 하는 모습이 마치 〈모나리자〉의 팬미팅 현장 같았다. 나와 이안은 흥분된 사람들 틈으로 들어가지 않고 먼발치에서 그림을 바라봤다. 생각보다 크기가 작았던 〈모나리자〉는 키 큰 이안의 눈에는 쉽게 들어왔지만 휠체어에 앉은 내겐 보일 듯 말 듯했다. 조금 아쉬운 마음이 들 때쯤 안내원이 나를 불렀다. 그는 안전을 위해 설치된 바리케이드 앞으로 가라고 손짓했다. 이 무슨 행운인가. 나와 이안은 〈모나리자〉가 잘 보이는 정면에 서서 작품을 감상했다. 몰려드는 사람들의 시선이 신경 쓰여 30초 만에 관람을 끝내야 했지만, 그래도 이 대단한 슈퍼스타를 코앞에서 보다니. 팬미팅에 성공한 극성팬이 된 기분이었다.

그날 저녁 나와 이안은 J를 만나 에펠탑 주변을 걸었다. 어두운 밤 노란 불빛을 내뿜는 에펠탑을 보니 진정 파리에 온 기분이 들었다. 늦은 밤인데도 에펠탑 주변에선 흑인들이 좌판을 깔고 장사를 하고 있었다. 상인들은 요란한 불빛을 내뿜는 에펠탑 장식과 손가락 한 마디 크기의 열쇠고리를 들고선 서투른 한국어로 "싸다"고 이야기했다. 그 모습을 보고 있자니 동서양을 막론하고 먹고사는 게 참 쉽지 않다는 생각이 들었다.

"잠깐. 부탁이 있어요. 저 다리에 한번 가보면 안 될까요?"

이안은 수십 개의 회색 기둥이 세워진 다리를 가리켰다. 바로 비라켕 다리^{Pont de Bir-Hakeim}였다. 영화 〈인셉션〉에 등장한 비라켕 다리는 파리의 새로운 명소로, 이안 같은 영화광들이 꼭 들르는 곳이라고 한다. 분명 〈인셉션〉을 보았는데 왜 난 기억에 없었을까?

맞은편에서 보는 에펠탑의 모습은 또 색달랐다. 관광객의 발길이 끊이지 않는 대낮과 다르게 왠지 모를 고독함과 쓸쓸함이 느껴졌다. 에펠탑 주변도 마찬가지였다. 길 건너 열쇠고리를 파는 몇몇 흑인 상인들을 제외하곤 자동차도, 사람의 그림자도 드물게 보일 뿐이었다. 이안이 걸음을 재촉하며 비라켕 다리로 갔고, 나와 J도 이안을 따랐다. 인기척도 없는 다리 아래 섰을 때 나는 까마득히 잊고 있던 〈인셉션〉의 장면이 떠올랐다. 극중 코브가 기억이 아닌 상상력을 동원해서 꿈을 설계한다고 말했던 그 장소, 아내와 다정한 한때를 보냈던 바로 그 장소였다. 늦은 밤 비라켕 다리는 적막했다. 비라켕 다리 주변을 밝히는 하얀 가로등 때문에 조금 아련하기도 했다. 이안은 영화 속 명소를 카메라에 담기 바빴고, 나는 그 옆에서 영화 속 장면을 떠올리며 감상에 젖어들었다.

J가 막차를 놓칠지도 모른다고 말하지 않았더라면, 우리 셋은 파리를 밝히는 에펠탑과 쓸쓸하면서도 아련한 분위기의 비라켕 다리 아래에서 밤을 지새웠을지도 모른다. 우리는 화들짝 놀라 부리나케 버스 정류장으로 향했다. 버스를 타야 하는 나와 J는 전속력으로 달렸고, 이안은 우

영화 〈인셉션〉에 나온 비라켕 다리. 어두운 밤에 보는 경관이 더 아름답다.

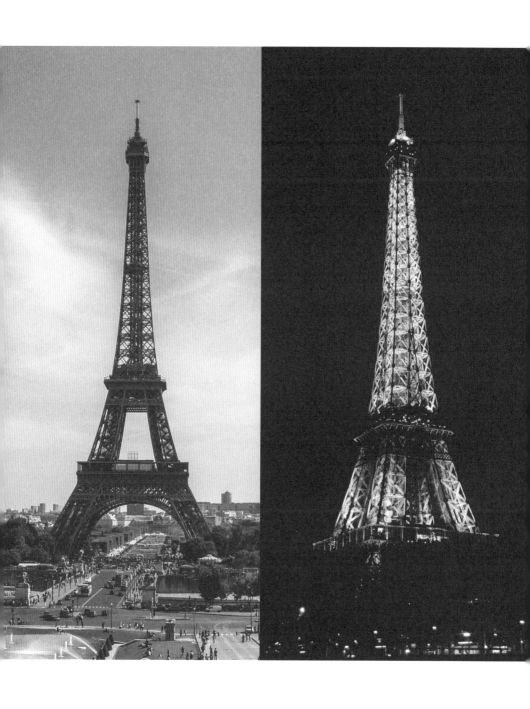

처음 에펠탑이 생길 때, 파리 시민들은 에펠탑을 흉물스럽다고 했다. 이제는 에펠탑 없는 파리를
상상할 수 없다.

리 뒤를 쫓아왔다. 불과 2분 뒤면 도착하는 마지막 버스를 놓치지 않으려고 우린 아무 말 없이 뛰었다. 극적으로 버스 정류장에 도착하자마자 막차가 우리 앞에 섰고, 다급했던 나는 그제야 정신을 차리고 이안을 찾았다.

"이안, 어떡해요? 우린 이 버스를 타야 하는데? 어떻게 가요?"

"난 알아서 갈게요. 괜찮으니까 빨리 타요."

이안은 버스 문이 열리자 나와 J에게 어서 타라며 손짓했다. 나는 버스에 올라타 정류장에 있는 이안을 보았다. 이안은 손을 흔들며 말했다.

"걱정 마요. 난 알아서 갈 테니까."

이렇게 작별하는 건 너무 아쉬웠다. 게다가 이안은 내일 대만으로 돌아간다. 나는 닫히는 버스 문틈으로 소리쳤다.

"미안해요. 이렇게 작별 인사하게 돼서. 한국에 놀러 와요! 또 만나요."

버스가 천천히 출발했다. 이안은 떠나는 버스를 향해 손짓했고, 나는 이안이 보이지 않을 때까지 창밖으로 손을 흔들며 작별 인사를 했다. 그렇게 파리에서 재회했던 이안과 조금 아쉬운 작별을 했다. 그리고 우린 대만에서 그리고 한국에서 각자의 생활을 하며 이따금 서로의 안부를 궁금해하는 친구가 되었다.

자정이 넘은 시각, 막차를 타고 숙소로 돌아온 나는 조심스럽게 방문을 열었다. 불 꺼진 어두운 방 안에서 휴대폰 불빛에 의지해 겨우 내 침대를 찾았다. 혹시 다른 투숙객들이 잠에서 깰까 조용히 내가 사용하는 침대 D의 커튼을 걷자 웬 아저씨 한 명이 코를 골며 자다 말고 화들짝 놀라 나와 눈이 마주쳤다.

"어머, 죄송해요. 죄송해요!"

나는 너무 놀란 나머지 다시 커튼을 닫고 후다닥 밖으로 빠져나왔다. 복도에 나와 벌렁거리는 가슴을 진정시키며 방문에 적힌 방 호수를 다시 한 번 뚫어져라 쳐다봤다. 술도 마시지 않았다. 아직 졸린 것도 아니다. 분명 어제와 같은 방이다. 그리고 아침에 내가 일어났던 침대와 같은 침대다. 그런데 어째서 낯선 아저씨가 거기서 잠을 자고 있는 것인가!

엘리베이터를 타고 1층 로비로 향했다. 한 가지 짐작 가는 이유가 있었다. 첫날 나에게 방을 안내해준 그놈이 원흉이렷다. 내가 그렇게 신신당부를 했건만 일처리를 제대로 하지 않은 모양이었다. 분노에 손이 다 부들부들 떨렸다. 자정이 넘은 시간에도 로비에는 두 명의 직원이 있었고, 그 앞에 대여섯 명이 차례를 기다리고 있었다.

10분 정도 지났을까. 내 옆줄의 거인 같은 백인 두 명이 체크인을 시작했다. 마침 내 앞의 줄도 사라지고 드디어 내 차례가 왔다. 나는 혼란스러움, 끓어오르는 분노를 꾹꾹 억누르며 직원에게 말했다.

"지금 내 침대에 웬 아저씨 한 명이 자고 있어요. 대체 어떻게 된 일이죠?"

직원은 무슨 개풀 뜯어먹는 소리냐는 표정으로 나를 쳐다봤다.

"성이랑 방 번호가 어떻게 되시죠?"

"홍이고요, 502호예요."

"침대 번호는 몇 번이죠?"

"D요."

모니터를 보던 직원은 고개를 갸우뚱하더니 나를 보며 말했다.

"당신 침대는 D가 아니라 B인데요?"

그 순간 나는 밀려오는 흥분을 꾹꾹 누르며 천천히 대답했다.

"내 침대는 D예요. 어제 당신 동료가 내게 분명 침대 D를 배정해줬어요."

직원은 내 살기 어린 눈빛에 당황하더니 다시 모니터를 확인했다. 왼편에서 체크인을 돕던 매니저가 나를 쳐다봤다. 그리고 체크인 하던 두 백인 남자도 나를 쳐다봤다. 한참 모니터를 보던 직원이 다시 이야기했다.

"아니에요. 당신 침대는 B예요. B라고 나와 있어요."

"D인데요?"

그의 말이 채 끝나기도 전에 내가 대답했다. 그러자 직원은 조금 짜증이 난 듯 인상을 쓰며 말했다.

"아니라고요. 당신 침대는 B예요!"

그 순간 나는 어제 내게 엄지손가락을 세워 보이며 자신을 믿으라 했던 직원의 모습이 떠오르면서 참았던 분노가 화산처럼 터져버렸다. 그냥 뚜껑이 열려버려 직원에게 빽 소리쳤다.

"어제 내가 침대 B를 배정받았어요! 근데 침대 B가 창가라 휠체어가 지나다니기 불편할 것 같아서 침대 D를 배정해달라고 했고, 당신 동료가 문제없다며 알았다고 했어요. 심지어 내가 이런 실수를 할까 봐 꼭 전산도 확인해달라고 했고, 그 사람은 자기만 믿으라고 했다고! 난 어제 침대 D에서 잤고, 오늘 아침에도 침대 D에서 일어났는데, 왜 내 침대가 침대 B냐고! 그리고 지금 내 침대에 이상한 남자가 자고 있잖아!"

순간 리셉션 일대에는 정적이 흘렀다. 왼쪽에 있던 매니저는 눈알을 굴려 나를 흘끔 보았고, 백팩을 멘 백인 남자 둘은 겁에 질린 표정으로 나를 쳐다봤다. 나는 부들부들 떨리는 손에 잔뜩 힘을 주며, 곧 끊어질 것만 같은 이성의 끈 위에서 아슬아슬하게 줄타기를 하고 있었다. 놀란 직원이 떨리는 목소리로 내게 말했다.

"그렇지만 당신 침대는…"

"D라고, D!"

나는 직원의 말을 싹둑 잘라버렸다.

"그… 그럼 침대 B는 비어 있나요?"

직원은 흔들리는 동공으로 내게 물었다.

"그걸 왜 저한테 물으세요? 그걸 내가 어떻게 알아. 당신이 가보세요. 놀라서 뛰쳐나오기 바빴는데, 내가 침대 B에 사람이 있는지 없는지 어떻게 알겠냐고요."

이성의 끈이 뚝 끊어져버렸다. 뻐근해오던 뒷목이 서늘해졌다. 왼쪽에 있던 매니저가 직원에게 빨리 가보라고 지시했다. 직원은 무어라 말하려다 말고는 열쇠를 집어 들었다. 내게 5분만 기다려달라 하곤 황급히 자리를 떴다. 옆에 있던 매니저는 두 백인 투숙객의 체크인을 도와주면서도 힐끔힐끔 나를 쳐다봤다. 나는 문득 소심한 생각에 사로잡혔다. 괜히 난동을 부린 것은 아닌가 싶기도 했다. 하지만 당장 잠을 잘 수 있는 침대가 없었다. 어제 그 괘씸한 직원의 얼굴이 다시 떠올랐고, 앵무새처럼 같은 말만 반복하던 내 앞의 직원을 생각하니 가라앉았던 분노가 다시 끓어오르려 했다.

계단으로 급히 뛰어내려온 직원이 매니저에게 불어로 무어라 이야기했다. 나는 그 모습도 마음에 들지 않아 직원과 매니저를 모두 노려봤다. 내가 알아들을 수 없는 말로 대화하는 게 싫었다. 매니저는 인상을 쓰며 직원에게 다시 무어라 알아들을 수 없는 불어로 이야기했고, 직원은 "오케이"라 말하곤 내 앞으로 왔다.

"마드모아젤ᵐᵃᵈᵉᵐᵒⁱˢᵉˡˡᵉ."

뜬금없이 마드모아젤이라니, 나는 갑작스런 직원의 행동에 극도로 경계하며 잔뜩 찌푸린 표정을 지어 보였다.

"정말 너무 죄송합니다. 우리 직원의 실수인 것 같아요. 제가 가봤더니 침대 B는 비어 있네요. 두 가지 선택을 하실 수 있어요. 하나는 다른 층의 4인실로 방을 옮기시는 거예요. 물론 추가 요금은 없고요. 근데 그렇게 되면 장애인 화장실이나 샤워장이 같은 층에 없어서 엘리베이터를 타고 이동하셔야 해요. 다른 하나는 같은 방에서 침대 B를 사용하시는 거예요. 대신 저희가 실수했으니 숙박비를 10퍼센트 할인해드릴게요. 25유로 정도 되겠네요."

그는 진심으로 미안하다는 표정을 지으며 말했다. 예상치 못했던 그의 이야기에 나는 그 자리에서 굳어버렸다. 어쨌든 문제를 해결해주려는 그들의 의지에 작게나마 감동하고 있었는지도 모른다. 4인실? 10퍼센트 할인? 어떡하지? 갑자기 머릿속이 매트릭스처럼 0과 1로 지배되는 느낌이었다. 25유로면 적어도 괜찮은 비스트로^{bistro}에서 식사를 두 번 하고, 커피도 두 잔이나 마실 수 있는데…

결국 며칠 누리는 안락함보다는 맛있는 프랑스 요리를 더 먹는 편이 낫겠다고 판단했다. 직원과 매니저는 숨죽여 내 결정을 기다리고 있었다.

"그냥 침대 B를 쓸게요."

내 대답과 동시에 직원과 매니저의 얼굴에 화색이 돌았다. 그제야 직원은 웃음을 되찾았고, 즉시 서랍에서 25유로를 꺼내 건네주었다. 매니저는 내게 다시 한 번 사과했고, 나는 어쨌든 문제를 해결해줘서 고맙다는 말을 남기고 방으로 돌아왔다.

자정을 넘어 새벽 1시가 다 되어갔다. 방으로 돌아온 나는 휴대폰의 희미한 불빛에 의지해 침대 B로 갔다. 침대 D에 있던 아저씨가 깰까, 그 위에서 노트북을 두드리는 여자를 방해할까 조심스럽게 움직였다. 그때 맞은편 침대에 있던 거대한 그림자가 어둠 속에서 내게 말했다.

"헤이, 당신 정말, 워우, 짱이었어요."

나는 그림자를 향해 희미한 휴대폰 불빛을 비추었다. 좀 전에 리셉션에서 내 옆에 서 있던 거인 같은 백인 백패커가 침대에 앉아 내게 엄지손가락을 치켜들고 있었다. 오 마이 갓.

다음 날, J의 퇴근을 기다리면서 혼자 관광을 하기로 했다. 몽마르트르 언덕에서 멋들어지는 파리 경치를 사진에 담고, 내가 가장 좋아하는 뮤지컬 〈노트르담 드 파리〉의 배경인 노트르담 성당에 가서 에스메랄다 동상을 찾겠다고 마음먹었다.

파리 북역에서 몽마르트르 언덕까지는 버스로 15분 남짓 걸렸다. 정류장에는 기하학 무늬가 돋보이는 머리띠를 한 중년의 흑인 여성과 잔뜩 인상을 찌푸리고 서 있는 오렌지색 머리의 중년 여성이 있었다. 그들이 어디로 가는지 알 수는 없었지만 평일 한낮의 버스 정류장 풍경이라는 생각이 들었다. 이윽고 버스가 도착했지만 내가 탈 버스는 아니었다. 나는 미동도 않은 채 가만히 자리에 있었다. 그런데 도착한 버스를 타려던 흑인 여성이 버스 기사에게 무어라 소리쳤다. 그러자 버스 기사는 화들짝 놀라 밖으로 뛰쳐나왔다. 버스 기사는 당황한 표정으로 내게 무어라 말했지만 불어라곤 '봉주르' '익스큐제 무아' '메르시 보쿠'밖에 모르는 나는 눈만 끔뻑거리다 입을 열었다.

"앙글레Anglais(영어)?"

기사는 흠칫 놀라는 표정을 보였지만 이내 알아들을 수 없는 불어로 내게 말했다. 그 상황을 지켜보던 오렌지색 머리의 중년 여성이 내게 서투른 영어로 물었다.

"이 버스 탈 거예요?"

나는 그녀의 말에 놀라 황급히 대답했다.

"아니요. 저는 다음 버스 탈 거예요. 이 버스 안 타요."

오렌지색 머리를 한 여성이 버스 기사에게 내 말을 전달했다. 그러자 버스 기사는 '오!' 하고 탄식하며 손사래를 한번 치고는 해맑게 웃으며 다

몽마르트르 언덕까지 나를 데리고 가준 퓌니퀼레르

시 버스에 올랐다. 이 황당한 시추에이션은 뭐지?

　그러니까 말이 통하지 않아 내가 버스를 못 타고 있다고 생각한 흑인 여성이 휠체어가 서 있는데도 뒷문을 열어주지 않는 버스 기사에게 호통을 쳤던 것이다. 놀란 버스 기사는 밖으로 뛰쳐나와 내게 버스를 탈 것인지, 어디로 가는지 물었지만, 불어라곤 쥐뿔만큼도 못하는 나는 눈만 끔뻑거리고 있었고, 보다 못한 오렌지색 머리의 중년 여성이 서투른 영어로 내게 상황을 전달한 것이다. 그리고 내가 다른 버스를 탄다고 하자 버스 기사는 안도하며 떠났던 것이다. 파리 사람들은 참 인정이 많은 것 같다.

　다행히 나는 버스를 맞게 타고 몽마르트르에 도착했다. 몽마르트르 언덕 꼭대기와 사크레쾨르 성당Basilique du Sacré-Cœur을 보기 위해 퓌니퀼레르Funiculaire를 탔다. 수백 개의 가파른 계단을 순식간에 오르는 리프트인 퓌니퀼레르가 있어 몽마르트르 여행도 전혀 문제가 없었다. 다만 승차장에 내려 사크레쾨르 성당으로 가는 가파른 길은 브뤼셀에서 겪었던 것 같은 지옥의 돌길이었다. 엉덩이의 고통을 참으며 울퉁불퉁한 돌길에 가파른 언덕을 지나 사크레쾨르 성당 앞에 섰다. 에펠탑과 개선문 그리고 시간이 멈춰버린 듯한 도시 풍경이 눈앞에 펼쳐졌다. 가슴이 뻥 뚫리는 기분이었다. 나는 도시가 한눈에 내려다보이는 곳에 잠시 멈춰 섰다. 왜인지 모르지만 말로 형용할 수 없는 파리만의 독특한 분위기가 아련하게 전해져왔다.

나는 발길을 돌려 길거리 예술가들이 모여 있는 골목으로 향했다. 골목은 마치 야외 미술관 같았다. 저마다 실력을 뽐내는 그림들이 걸려 있었고, 그 앞에는 길거리 예술가들이 앉아 있었다. 나는 천천히 골목을 따라 그림을 감상했다. 몽마르트르의 사계절이 담긴 그림도 있었고, 에펠탑의 밤을 담은 그림도 있었다. 내가 보지 못한 파리의 또 다른 아름다움을 그림으로 만나고 있던 그때, 가위를 든 종이예술가가 내게 다가와 말을 걸었다. 나는 영문을 몰라서 그를 피해 골목 이리저리로 움직였다. 그럴 때마다 종이예술가는 계속 나를 따라다니며 말을 걸었다. 그러던 중 그가 가위로 내 휠체어 바퀴를 가리켰다. 내 시선은 그의 가위를 따라 바퀴로 향했고, 엉겁결에 바퀴를 만져보았다. 그제야 나는 그가 나를 쫓아다닌 이유를 알아차렸다. 바퀴에 펑크가 나버린 것이었다. 이미 타이어의 공기는 다 빠져버렸고, 한 발자국이라도 더 움직였다간 덜렁거리는 타이어가 바퀴에서 탈출해버릴 기세였다.

파리가 한눈에 내려다보이는 몽마르트르 언덕. 여기저기 울려 퍼지는 거리 가수의 노랫소리를 들으며
저 멀리 우뚝 솟은 에펠탑 주변의 경치를 보노라면 파리와 사랑에 빠진 사람들을 이해할 수 있게 된다.
말로는 형용할 수 없는 파리의 매력이란.

푸르던 가을 하늘이 노래졌다. 내 주위로 더 많은 종이예술가들이 모였다. 가위를 들고서는 내 타이어를 보며 토론을 벌이기라도 하는 듯했다. 내가 멈춰선 그곳, 펑크가 나서 한 발자국도 움직일 수 없었던 그곳은 하필 몽마르트르 언덕에서도 가장 높은 곳이었다. 말 한마디 통하지 않는 곳에서 내가 취할 수 있는 대책이라곤 J에게 연락하는 것뿐이었다.

— 바쁘니? 나 지금 몽마르트르인데 휠체어가 펑크 나버렸어!

급하게 J에게 문자를 보냈다. 나는 그 자리에 망부석이 되어 J의 답장이 오기만을 기다렸다. 그런 내 주위로 점점 더 많은 종이예술가들이 모였다. 안 그래도 정신이 혼미한 상황인데, 수많은 종이예술가들의 소음에 정신이 더더욱 혼미해져만 갔다. 그들은 아무 말도 하지 않는 내게 무어라 계속 소리쳤고, 나는 그저 고개를 숙인 채 J의 답장만 기다렸다.

"저기요, 무슨 일이에요?"

누군가 영어로 말을 걸어왔다. 고개를 들어 확인하니 만삭의 임신부가 내게 자초지종을 묻고 있었다. 그때 J에게 전화가 왔다. 나는 임신부에게 상황을 설명해줄 틈이 없었다. J가 지금 당장 몽마르트르로 오겠다고 했다. 하지만 J가 있는 곳에서 여기까지 오려면 한 시간도 더 걸릴 터였다. 나는 이 정신없는 상황에서 빠져나와 어떻게든 숙소로 돌아가야만 했다. J에게는 어떻게든 숙소로 돌아갈 테니 휠체어를 고칠 수 있는 곳이 있는지 알아봐달라고 했다.

내가 다급하게 J와 통화하고 있을 때 종이예술가들은 임신부에게 상황을 설명하고 있었다. 그들은 나를 도와주고 싶었지만 아무 말도 하지 않앉던 내가 답답했던 모양이었다. 전화를 끊자마자 임신부가 이야기했다.

"펑크가 났다고요? 어떻게 하죠? 이분들이 도와주려고 했는데 아무 말도 하지 않아서 못했다고 하네요. 어떻게 하면 되죠?"

나 역시 처음 겪는 상황인지라 대처 방법이 빨리 생각나지 않았다.

"음, 그게... 아, 택시! 택시가 이곳까지 올 수 있나요? 택시만 불러주세요. 바로 숙소로 가면 돼요. 친구가 숙소로 올 거예요. 친구가 수리하는 곳을 알아보고 있으니까 숙소까지만 가면 돼요. 그러니까... 그러니까 택시를 불러주세요."

내가 횡설수설 대답했다. 그러자 임신부는 옆에 있던 종이예술가에게 택시를 불러달라 했고, 주변에 있던 여러 명의 종이예술가들은 일사불란하게 택시를 잡으러 뛰어갔다. 임신부는 연신 내게 괜찮냐고 물었다. 나는 어떻게든 침착해지려고 한숨을 내뱉었다. 이렇게 파리에서 모든 게 끝나는 걸까? 옥토버페스트에 가기로 했는데 뮌헨은 이제 물 건너간 걸까? 노트르담 성당도 못 가봤는데 정말로 집에 돌아가야 하는 걸까? 아, 정말 싫다. 어떡하지? 이대로 한국으로 돌아가는 건 너무 아쉽잖아? 머릿속이 복잡한 생각들로 뒤엉켰다. 임신부는 내 옆에 서서 택시가 오기만을 기다렸다.

그때였다. 내 머릿속에 환한 빛을 내뿜는 에디슨 전구가 하나 떠올랐다. 나는 휴대폰을 꺼내 암스테르담에서 만난 베로니카가 보내준 메일을 찾기 시작했다. 암스테르담에 있을 때 베로니카에게 다음 여행 일정을 이야기했더니 그녀는 내게 스톡홀름과 파리에 있는 장애인 여행 전문 업체와도 만나보라고 했다. 그리고 그들의 연락처를 메일로 보내주었다. 까맣게 잊고 있던 베로니카의 메일이 번뜩 떠올랐다. 나는 베로니카의 메일에 적힌 전화번호를 재빨리 J에게 보내주었다.

— J, 지금 보내준 번호로 연락해서 혹시 휠체어를 고칠 수 있는 업체가 있는지 물어봐줘. 이곳은 파리의 장애인 여행 전문 업체야. 내 상황을 잘 이야기하면 수리 업체를 알려줄지도 몰라.

J 역시 초조했는지 빠르게 답장을 보내왔다.

— 알겠어요, 언니. 일단 숙소에 가 있어요. 알아보고 저도 빨리 언니 숙소로 갈게요.

유일한 희망이었다. 만약 수리할 수 없다면 모든 것을 포기하고 한국으로 돌아가야겠다고 마음먹었다. 몽마르트르의 종이예술가들이 택시를 불러왔다. 나는 혼미했던 정신을 바로잡고는 그들에게 고맙다고 꾸벅 인사했다.

"메르시 보쿠! 메르시! 메르시!"

나를 걱정해주던 임신부도 거리의 종이예술가들도 내게 잘 가라고 인사했다. 그들은 내가 탄 택시가 몽마르트르를 벗어날 때까지 자리를 떠나지 않고 지켜보았다.

숙소로 돌아가는 길에 J에게서 전화가 왔다.

"언니, 지금 수리해주실 분이 언니 숙소로 갈 거예요. 처음에는 자기네들은 수리 같은 건 안 한다고 하다가 제가 한국에서 혼자 휠체어를 타고 온 여행가인데 지금 펑크가 나서 모든 스케줄이 마비되었으니 수리 업체라도 좀 알려달라고 했더니 옆에서 사장님이 그 얘기를 듣고는 지금 바로 가겠다고 하셨어요. 아마 한 시간 안에는 숙소로 도착할 것 같아요. 저도 퇴근하는 대로 바로 갈게요. 이따 봐요."

하늘에서 동아줄 하나가 뚝 떨어진 기분이었다. 딱 일주일만 더 버틸 수 있을 정도로만, 더도 말고 덜도 말고 마지막 여행지인 뮌헨에서 버틸 수 있을 정도로만 수리되었으면 좋겠다고 생각했다. 버스로 15분 거리인 몽마르트르와 파리 북역은 택시로는 채 10분이 걸리지 않았다. 숙소에 도착해 긴장된 표정으로 사장님을 기다렸다. 30분 정도 기다리자 파리지앵 느낌이 물씬 풍기는 남자가 내게 다가왔다. 사장님이었다.

"미스 홍이죠? 휠체어가 펑크 났다고 해서 왔어요."

한 손에 긴급처방용 스프레이를 들고 나타난 사장님을 보니 천군만마를 얻은 것만 같았다. 그런데 내가 예상했던 것보다 상황은 더 심각했다.

"이거 펑크가 한 군데가 아닌데요? 유리 조각이 엄청 많아요. 그리고 한쪽 바퀴만 펑크 난 게 아니라 지금 양쪽 다 펑크가 나 있어요."

사장님은 바닥에 퍼질러 앉아 심각한 표정으로 말했다.

"고칠 방법이 없는 건가요?"

절망적이었다. 나는 희망을 잃어버린 듯한 목소리로 물었다. 그러자 사장님은 바닥에서 벌떡 일어나더니 잠시 기다리라는 말만 하곤 사라져 버렸다. 유일한 동아줄이었다고 생각했는데, 문제는 내 마음처럼 쉽게 해결되지 않았다.

30분쯤 지났을까. 사장님이 돌아왔다. 그의 손에는 새로운 타이어와 공기 펌프가 있었다. 아예 통째로 바꿔버릴 심산이었던 모양이다. 사장님은 다시 바닥에 앉아 휠체어를 이리저리 굴리며 새로운 타이어를 장착했다.

"자, 다 됐어요."

사장님이 엉덩이를 털며 일어났다. 새로운 신발을 신은 것처럼 휠체어는 더 가볍고 날렵해졌다. 굳었던 내 얼굴에서 근심과 걱정이 사라졌다. 사장님은 어떻게 자신의 업체를 알았느냐고 물었다. 암스테르담에서 만난 베로니카가 소개해주었다고 하자 사장님은 환하게 웃었다. 그러곤 지갑에서 명함 한 장을 꺼내 건네주며 말했다.

"다음에 또 파리 여행을 오게 되면 나를 찾아요. 나도 장애인 여행 일을 하는 사람이니까요. 한국에서도 많은 장애인이 파리에 올 텐데, 미스 홍이 대신 그 일을 해주면 좋겠어요."

나는 명함을 받아들고는 고개를 끄덕였다. 파리지앵 느낌이 물씬 풍기던 사장님은 그렇게 명함 한 장만 남기곤 쿨하게 사라졌다.

파리에서 만난 낯선 이들은 모두 친절했다. 말이 통하지 않아도 곤경에 빠진 이방인을 모른 척 지나치지 않았다. 여행 중 가장 인상 깊었던 도시를 꼽으라고 한다면 나는 망설임 없이 대답할 수 있다. 그곳은 바로 파리다. 파리에서 만난 인연들 덕분이다.

생애 처음 본 뮤지컬 〈노트르담 드 파리〉. 나는 뮤지컬에서 본 노래를 흥얼거리며 배경지인
노트르담 성당을 여러 번 찾아갔다. 노트르담 성당에서 뮤지컬 주인공들을 찾는 재미도 쏠쏠했다.
에스메랄다 찾기 삼매경.

비 오는 파리. 무작정 뛰어들어간 오르세 미술관에서 한나절을 보냈다.

프랑스 사람 두 명이 모이면 토론을 하고, 세 명이 모이면 혁명이 일어난다고 누군가 말했다.
개선문 앞에서 떠오른 우스갯소리다.

나는 파리와 사랑에 빠졌다. 누군가 내게 여행 중 가장 인상 깊었던 곳이 어디냐고 묻는다면
주저 없이 "파리"라고 대답할 것이다.

DEUTSCHLAND

다 함께 즐기는 축제
다시 독일로

옥토버페스트 2015

유럽 여행의 마지막 여행지 뮌헨. 옥토버페스트가 열리기 하루 전 늦은 저녁 나는 뮌헨 중앙역 근처 숙소에 자리를 잡았다. 옥토버페스트 기간에는 방을 구하기 어렵다는 말을 듣고 무려 8개월 전에 예약해두었다.

옥토버페스트는 1810년 바이에른의 루트비히^{Ludwig} 왕세자와 작센-힐트부르크하우젠^{Sachsen-Hildburghausen} 공국 테레제^{Therese} 공주의 결혼식을 축하하기 위해 열린 축제에서 비롯되었다고 한다. 지금은 브라질의 리우 카니발, 일본의 삿포로 눈 축제처럼 세계적인 축제로 거듭났다. 매년 9월 말부터 10월 초까지 뮌헨에는 이 맥주 축제를 즐기려는 사람들이 세계 각지에서 몰려든다. 매년 옥토버페스트 기간에 700만 명 이상이 뮌헨을 방문하고, 이 기간 동안 무려 500만~600만 리터의 맥주가 소

옥토버페스트는 남녀노소 누구에게나 열려 있다. 휠체어를 타고 가도, 유모차를 끌고 가도 모두가
함께 어울릴 수 있도록 모두가 노력했다.

비된다고 하니 과연 세계적인 축제라 할 만하다. 그리고 나 역시 2015년 9월 그곳에 있었다.

옥토버페스트 기간 동안 뮌헨 거리는 바이에른 주 전통 의상을 입은 사람들로 넘쳐났다. 유모차를 타고 있는 젖먹이 꼬마부터 지팡이를 짚은 노신사까지 종아리가 드러나는 가죽 멜빵바지 레더호젠^{Lederhosen}을 입고 있었다. 여자들은 프릴이 예쁘게 달린 원피스 디른들^{Dirndl}을 입고 머리에는 꽃 장식을 하고 다녔다. 나도 축제를 즐기기 위해 자주색 디른들을 사 입고 축제 장소로 향했다.

축제 장소에는 크고 작은 비어 텐트가 14개가량 설치되어 있었다. 그중에는 독일의 유명 맥주 회사인 아우구스티너^{Augustiner}, 하커 프쇼르 Hacker Pschorr, 호프브로이^{Hofbräu}, 뢰벤브로이^{Lowenbräu}, 파울라너^{Paulaner}, 슈파텐^{Spaten}의 대형 비어 텐트도 있었는데, 이 대형 텐트는 1만 명을 동시에 수용할 수 있는 규모다. 축제의 열기는 시간을 가리지 않았다. 오전 7시부터 저녁 10시까지 셀 수 없이 많은 사람이 맥주를 마시고 있었고 어디서 왔는지, 이름이 무엇인지 몰라도 커다란 맥주잔 하나만 들고 있다면 같은 테이블에 뒤섞여 친구가 되었다. 해가 지고 저녁이 되면 축제의 열기는 더욱 뜨겁게 끓어올랐다. 끝이 보이지 않는 비어 텐트 안, 1만 명에 가까운 사람들이 한목소리로 노래를 부르고 춤을 췄다. 의자와 테이블 위에 올라가 발을 구르며 박자를 맞췄고, 노래가 끝나면 모두 함께 맥주잔을 힘껏 들어 올리며 한목소리로 외쳤다.

"프로스트^{Prost}(건배)!"

뮌헨에 도착한 첫날, 체크인을 하던 도중 직원이 내게 팔을 내밀라 했다. 나는 영문도 모른 채 팔을 뻗었는데, 그는 빨간색 팔찌 하나를 보여주었다. 숙소 이름과 전화번호가 적힌 허접한 팔찌였다. 웬 미아 방지용 팔찌인가 싶어 순간 웃음이 터졌다. 내 팔에 팔찌를 두르는 직원에게 말했다.

"저는 꼬마가 아닌데요."

직원은 익숙하다는 듯이 고개를 끄덕이며 대답했다.

"알아요. 당신은 꼬마가 아니지만, 옥토버페스트 기간 중에 술 마시고 길에서 잠들기라도 하면 경찰이 이 팔찌를 보고 여기로 데려다줘야 하니까 필요할 거예요."

나는 그제야 팔찌의 용도를 알았다. 전 세계 술꾼들이 다 모이는 모양이다.

"하하하. 설마요. 저는 안 그래요. 그럴 일 없어요."

그러자 그는 이런 대답마저 예상했다는 듯 체념한 표정으로 나를 보며 말했다.

"네. 모두가 처음엔 다 그렇게 이야기해요."

미아 방지용 느낌이 물씬 나는 빨간색 팔찌는 마치 족쇄 같았다. 그런데 이 족쇄, 나만 차고 있던 게 아니었다. 이튿날 작은 비어 텐트 밖에서 맥주를 마실 때였다. 한층 달아오른 분위기 가운데 사람들과 노래를 부르며 신나게 축제를 즐기고 있었다. 이탈리아에서 온 가족, 플로리다에서 온 부부, 베를린 사람, 바이에른 사람, 영국에서 온 사람, 프랑스에서

축제에서 외로운 사람은 없어야 한다.
처음 보는 사람도 함께 "프로스트(Prost)"를
외칠 수 있는 옥토버페스트.

온 사람, 아이슬란드에서 온 사람, 한국 사람 등등 세계 각지에서 모인 수많은 사람들이 한데 어우러져 흥겹게 맥주를 마시고 있었다. 나는 달아오른 분위기에 취해 주변 사람들에게 팔목을 내보이며 자랑했다. 나는 술을 마셔도 반드시 숙소로 돌아갈 수 있는 마법의 팔찌가 있다며 새빨간 족쇄를 보여주었다. 그러자 바로 옆 테이블에서 내 이야기를 들은 아이슬란드 남자가 자리에서 일어나 팔목에 채워진 보라색 족쇄를 자랑했다. 그 모습에 맥주를 마시던 사람들은 미아가 될 걱정은 없겠다며 깔깔 웃었다. 알고 보니 옥토버페스트 축제 장소에는 빨주노초파남보 각양각색의 족쇄를 찬 사람들이 수도 없이 많았다. 족쇄 정도는 차줘야 옥토버페스트를 즐기고 왔다고 말할 수 있지 않을까?

족쇄를 채워야 할 만큼 옥토버페스트 기간 중에는 사건사고가 많다. 실제로 옥토버페스트 기간 중 경찰의 치안 유지는 삼엄했다. 나는 뮌헨에 가기 전 스톡홀름에서 독일인 룸메이트로부터 옥토버페스트 기간 중 숙지해야 할 행동 강령을 들었다.

'비어 텐트에서 취하지 마라. 비어 텐트에서 잠들지 마라. 비어 텐트에서 작은 소동도 일으키지 마라.'

옥토버페스트 기간 중 술에 취해 돌발 행동을 하다가는 곧바로 경찰서에 끌려가게 될지도 모른다고 했다. 그래서 맥주를 마시되 취해선 안 되며, 취하더라도 돌봐줄 사람이 없다면 다음 날 아침은 무조건 경찰서에서 눈을 뜨게 될 것이라고 했다. 그녀의 말처럼 나는 옥토버페스트 기간 중 여러 명의 취객과 마주쳤다.

취객을 처음 본 장소는 경찰 텐트 앞에서였다. 축제장에 설치된 대형 비어 텐트 바로 뒤에는 1000명도 넘게 들어갈 만큼 커다란 경찰 텐트가 있었다. 이미 텐트 안이 취객으로 가득 찬 터라 경찰은 집도 절도 모르는 취객을 덩그러니 경찰 텐트 앞에 눕혔다. 친절함도 없었고, 안타까워하는 감정조차 느껴지지 않았다. 술 마시고 자기 몸도 못 가누는 것이 한심하다는 표정으로 인상을 살짝 찌푸리고는 경찰 텐트 안으로 들어갔다.

두 번째는 축제 장소 한복판에서였다. 네다섯 명의 젊은 남자 무리가 레더호젠을 갖춰 입고 있었다. 그중 술에 잔뜩 취한 남자가 지나가던 행인을 붙잡고 시비를 걸었다. 친구들로 보이는 무리의 다른 남자들이 그를 말리기도 전, 어디선가 나타난 경찰 셋이 그를 바닥에 쓰러뜨렸다. 경찰 한 명은 쓰러진 남자의 등을 무릎으로 누르며 제압했고, 다른 경찰은 그의 팔을 꺾어 수갑을 채운 뒤 통구이 바비큐처럼 취객을 들고 사라졌다.

세 번째는 비어 텐트 안에서였다. 대형 비어 텐트 안에서 함께 맥주를 마시던 무리 중 한 명이 술에 취해 잠들어버렸다. 맥주 다섯 잔을 쉴 새 없이 마시더니 바닥에 주저앉아 정신을 잃어버린 것이다. 웨이터가 지금 당장 잠든 일행이 일어나지 않으면 나가야 할 것이라고 경고했다. 나는 하는 수 없이 15분 후에 나가겠다고 했다. 그사이에 그가 깨어날 것이라고 생각했다. 주변에서도 그를 깨워보려고 갖은 노력을 했지만 그는 백설 공주처럼 잠에 빠져든 상태였다. 저녁 9시가 넘자 비어 텐트는 열광의 도가니였다. 2002년 한국이 월드컵 4강에 올랐을 때 시청 광장 주변에 흥분을 주체하지 못하는 사람들이 넘쳐났던 것처럼 비어 텐트 안도

그러했다. 그런 상황에서 안전을 장담할 수 없다고 판단한 웨이터가 보안요원을 불렀고, 보안요원은 술에 취해 잠든 일행을 텐트 밖으로 내동댕이쳤다. 나와 나머지 일행들은 잠든 백설 공주를 버릴 수 없어 모두 비어 텐트를 빠져나왔다.

옥토버페스트는 단순히 맥주를 마시는 술 파티 같은 축제가 아니었다. 이제 막 아장아장 걸음을 걷기 시작한 아기들, 지팡이를 짚은 노인들, 휠체어를 탄 장애인들, 부모님과 함께 무알콜 맥주를 즐기는 청소년들까지 한데 어우러져 즐거움을 나누는 그런 축제였다. 흥겨운 분위기 속에서 맥주를 얼마만큼 마시는지는 중요하지 않았다. 다만 술을 마시되 반드시 몸을 가눌 수 있어야 했다. 몸을 가누지 못하고 술에 취해 불편함을 초래하거나 안전을 위협하거나 난동을 부리는 일은 결코 용납되지 않았다.

아쉬운 발걸음으로 숙소에 돌아왔다. 비어 텐트에서의 짜릿하고 뜨거웠던 열기가 못내 아쉬워 곧장 방으로 들어가지 못하고 숙소에 있는 작은 펍에서 라들러^{Radler} 한 잔을 더 마셨다. 라들러를 마시며 흥분을 가라앉히자 마라톤 풀코스를 완주한 마라토너처럼 긴장이 풀리고 기운이 쭉 빠졌다. 나는 맥주잔을 내려놓고 방으로 갔다.

내가 묵었던 방은 6인실이었다. 방 안엔 중국 남자, 중국 여자, 한국 남자, 이미 코를 골며 자고 있는 중동 아저씨, 검은 봉지에 짐을 잔뜩 싸 들고 왔던 파라과이 아저씨가 있었다. 자정을 앞둔 시간, 사람들은 내일의 옥토버페스트를 위해 잠들 채비를 하고 있었고, 나도 피곤한 몸을 침대에 뉘였다. 그리고 그날 새벽, 일이 터지고 말았다.

"찰리, 찰리 어디 있니?"

복도에서 누군가를 애타게 찾는 목소리가 들렸다. 나는 그 소리에 화들짝 깼다. 방문을 두드리며 누군가를 애타게 찾는 목소리, 그리고 그 뒤에서 그 사람을 말리는 소리가 들렸다. 불길했다. 나는 눈만 뜬 채 숨죽이고 있었다. 그때, 찰리를 찾는 남자가 방문을 두드렸다.

"찰리 어디 있니?"

제발 그냥 가주기를 바랐는데, 이게 웬일인가. 참으로 친절하신 우리 방 중국인 동지께서 까만 어둠을 헤치고 일어나 친히 방문을 열어주는 것이 아니겠는가. 나는 베개 아래 두었던 휴대폰을 꺼내 시간을 확인했다. 새벽 5시 36분. 방문이 열리자 홍수에 둑이 터져버리듯 상황은 걷잡을 수 없이 무섭게 흘러갔다. 바이에른 주 전통 의상인 레더호젠을 입은 세 녀석이 우리 방에 들이닥쳤다. 잔뜩 취한 세 놈 중 하나는 밑도 끝도 없이 찰리를 찾아대며 울부짖었고, 나머지 놈들은 그를 말렸다.

"찰리 어디 있니? 찰리! 거기 있니? 여긴 어디야? 여기 내 방이야? 찰리! 찰리이이이이! 근데 누가 내 침대에 누워 있어. 흐어어엉. 찰리 어디 있니? 어디 있어?"

나는 겁이 나 처음엔 그냥 자는 척했다. 방문을 열어준 친절한 중국인 동지께서도 충격과 공포에 휩싸인 채 침대 모퉁이에 쭈그리고 앉아 있었다. 방 안을 휘젓고 다니는 세 녀석의 난동에 점점 불안이 엄습해왔다. 경찰을 부를 수도, 보안요원을 부를 수도 없는 상황이었다. 방 안의 여섯 명 중 두 아저씨는 여전히 잠에 취해 있었고, 나머지는 갯벌 속 짱뚱어마냥 눈만 빼꼼 내놓고 있었다.

"찰리! 어디 있어?"

술에 취한 녀석이 또다시 고래고래 소리를 지르며 찰리를 찾았다. 그놈의 찰리가 누구길래 저러는지. 나는 괴성을 지르는 녀석의 목소리에 그만 짜증이 터져버려 소리를 빽 질렀다.

"대체 여기서 뭐하는 거야?!"

그러자 난동을 부리던 놈들이 화들짝 놀라 뒷걸음질 쳤고, 나는 기세를 몰아 더 크게 소리를 질렀다.

"방에서 나가! 꺼져! 꺼지라고!"

내가 사자후를 토하자 찰리를 찾던 그놈이 울먹이며 말했다.

"미안해요, 숙녀분. 숙녀분이 있는지 몰랐어요. 흐어어엉. 찰리, 나 지금 너무 놀랐어. 저 여자 너무 거칠어. 나빴어. 흐어어엉."

그놈은 울먹이며 일행의 품에 안겼고, 꿈인지 현실인지 구분 못 할 정도로 취한 나머지 두 녀석은 그놈의 등을 토닥여주었다. 나는 '거칠다'라는 그놈의 표현에 짜증이 또 몰려와 한 번 더 사자후를 날렸다.

"닥쳐! 닥치고 나가라고!"

놈들은 내 분노에 놀라 재빨리 방문을 닫고 나가버렸다. 어쨌든 물리쳤다. 화가 채 가라앉지 않은 상황에서 방 안을 둘러보았다. 한국인 남자와 중국인 여자는 이층 침대에서 빼꼼히 얼굴만 내밀어 나를 쳐다보고 있었고, 문을 열어주었던 친절한 중국인 동지는 어안이 벙벙한 상태로 나를 바라보고 있었다. 그 상황이 몹시 민망했지만, 나는 애써 태연한 척하며 다시 이불 속으로 파고들었다. 찰리를 찾던 주정뱅이 세 놈은 복도에서 10분쯤 더 난동을 부리다 결국 보안요원에게 끌려갔고, 나는 그제야 다시 잠들 수 있었다.

혼자 여행하면서 조금 용감해졌다. 자의든 타의든 안전은 스스로 지켜야 하기에 무서운 상황이나 불리한 상황에서 사자후를 내지를 수 있을 만큼 대범해졌다. 여행 초기 프랑크푸르트나 브뤼셀에서 난처한 상황에 처했을 때는 속상한 마음에 눈물부터 터져 나왔다. 하지만 여행 막바지로 갈수록 그간의 많은 사건 때문에 어마어마한 내공이 쌓여 나는 고수가 된 것만 같았다.

오래전 여의도 불꽃 축제에 갔을 때 나는 복잡한 곳에 왜 휠체어가 다니느냐, 위험한데 왜 나와서 고생하느냐, 왜 나와서는 걸리적거리며 앞을 가로막느냐는 소리를 들어야 했다. 그뿐만 아니라 은근슬쩍 내 앞으로 새치기하는 사람도 부지기수였고, 불꽃놀이를 조금 더 앞에서 보겠다고 시야가 낮은 내 앞을 가로막는 사람도 많았다.

그런데 독일에선 너무도 달랐다. 옥토버페스트가 개막되고 가장 행렬이 이어지던 날이었다. 행렬이 지나가는 거리에는 사람들이 가득했다. 가뜩이나 키 큰 독일 사람들이 겹겹이 서 있는 그곳에서 축제 행렬이 보일 리가 없었다. 나는 체념한 채 공간이 생기기만을 기다렸다. 그런데 우연히 뒤를 돌아본 한 아주머니가 내게 오라며 손짓했다. 맨 앞줄에 서 있

비어하우스마다 각기 다른 의상을 입고 행진한다. BMW 자동차 퍼레이드와 소방차 퍼레이드에 이르기까지 뮌헨 도시 전체가 축제를 즐겼다.

던 아주머니는 내가 사람들 사이로 들어가려 하자 주위 사람들에게 비켜 달라고 이야기했다. 사람들 역시 별다른 말도 반응도 없이 길을 열어주었다. 내가 맨 앞으로 나가자 경찰은 내게 안전 구역으로 오라고 손짓했고, 나는 작게 만들어진 안전 구역에서 행렬을 감상할 수 있었다.

한번은 비어 텐트에 찾아가 휠체어 전용석이 있는지 물어보았다. 좁게 붙어 있는 테이블에는 휠체어가 들어갈 수 없어서 혹시나 하는 마음에 물어본 것이었다. 그런데 웨이터는 너무도 당연하게 나를 테이블로 안내했다. 옥토버페스트 축제 장소의 대형 비어 텐트에는 휠체어 전용석도 있었고, 장애인 화장실도 있었다. 그리고 그 누구도 휠체어 전용석을 분리된 공간으로 여기지 않았다. 자리가 없으면 맥주잔 하나를 들고 와 잠시 서서 이야기를 하기도 했고, 아무렇게나 내가 있던 휠체어 전용석에 와서 노래를 부르고 춤도 추고 건배도 하고 그렇게 함께 축제를 즐겼다. 축제란 모름지기 다 함께 즐길 때 진정한 의미가 있는 것이 아니던가. 2015년 옥토버페스트가 열린 뮌헨에서 나는 축제의 진정한 의미를 깊이 새길 수 있었다.

여행은 아직 끝나지 않았다

한 달여간의 유럽 여행은 내게 많은 변화를 가져왔다. 여행 중에 만났던 인연들은 몇 년이 지난 지금까지 만남과 그리움을 반복하고 있다. 이안, 한스, 눅희, 카츠미, 파리의 J, 새 신부 나리 언니, 베로니카는 그때 그 추억을 지금까지 함께 이어가고 있다. 짧은 여행에서 만난 인연이지만 이들 때문에 인생이라는 책의 한 페이지를 채울 수 있었다.

여행은 나를 크게 성장시켰다. 여행을 통해 더 대범해지고 용감해졌다. 혼자서 낯선 상황을 직면하고 예상치 못한 변수를 만나더라도 이제는 꽤 덤덤해졌다. 의연해졌다. 혼자서 여행하는 법을 배웠고, 혼자서도 삶을 잘 꾸려나가는 법을 배웠다. 그리고 내가 배운 방법을 사람들에게 조금씩 나누어주고 있다.

처음 책이 출간되었을 때 얼굴도 모르는 사람들로부터 여러 통의 이메일을 받았다. "용기를 얻었다" "고맙다"는 내용은 왠지 모를 사명감과 책임감을 안겨주었다. 그런 반응이 내 인생의 판도를 바꾸었다. 나는 대한민국이, 장애인이 여행하기 편한 사회, 나아가 자유롭게 이동할 수 있는 사회가 되기를 소망하게 되었다. 더욱 간절히.

지금은 그 소망이 현실이 되도록 부지런히 움직이고 있다. 아직 많은 결실을 보진 못했지만 하나씩 만들어가고 있다. 발길이 닿는 곳에서 '장애인이 편한 사회는 모두가 편하다'는 이야기를 전하고 있다. 장애인을 비롯해 모두를 위한 여행Tourism for All이 이뤄져야 한다고 말하고 있다. 이제 나의 여행은 나만의 것이 아니라 모두의 여행이 되어버렸다.

여행은 인간의 독선적 아집을 깬다고 했던가. 공간을 초월하여 스스로를 가두었던 틀을 벗어나게 하는 힘이 여행에 있다면, 나는 그 힘을 믿는다. 나는 진정 그 힘의 신봉자다. 책이 나오고 1년이 지난 지금, 그 힘의 신봉자가 늘고 있다.

나에게 이 책은 20대의 마지막 추억이자 30대 인생의 밑거름이다. 가고 싶은 여행지, 가야 할 여행지가 여전히 많지만, 혼자서가 아니라 그 힘의 신봉자들과 함께하고 싶다. 진정 여행은 공간을 초월하여 스스로를 가두었던 틀을 벗어나게 하는 힘이 있으니까.

마지막으로, 이 책을 읽고 용기 내어 여행을 떠난 모든 장애인에게 박수를 보냅니다. 그리고 우리나라의 모든 장애인이 더 나은 세상에서 살아가기를 희망하며 묵묵히 자신의 위치에서 장애인 여행의 필요를 외치는 선생님들을 존경합니다.

홍서윤이라는 존재의 모든 것을 오롯이 믿어주시는 부모님, 사랑합니다. 동생에게 늘 양보만 하는 오빠와 멋진 새언니, 고마워요. 예쁜 Jay야, 무척 보고 싶구나. 할머니 사랑해요. 정숙 씨, 루씨, 훈 & 다솜, 언제나 응원해주어서 고맙습니다.

불광동 사람들, 청년청 & 서울청년정책네트워크 여러분, 그대들을 만나서 나의 30대가 반짝일 수 있었습니다. 고마워요.

저에게 책을 써보라 처음 아름다운 길로 인도해준 서정원 언니, 항상 행복하세요.

2017년 6월 14일

청년청 101호에서

● 저자 홍서윤의 자세하고 접근 가능한 여행 정보는 개인페이지(www.travelwithwheels.net) 또는 장애인여행문화연구소(www.accessiblekorea.com)를 참조하시기 바랍니다.